言視舎 評伝選

村瀬 学

*Murase Manabu*

# 鶴見俊輔

*Tsurumi Shunsuke*

言視舎

鶴見俊輔（1922 ～ 2015）2005 年 12 月 22 日
写真提供＝共同通信社

# 鶴見俊輔＊目次

## I 「貴種」を体験する――思春期まで


第一章 幼年期――「貴種」の芽ばえ 16

幼児期の語り――後藤新平の屋敷にて 16
「母の折檻」がはじまる 19
「おなじ母のもとで」 21
後藤新平の「お妾さん」と呼ばれた「河崎きみ」の存在 24
後藤新平について――「公共の顔」と「私生活の顔」 28

第二章 少年期――「貴種」のおごり、「悪人」への親和 33

少年時代の語り 33
鶴見俊輔の回想と河崎充代の伝記の違い 35
後藤新平の屋敷について 40
映画『母』について 44
少年期の読書体験 49
「鶴見少年悪人説」の語り 51
鶴見少年の読書体験 56
性への関心・放校・自殺未遂――高学年へ 60

第三章 クロポトキンとの出会い・「貴種」への恐れ――『再読』を再読する 68

三つの汚れたピン　68
『カラマーゾフの兄弟』について　70
トルストイの『人にはどれほどの土地がいるのか』について　72
クロポトキンの『ある革命家の手記』について　73

# Ⅱ　アメリカにて

第四章　アメリカで　78
留学までのいきさつ　78
父・鶴見祐輔の支援　82
英語が突然にわかり始め、日本語を忘れる——コンコードの町で　85
「プラグマティズム」に出会う　89
なぜ鶴見俊輔は「相互作用」に関心を示したのか　93
「貴種」の見えないアメリカ　96
第五章　戦時中の体験　100
アメリカで逮捕と日米交換船での帰国　100
交換船の理念　104
ジャワ島に配属——鶴見俊輔の戦争体験　106
ジャワ島の体験と「戦争のくれた字引き」との異同　108
「慰安婦」の問題　110

創作なのか事実なのか　115
ジャワ島での殺人事件――「暗号解読」と「スパイ」発見の仕事から　118
「暗号解読」に記号論の恐ろしさを知る　121

## Ⅲ　日本からの出発

第六章　「日本語を失う」という体験から――わかりやすい言葉を求めて　126
英語から日本語へ　126
わかりやすい日本語を求めて　131
「言葉のお守り的使用法について」　133
「哲学の言語」への批判　136
三浦つとむの『哲学入門』を最大級に褒める　138
プラグマティズムと弁証法　139
父の援助と本と雑誌の出版　141

第七章　「かるた」とは何か――知恵を生む仕掛けの探索　145
「かるた」への関心　145
カフカの小品集のような「かるた」　147
貴種と思春期と遊離体験　150
相互性としての「かるた」――記憶術の仕掛け　152
確実なものを発見する仕組み　154

「遊びかるた」と「ことわざ」 155
「あいうえお」から「いろはにほへと」へ 158
「和歌」の音数律と「ひらがな」について 160
「和歌」と「天皇」 164
「和歌」と「君が代」と鶴見俊輔 166
「苔」について 169
「反転」とことわざ――「いろはだとえ」のもう一つの問題 172
第八章 最も大事な思想――「日常性」の発見へ 175
「反転」と「日常性」 175
日常性――「周期性の波」と「相互性の波」の発見と利用 178
なぜ『家の神』を書いたのか 182
Ⅳ 六〇年代の思考
第九章 プラグマティズム――「相互主義」の自覚へ 188
「プラグマティズム」という用語のわからなさ 188
パースはカントのどこを学んでいたのか 192
カントの最も大事な部分 195
「マチガイ主義」としてのプラグマティズム 199
折衷主義としてのプラグマティズム 202

晩年の鶴見自身による「プラグマティズム」の弱点の指摘 204
プラグマティズムの二つの分野——記号論批判 207

第十章 『限界芸術論』考 210

「限界芸術」という用語のわかりにくさ 210
「限界芸術」と呼ばなくても 215
「大衆芸術」と呼ばれる「相互性」について——漫才・流行歌・大衆小説 219
なぜ「記号」なのか——『限界芸術論』の一つの批判 223

第十一章 天皇制・転向・戦争責任の問題へ 228

「戦争体験」が「天皇体験」としてあったことについて 228
一人ひとりの「天皇体験」を聞く 232
「らくがき」にできない「天皇」 237
「国土拡張」を歓迎する民衆——「国土としての天皇」と「絶対命令者としての天皇」 241
戦争責任の問題点 244
「転向」の問題への二つの動機 246
鶴見俊輔はいったい父親のどこが許せなかったのか 251
石橋湛山の「小日本論」のもつ位置 252
石橋湛山と鶴見祐輔 256
「転向論」へ 258

V　人生の「折り返し」から

第十二章　四十五歳からの「母」の語り――改めて鶴見俊輔の「二人の母」を考える　264
くりかえされる「母の語り」　264
いつから「母の悪口」を言いはじめたのか　269
「退行計画」を読み解く――パート1からパート2へ　272
パート3からパート4へ　277
「貴種を折る」体験としての母　280
「貴種」とは何か　282

第十三章　「うつ」に苦しむ鶴見俊輔　287
「私には三つの『うつ病』の時期があった」と語られる問題　287
中井久夫『看護のための精神医学第二版』から「うつ」を調べる　288
「躁」のときに　292
「うつ」のときに　293
「過去の話」をすると落ち着く　296
「うつ」の克服と日常性の取り戻し　297

第十四章　最後の「問い」へ――三・一一、原発事故を受けて　304
原子爆弾の投下のこと　304

「転向論」の問題点　308
見えないアメリカの貴種　313
アメリカの「闇」へ　316
「見える貴種」から「見えない貴種」へ　319
鶴見俊輔から引き継ぐもの　323

自著・参考文献一覧　326

あとがき　331

鶴見俊輔

# I

# 「貴種」を体験する

## ——思春期まで

# 第一章 幼年期――「貴種」の芽ばえ

## 幼児期の語り――後藤新平の屋敷にて

鶴見俊輔の幼年期は、わかっているようでいて、わからないところがたくさんある。特に彼の母のことは、対談や回想で数多く語られてきているのだが、パターン化された語り方が多く、大事なところが見えなくさせられている。彼の「伝記」を考える時には、彼の言い分を踏まえながらも、その見えない部分を見えるようにしなくてはと思う。読者のよくお目にかかる幼児期の彼の回想の語りは次のようなものである。

ともかく、私はゼロ歳のときから、おふくろに殴られながら、「おまえは悪い人間だ」といわれつづけた。だから、自分は悪い人間だ、というのが私のなかに生じた最初の考えなんです。これは、親鸞のいう「悪人正機説」とも通じるのだけれども、親鸞を読むのはそれから十年以上経ってからだから、この考えは親鸞に植えつけられたんじゃなくて、私の心の先住民であるおふくろに植えつけられたものなんですね。

当時私はまだ言葉をもってないから、おふくろに言い返せない。そこで行動的に抵抗するんだよ。つまり悪い人間として生きる。この流儀は、八十五年の間通していて、全然ブレない。それが、私の信仰といえば信仰でしょう。

（『言い残しておくこと』作品社、二〇〇九、一四ページ）

「ゼロ歳から」というのはあまりにも大袈裟である。しかし、物心が付いた頃から、彼の一挙一動が「母」の干渉にあっていたらしいということはわかる。幼い子どもだった俊輔の側に立てば、ひどい体験だったであろうと推測されるし、同情もされる。しかし、誰でも思うのではないか。なぜ鶴見の母は、「ゼロ歳の時」からそんなに息子を殴ったりしてきたのかと。なぜ彼の母は、「悪い人間だ」などと小さな息子に言い続けなくてはならなかったのか、と。あるいは、そんなことが本当にあったのかと。母が彼を「折檻」していたことは、姉・和子の証言からもわかる。だとしたらなおさら、なぜ母がそんなことをしていたのか、気にならないわけにはゆかない。母が侍の家柄で育ったから、厳しく育てたのだという言い方もなされるが、大正も終わる頃に侍の家系だからという説明がなり立つものなのか。それとも、彼の母は、今風に言うところの「幼児虐待する母」というような存在だったのか、と。

普通に考えれば、何か訳があって鶴見の母は、そういう「折檻」をしていたのではないか、と思うはずである。確かに「訳があった」はずなのだ。しかし、その辺の事情が「見えなくさせられている」のである。鶴見のあまりの勢いでなされる「母への攻撃」の語りの前で、冷静に「母のこと」を考える機会を読者は奪われてきている感じがする。ともあれ、わずかであるが、彼の証言から母が「折檻」をし始めた原因を考えてゆきたいと思う。ここでもごく普通に考えると、少しずつ芽ばえてくる幼児期の「我の張り出し」に対して、これも普通の母親であれば、大人の意志を見せつけるために強制的な「しつけ」をする。それはごく当たり前の反応である。その「しつけ」が行き過ぎると、「しおき」や「しごき」になり、「折檻」や「虐待」と言われる暴力的な子育てになる。そういう一般論を踏まえると、鶴見の母も、「我の張り出す」我が子に対して、大人の意志を見せつけるためにそんなことをしていた、ということになるだろう。しかし、鶴見の回想を丁寧に見てゆくと、どうもそういう一般論でかたづけられない事情が見えてくる。まず彼の幼児期の証言を見てみる。

小さいときの記憶は「こういうことがあったな」というだけで、意味づけはない。私はゼロ歳から六歳まで、後藤新平とよく会ってたから、かれの風貌をはっきり覚えています。同じ邸内に住んでたから、見送りのとき並んで見送って、帰ってきたときも並んで出迎える。こういう人がえらい人だと頭の中に刷りこまれちゃった。かれが私に何をいったかは覚えてない。でも、かれが私にたいへん親切にしてくれたことははっきり覚えてる。子どもの意味づけというのは大人の言葉とはちがうからね。言葉はどんどん脱皮していくでしょう。蛇の脱皮のように。意味づけはぼんやりするけど、方向感覚は自分の中で保たれている。そういうことで、うそはないと思う。

（『期待と回想』朝日文庫、八三ページ）

後藤新平？　同じ邸内に住んでいた？　見送りのとき並んで見送って、帰ってきたときも並んで出迎える？　子どもの意味づけというのは大人の言葉とはちがう？　なにやら不思議なことがたくさんここで回想されている。彼はなにやら「大きな敷地を持つ邸宅」（二八ページの邸宅の図参照）の一画に住んでいたのである。そして、その邸宅の持ち主が後藤新平と呼ばれる人で、その人が邸宅から出て行くときは、屋敷の者一同が並んで見送り、帰ってきたときも、そうして出迎えていたというのである。庶民にとっては、映画の中で見るようなシーンである。そんな中で鶴見俊輔の幼年期は過ごされていた、そういうのである。この異様な幼年期の状況を理解しようとしないで、鶴見の母のしつけのひどさ、その暴力性をうんぬんいうのは、的が外れている。問われなくてはならないのは、この広い邸宅を所有していた後藤新平とは何者だったのか、である。鶴見の幼児期の最も見えない部分というのが、その問いにあるのだと私は感じている。後藤新平、これが鶴見俊輔にとって解くことのできない最も「巨大な謎」としてあった。そしてその「巨大な謎」の長女が鶴見俊輔の母だったのである。

## 「母の折檻」がはじまる

この「家系」の中で「母の折檻」が始まるわけで、実はこの「家系」の中にいなければ、鶴見の母は、きっとそんな「折檻」をする必要はなかったとも考えることができる。ここのところを私たちはもっと理解できなくては、「母」が浮かばれないと思う。こうした時期の母の言動を、後に鶴見はこう回想していた。「母」の苦労がわかるというものである。

「あなたが生きられるのはお父さんのおかげ。おじいさんのおかげ。塀の外へ行ったらあなたには何もないんだ」とおふくろはいう。（中略）昭和三（一九二八）年くらいが親父の名声の頂上なんですね。『英雄待望論』と『母』がそれぞれ五十万部売れて、『母』は映画にもなった。高峰秀子のデビュー作です。女優は川田芳子と八雲恵美子で、要するに道歩いてる人がみんな知ってるわけ。それに母方のじいさんが後藤新平でしょ。私が小学校一年生のころは、「鶴見」という名は「後藤」という連想を呼ぶんです。小さいときは得意ですよ。（同、四九ページ）

この回想がなされている時期は幼児期の後半から小学校へ上がるまでであるが、この頃にはすでに子どもの俊輔を「得意」にさせるものが周りにいっぱいあったということになる。「得意」という言い方は和らげた言い方であるが、実際的には、子どもながらにも、まわりから過剰にちやほやされ、「特別な扱い」を受けていることをよく知っている子どもがいた、ということなのである。そしてそれがまた自慢だった。実は母の「しつけ」が「折檻」にエスカレートしていくのは、この息子の「得意」を感じるところに向けてなされていたのである。子どもながらに偉そうにする息子の有様を見ながら、あなたが偉いんじゃなくて、みんながちやほやするのは、「お父さんのおかげ。おじいさんのおかげ」なのだということを、身をもって教えようとしていたところがあるからだ。

幼年期の鶴見が、大邸宅の敷地の一画に住み、伯爵となる祖父・後藤新平の、周りから奉られる姿を見、そういう姿に憧れを抱いて育つ息子を、母はひどく嫌ったのである。それは、息子への嫌悪というよりか、実際は、父・新平に対する娘・愛子の深い嫌悪感が重ねられていたのである。後藤新平は、表向きは政治家として華々しい業績を上げながらも、この後見るように、自分の娘と同じ年くらいの「妾」を囲い、次々と子どもを産ませていた。そんな父・新平の姿を見ながら、自分の息子にはそういう政治家には育って欲しくないという思いがものすごく強くあったのだと私は思わないわけにはゆかない。そういう父・新平のたどり着いた伯爵の世界を「貴種」と呼べば、母はたった一人でこの「貴種」と向き合い、息子をなんとしても「貴種」にさせないように、身体を張って阻止しようとしていたのである。それが鶴見の回想の中では「折檻する母」「暴力を振るう母」という語りにパターン化されていった。だから、そういう「語り」からは、あの幼少年期に、いったい母が何から息子を守ろうとしていたのかが見えてこないのである。

私はこの母の戦いを「貴種を折る戦い」と呼んでも良いと思ってきた。だから俊輔が、幼少年期に少しでも「貴種の振る舞い」を見せようものなら、その芽を徹底して摘み取るまで「折檻」をやめなかったのである。まさに芽ばえようとする「貴種」を「折る」体験を息子にさせようとしたのである。そして、当の俊輔自身は、「貴種」である家系から受ける絶大な恩恵と、それを「折る」ように迫る母の暴力的なしつけの狭間で、他の人なら味わうことがなかったであろう心労や苦しみを、生涯にわたって背負うことになる。ここで私が、鶴見俊輔の母を、必要以上に「かばっている」かのように見なされないために、姉・和子の証言を引用しておきたい。

## 「おなじ母のもとで」

わたしは、俊輔とおなじ母に育てられながら、死ぬほどに思いつめたことがない。わたしが女の子であったために、母は、弟に対するような強烈な責任感を持たなかった。というよりも、父がわたしを愛したので、母はわたしのことは父に任せるという責任分担の意識があったのかもしれない。母は罪の意識をもって自己を責め、それを俊輔に植えつけようと必死であった。これとは正反対に、父は根っからの楽天主義で、寛容であったから、その父に愛されたわたしもまた、極楽トンボに育ってしまった。

おそらく、女の子にとっての母の像と、男の子にとっての母の像は、どこの家でも違うのではなかろうか。俊輔にとって、母に愛されすぎたことが、死を誘発したのに対して、わたしにとっての母は、生命の根源につながっている。わたしたちが病気になった時の心配りのやさしさと対処のかしこさは、抜群であった。叱る時とおなじように誠心誠意をもって看護したのである。それは弟に対しても、わたしに対しても、おなじであった。もう一つは、母は、衣・食・住の暮らしの流儀について、知恵と見識をもっていた。わたしは、母から学んだ生活の智と技とをもって、母より以上に、日々の暮らしを楽しんでいる。それはおそらく、わたしが、母から罪の意識を植えつけられることがなかったためかもしれない。

おなじ母のもとで育てられながら、俊輔は死ぬ思いを何度か経験し、人間の罪と暗黒とをくぐりぬけてきた、「生まれ変った人」(twice-born) なのである。これに対して、わたしは、死も暗黒もくぐりぬけることのなかった、「生まれた儘の人」(once-born) である。そのことが、俊輔の仕事をより深く、寛く、そしてすじの通ったものにしているのだと思う。人が俊輔をわたしの兄と呼ぶのも、そうした理由からであろう。そういうきょうだいをもったことは、わたしの生涯の仕合せである。

(『鶴見和子曼荼羅 Ⅶ 華の巻——わが生き相』藤原書店 一九九八、八九ページ)

もしも俊輔の母が、今風の「虐待する親」のような存在だったのなら、この姉にも、弟にも似たような振る舞いがあったかもしれない。ところが、姉や弟や妹には、そういう「折檻じみたしつけ」はしていない。姉・和子の理解によれば、自分が「女の子」であって、「父親っ子」だったからというふうになっているが、それは違うと私は思う。実際は、姉・和子は、俊輔のように、子どもだてらに「貴種」のような振る舞いをしなかったからではないかと私は思う。弟は年が離れていて、「貴種」の真似をするにも、後藤新平を間近に感じて暮らすような環境には育っていなかった。結局、長男・俊輔だけが運悪く（運良くという面もあったのだろうが）、「後藤新平の傘」を被る味を、味わってしまっていたのである。ちなみに言うと、なぜ母が姉・和子には、ひどい折檻をすることがなかったかについて俊輔は次のように言っているところがある。

おふくろは和子のほうを殴ったりしばったりはしないんですよ。それはどうしてかということを、何十年もたってゆっくり考えるんですけれども、私の邪推ですよ。おふくろは美人じゃないんです。和子は美人なんです（笑い）。そうすると、おふくろとしては和子をひっぱたいて、しばるとか蹴飛ばすとかいうことはちょっと気がさすんだな。そこで一拍おかれるから、わたしにたいしてさんざん殴って怒っているのが、和らげられるわけ。

（『鶴見和子を語る』藤原書店　二〇〇八、一六ページ）

冗談半分にしろそんなことが理由であったはずがない。彼を取り巻く環境が小学生の子どもに「貴種」のイメージを植え付けていた例を、もう一つ紹介しておく。彼が小学二年の時に満州へ行ったときのことである。

小学校二年のとき、大連の星が浦に私の祖父の銅像が立つというんで満州に行ったんだけど、乗ってた自動車が囲まれて、張学良（張作霖の長男）の軍隊がきわめて敵意をもって自動車の中を見ていたね。小学校二年の子どもでも敵意をもたれていることはわかるんだ。

（『期待と回想』朝日文庫、二五九ページ）

小学生の分際で、祖父の銅像の式典に満州へ車で出かけるというような、そんな体験のできる日本の子どもはいなかったはずである。そういう境遇で天狗になるなという方が無理であろう。そんな環境を通して芽ばえてくる「貴種の芽」を摘むために、母・愛子は、息子に絶えず手を掛けなければならなかったのである。その体験が「母をキチガイ扱い」する回想につながるのであるが、しかし一方で俊輔はよくわかっていたはずなのである、あの少年期に「貴種を折る」という体験をしこたま母から受けていなかったら、その後の自分はきっと「貴種」を甘んじて受け入れ、さらにそれを助長させるように生きてきていたであろうことについて。だから彼は、「母の悪口」を言いながら、「母の正義」や「母の正しさ」をずうっと言い続けることにもなる。

## 後藤新平の「お妾さん」と呼ばれた「河﨑きみ」の存在

鶴見俊輔の生涯が、「祖父、後藤新平」と「母」に決定的に影響を受けていたというときに、実際の関係がどのようになっていたのかは、なかなか資料を手にすることができない。しかし、新平の「お妾さん」といわれた「河﨑きみ」の伝記が二〇〇九年に出版された。この本が出るまでは、後藤新平の詳しいお家事情は、表に出されることがなかったのである。しかし河﨑充代『無償の愛――後藤新平、晩年の伴侶　きみ』（藤原書店　二〇〇九）が出版され、見えなかったところが見えるようになってきた。画期的な伝記が発表されたものである。もちろんこの伝記も、後に触れるように伝記特有の不備があるが、それを差し引いてもこの伝記が書かれたことはとてもよかったと私は思う。そこのところを理解するために、まず最小限の「年譜」を掲げておくことにする。鶴見俊輔が生涯にわたってこだわった「母」の存在は、実はこの年譜を見ると、まさに後藤新平の「お妾さん」＝河﨑きみや後藤新平その人と向かい合う中で存在していたことがわかるからである。その理解を抜きにして母と俊輔を、普通の母子問題のように見なして受けとめるのは間違っているのである。

　この年譜を見るとわかるように、鶴見俊輔の母、愛子は、後藤新平の長女であるが、新平が「お妾さん」にした河﨑きみは、母、愛子とほぼ同じ年であり、後藤新平はまさに、四十歳も年の離れた、自分の娘と同じ年齢の芸者の娘を落籍《ひか》して、七人もの子どもを作り、自分の家族や鶴見一家が住む屋敷に、わずかな時期ではあったが一緒に住まわせていたのである。そしてその屋敷には、当然ながら後藤新平の正妻の長男もいた。

　こうした後藤新平の広大な屋敷の中で、いくつもの家族の営みがあったのであるが、その中で、俊輔の母、愛子は、息子によってひたすら「暴力的な母」として語られてゆく。そして、一方の「妾」と呼ばれ「日陰の身」を意識しながらも新平一筋に生きた河﨑きみは、孫の河﨑充代によって誠実に生きた女性として、とても丁寧に記録されることになった。そのあまりにも対照的に生きられた二人の女性の描かれ方の違いに、私たちはもう少し向き合ってみなければいけないと思う。あれだけ「伝記」を重んじた鶴見俊輔であったはずなのに、なぜ彼はあんなふうな「暴力的な母」しか語らずに、きちんとした「母の伝記」を語ることが出来なかったのかと。

| 後藤新平 | | 和子（安場保和の次女） | 愛子 | きみ |
|---|---|---|---|---|
| 一八五七：生まれ | | | | |
| 一八六六： | | 生まれ | | |
| 一八八三：二六歳 | 和子一七歳と結婚 | | | |
| 一八九三：三六歳 | 長男、一蔵、生 | | | |
| 一八九五：三八歳 | 長女、愛子、生 | | 愛子、生 | |
| 一八九六：三九歳 | | | | 河崎きみ、生 |
| 一九一一：五四歳 | 芸者きみ一五歳に出会う | | | |
| 一九一二： | | | 鶴見祐輔と結婚 | |
| 一九一三：五六歳 | きみを落籍 | | | 三郎（第一子） |
| 一九一七： | | | | 兵衛（第二子） |
| 一九一八： | | | 和子、生 | |
| 一九一八：六一歳 | | 和子、死去五三歳 | | |
| 一九二〇：六三歳 | | | | 武蔵（第三子） |
| 一九二一：六四歳 | | | | 松子（第四子） |

| | | | | |
|---|---|---|---|---|
| 一九二二：六五歳 | | | 俊輔、生 | 多満子（第五子） |
| 一九二三：六六歳 | | | | 清（第六子） |
| 一九二四：六七歳 | | | | きみ一家、新平の屋敷に移る |
| 一九二五：六八歳 | | | | 小五郎（第七子） |
| 一九二八： | | | 章子（二女）生 | |
| 一九二九：七一歳　死去 | | | 父、祐輔『母』出版 | きみ一家、新平の屋敷を出る |
| 一九三三： | | | 直輔（二男）生 | |
| 一九五六： | | | 母、愛子死去 | |

ちなみに鶴見和子が書いたエッセイに「祖父・後藤新平のこと」（『東京』一九九五年一月号　東京自治問題研究所）があるが、ここに鶴見和子の意識する後藤新平の家系図が次のように載せられている。それを見てもよく分かるが、この一九九五年の時点（和子七七歳）においても、彼女の意識の中には、河﨑きみ一家は後藤新平の家系には入っていないのである。河﨑きみの詳しいことはわからないにしろ、その存在や新平との間の子どもたちの存在は小さい頃からよく知っていたわけで、彼女が高名な社会学者であったのであればなおさら、この家系図の中に、何らかの形で河﨑きみ一家のことは記録しておかなければならなかったはずなのに、それが出来ていないのである。そこを非難するという意味ではないが、学者としての鶴見和子、鶴見俊輔の両氏の意識の中に、大きな欠落があったことは指摘しておかなくてはならない。

**後藤新平の家系図**

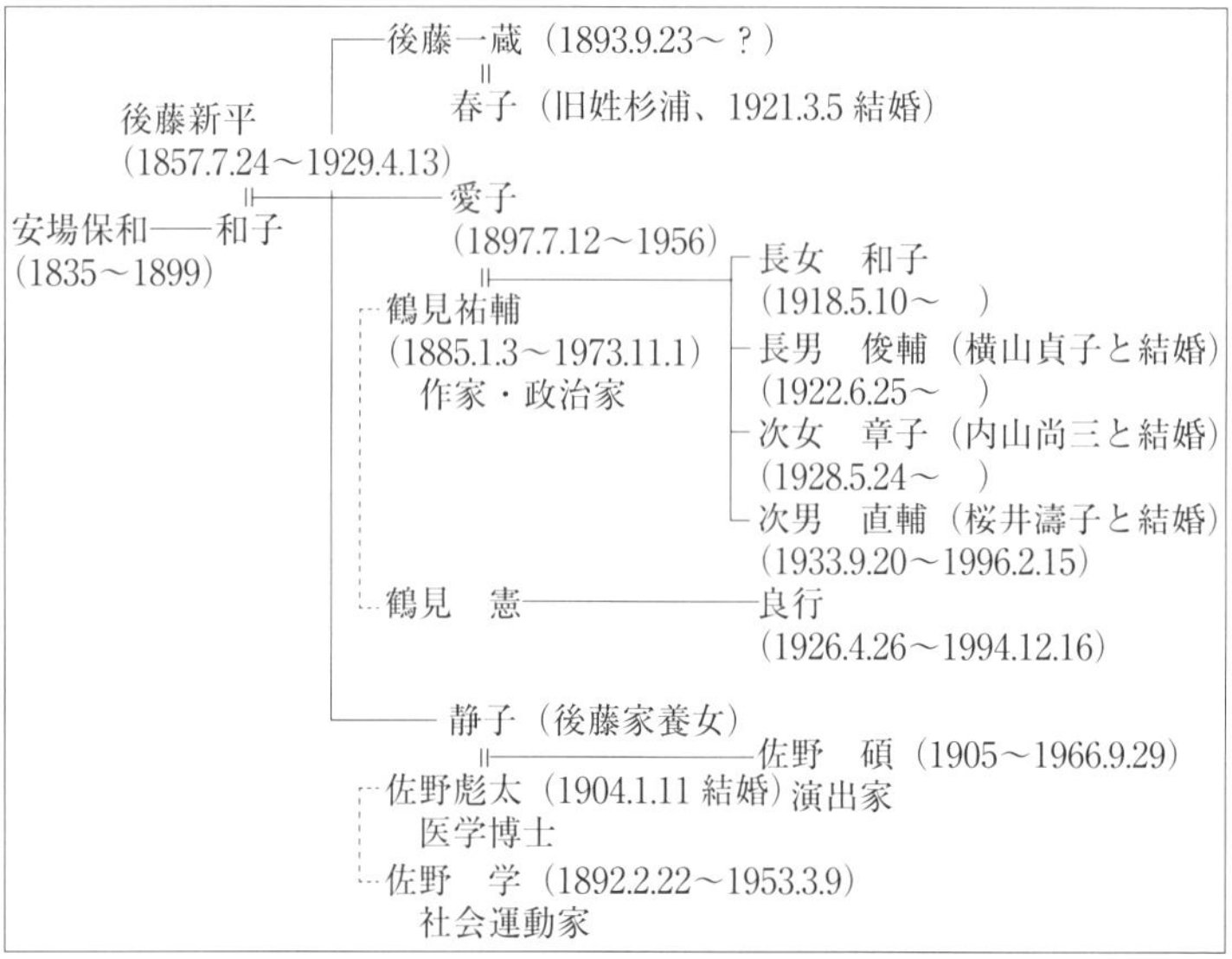


## 後藤新平について
### ――「公共の顔」と「私生活の顔」

後藤新平については膨大な資料が出版されてきているので、それぞれの分野の研究者の著述を見てもらうしかないが、ここでは、鶴見一家と、河﨑みき一家に関わる、ほんの少しだけに触れておきたい。それは後藤新平の「自治三訣」と呼ばれる座右の銘のようなものについてである。

自治三訣
人のお世話にならぬよう
人のお世話をするよう
そしてむくいを求めぬよう
後藤新平

自筆の書は、『後藤新平の「仕事」』（藤原書店　二〇〇七）の最初に写真版で見ることができる。この座右の銘がいつどのように作られたのか知らないが、「自治」とあるので、何か共同体や公共の精神に関わるようなところで意識されていたものであるのは確かであろう。しかし、それにしても、わかるようでわかりにくい「箴言」である。分かるようで、というところで言えば、落語などで熊さんが「人の世話にはなりたきゃねえな」というとき、それはそうだと誰もが思うからだ。人の世話にならずに生きたい、と誰もが思う。しかし、そんなことを口にすれば、お前は今までいかに人の世話になって生きてきたのか忘れてしまったのかと言われるのが目に見えている。こういう落語に出てくる熊さんが「人の世話になりたきゃねえな」というのは、いつまでも健康でいたいよねという意味のことである。

しかし後藤新平の座右の銘が、もし自治や公共の精神を言っているのであれば、支え合いというか、相互扶助のようなものがまず求められるであろうから、「世話にならぬように」などということがまず最初にくること自体が、不自然である。「世話にならない」というのは、まさに健康者、有産者の基準の発想であり、「金持ちの発想」というか「持てるものの発想」という感じがする。それを踏まえて「お世話をするように」というのであるから、どこかに優越者ならではの感がする。公共の相互扶助というのは、世話にならない者が、世話を必要とするものの世話をしてあげるという、そういうものではないだろう。大なり小なり、人は誰かの世話を受けてしかそこにいられないものであるから、「世話にならない」などということを、まずイメージとして想定できると考える発想が、公共的には非現実的である。

とくに、「人の世話にならない」ということが最初にくる、というのは、それは「貴種」のみが持つ「特権」の感覚である。身分的にも最高のところにいる者は、「誰の世話にもならないところにいる」と思っていて、あとは下の部下の「世話」をするだけだと思っている。ひどい勘違いである。確かに後藤新平は、その「高い地位」を利用して、さまざまな人の、地位や身分や職の斡旋、つまり「世話」をし続けていたのであるが、それはまさにそういうことのできる特権的な「高み」にいたからにすぎない。そういうことを「世話にならずに世話をする」ことだなどと思っていたとしたら、とんでもない勘違いである。

事実、後藤新平は、普段から威張り散らすかんしゃく持ちであり、オシャレ好きの男爵として有名であった。一日に何回も着替えをしたと言われる新平の、その身の回りの「世話」については、周囲のものは常に、ぴりぴりしていたと思われる。どんなことで叱られるかわからないからだ。腫れ物に触るようにして「世話」をしていたはずである。それなのに「箴言」の最初は「人の世話にならぬように」というのである。よく言うよというだけではなく、欺瞞の臭いがぷんぷんする。

問題は、この「箴言」が公共の場で意識されるだけではなく、後藤新平の家族、親族の間の暗黙の了解事項として共有されていたところにある。後に触れる後藤新平の「お妾さん」の河崎きみの伝記にも、座右の銘としてこの「自治三訣」が意識されていたことがわかる。問題はこの三行目の「そしてむくいを求めぬよう」というくだりである。河崎きみは、この「箴言」をしっかり守り「妾」の位置以上の「むくい」を求めることはしなかった（本来であれば、後藤新平の子どもを七人も生んでいるのであるから、遺産相続も含めて、それなりの地位の保全を申し立てても良かったはずなのであるが、そういうことはなされなかった）。後藤新平のこの「箴言」には、近親者をして「禁止」や「禁欲」をすすめる狙いや効果が含まれていたのである。

先に触れた「祖父・後藤新平」というエッセイの中で、鶴見和子は新平が「いろんな教訓をたれることが好きな人でした」と回想し、中でも「自治三訣」の三行については「頭にこびりついていますよ」(『鶴見和子曼荼羅 Ⅶ 華の巻 わが生き相』藤原書店 一九九八、二五ページ)と書いていた。

結局、こういう「自治三訣」を「自治」以外の「家庭」でも適用させると、「世話をし」「むくいを求めぬよう」というようなことを強調するところにすすみ、常に誰か(ここでは新平のことであるが)の都合の良いように周りがたち振る舞うような状況が、家庭内でできていったように私には思われる。

このように後藤新平には、「公共の顔」と「私生活の顔」があって、その「公共の顔」でみせた仕事の大きさは、藤原書店の精力的な出版事業や、さまざまな伝記から再評価されてきているので、そちらを参考にしてもらえばいいだろう。しかし、「私生活の顔」はほとんど明らかにされてきていない。かろうじて杉森久英『大風呂敷』上下(毎日新聞社 一九九九)の中の「女性たち」の章や、里見弴「大臣の昼飯」であるが、後者はとても興味深い作品なのに、彼の全集や文庫には収められておらず、国立国会図書館でしか読めないのが残念である。

こうした「公共の顔」と「私生活の顔」をもつ巨峰・後藤新平に対して、関心を持てば切りが無いので、ここでは鶴見俊輔との関連においてのみ注意を向けておくことになる。それは後藤新平の長女が俊輔の「母」だったところであり、その長女を、新平の部下であった鶴見祐輔が妻にしたところである。そういう意味では、鶴見俊輔の「父」も「母」も、後藤新平の影響からは自由になれない人たちであり、そのために間接的には鶴見俊輔も、新平が亡くなったあと、その影響から逃れられない人生を送っていたのである。ここのところを考えることがとても大事だと私は考えてきた。そして、そのことを理解するためには、「俊輔の母」が後藤新平の娘であり、鶴見祐輔の「妻」であったところを、理解することが欠かせないのである。

# 第二章　少年期——「貴種」のおごり、「悪人」への親和

## 少年時代の語り

鶴見俊輔の少年時代についても、彼はインタビューなどで幾度となく語っている。語られる内容は三つある。母の子育ての異様さ。それに対抗してなされた少年時代の大量の読書事情。悪ガキとしての少年期。

似たようなことを、いくつものインタビューで語っているので、ほぼその通りに受け取るべきであろうが、それでも、「母」への回想がそうであったように、本人の言い分だけを元にするのでは、語られたことが本当かどうかは、確認できない。例えば次のように書いたくだりがある。

私の母は後藤新平の娘だったから、毎日、後藤の屋敷に行って指揮をとってるんだけども、そこに住んでるのは新平氏の若い妾だからね。お妾さんが表に立って指揮をとるわけにはいかない事情があった。母の兄、後藤新平の嫡男は妾のことで怒って新平氏をはり倒したんで、追放されて、谷の向こうの小さい家を借りて逼塞《ひっそく》していた。めちゃめちゃなんだ。新平氏が亡く

なったあと屋敷に行くと、私と姉はものすごく奉られて大将なんだよ。威張ってるんだ。でも妹と弟は威張ってない。そのころはまだ日本社会は身分制度だとは知らないから、私が平民で遊びにいって威張ってる相手が華族なのだという区別はわからない。

（『期待と回想』朝日文庫　八五ページ）

しかし、こういう回想の仕方に対して、ようやく鶴見俊輔以外に、当事者の関係者から、次のような違和感が表明されてきている。

後藤新平の外孫である鶴見俊輔は、『期待と回想』（晶文社、一九七七）の中で、「親父は後藤新平の婿だが、新平を聖人君子としては書いていない。新平は、それこそ男女関係はたいへんに放縦な人だったし晩年は家の中にお妾さんを入れて暮らしていた」と、父鶴見祐輔による『後藤新平』伝には登場しないきみの存在に言及しています。そしてさらに、「その人には家政を切り盛りする能力に欠けていたので、母（愛子）が代わって新平の家の家政を見るため本邸に詰めていなければならず、子供と過ごす時間を持てなかった。それで必要以上に厳しい態度で息子に臨んだのだ」と、きみが後藤家に入ったことが、鶴見俊輔の母子関係に大いに影響を及ぼしたかのように語っています。

（河﨑充代『無償の愛――後藤新平、晩年の伴侶　きみ』藤原書店　二〇〇九、一〇三ページ）

この本は、まさに後藤新平の「お妾さん」と呼ばれた「河﨑きみ」の孫に当たる河﨑充代が、藤原書店の社長に勧められて書いた「河﨑きみ」の伝記本である。当時、藤原書店は、社をあげて後藤新平の浩瀚な正伝や著作を精力的に出版し続けていたときである。そんな時に、新平の「お妾さん」と呼ばれた人の伝記を孫に書いてもらう決心をしたのは、藤原書店社長の勇断であったと私は思う。そしてその要請を受けて、その大役を現実に実行した河﨑充代にも敬意を払いたいと思う。そういう意味ではこの「伝記」の出現は、「大きな事件」であったと私は思う。書評の達人と言われてきた鶴見俊輔には、この本の感想をぜひ書いてもらいたかった（実際には書いたものがあるのかも知れない）が、残念ながら私はその書評は知らない。

ところで、この河﨑充代の本は、「お妾さん」と呼ばれた「きみ」の、長年にわたって不当にゆがめられたイメージを払拭させるために、遠い過去の出来事をできるだけ丁寧にたどり直しをしたものである。それでも「伝記」がもってしまう特有の本人への思い入れや感情移入があって、ある時の「きみ」が本当にそう思ったのか、伝記作者が想像で書いているのか、わからない書き方をしているところがあるので、そういうところは差し引いて読まないといけないと私は感じたが、全体として「河﨑きみ」の優れた面を丁寧に書き尽くしていたと私は感じて読み終えた。

## 鶴見俊輔の回想と河﨑充代の伝記の違い

そこで話を、鶴見俊輔の回想と、河﨑充代の伝記に戻すことになるが、河﨑充代は鶴見俊輔の『期待と回想』の「お妾さん」の書き方に、ずっと違和感を覚えていたのがわかる。しかし、彼女は伝記の中で、あからさまに鶴見の書き方を非難するわけではない。祖母・きみの生き方に似て、伝記はとても抑制された書き方に終始している。ただ唯一鶴見の名前を出して「非難」めいた書き方をしているのが先に引用したくだりなのである。そこには、二つのことが指摘されていた。一つは、俊輔の父・鶴見祐輔が書いたあの浩瀚な全八巻の『後藤新平正伝』に「河崎きみ」が、あたかも存在しなかったかのように言及されていないことと、もう一つは、「河﨑きみ」が「お妾さん」であったばかりに、「その人には家政を切り盛りする能力に欠けていたので、母（愛子）が代わって新平の家の家政を見るため本邸に詰めていなければならず、子供と過ごす時間を持てなかった」ということを書いていて、そのことを受けて「それで必要以上に厳しい態度で息子に臨んだのだ」ということや、「きみ」が後藤家の敷地に住むようになったことが、「鶴見俊輔の母子関係に大いに影響を及ぼしたかのように語っています」と書いているところである。

河﨑充代の指摘しているように、「河﨑きみ」が鶴見俊輔の母子関係に大きな影響を及ぼしたと鶴見が書いている（あるいは語っている）くだりを私は見つけることができないし、他の多くの対談やインタビューでも、そういうふうに自分の母子関係を「お妾さん」のせいにして語っているところを見つけることはできないのだが（あるのに見つけられていないだけなのかもしれないが）、ただ、鶴見が「私の母は後藤新平の娘だったから、毎日、後藤の屋敷に行って指揮をとってるんだけども、そこに住んでるのは新平氏の若い妾だからね。お妾さんが表に立って指揮をとるわけにはいかない事情があった」というふうに回想しているくだりをみると、長い間鶴見の頭の中では、「若い妾」だから何も出来ないので、自分の母が代わりに指揮をとっていたと思い込んでいた節が感じられるのは確かである。

しかし河﨑充代の伝記では、「きみ」はよくできた人で、かんしゃく持ちの後藤新平の世話を見事にやりこなしていたことが書かれていて、それも事実であったのだろうと私は思う。何も出来ないような「妾」を気むずかしい後藤新平が側に置いておけるはずがないからだ。それなのに、鶴見祐輔の「正伝」のように「きみ」の存在自体を無視したり、鶴見俊輔のように「若い妾」だから、家事の一つも出来なかったかのように書かれてしまうのは、きっと孫の河崎充代からすれば、耐えがたいことであっただろうと思われる。その汚名は伝記の中できちんと払拭されている。

ただし鶴見俊輔は「河崎きみ」のことには触れていないが、彼女の三男のことには次のように語っていた。

親父は後藤新平のお婿さんですが、後藤新平を聖人君子としては書いていない。後藤新平は、それこそ男女関係はたいへんに放縦な人だったし晩年は家の中にお妾さんを入れて暮らしていた。そのお妾さんとのあいだに生まれた息子と私はつきあいが生じているが、ものすごくえらい人なんだ。系図の表にいる人より裏にいる人の方が偉大になる確率はあるね。川崎武蔵という人なんだけど、いまも生きてますよ。最後のポジションはドイツ・バイエルの日本総支配人だった。

（『期待と回想』朝日文庫　三五三ページ）

鶴見俊輔の記憶力はずば抜けているはずなのに、わざわざ「つきあい」があったという割には「河崎武蔵」と表記すべきところを「川崎武蔵」と表記している。偶然に間違えたのではなく、文庫本でも訂正されずにそのままの表記になっているところを見ると、鶴見俊輔は「河崎」を「川崎」と思い込んでいたのである。そんなことはよくある話として見過ごすこともできるのだが、しかし本当に「つきあい」があれば、正確な名字は覚えるはずだと私なら思う。鶴見はきっと、長年にわたって受け入れがたく疎遠にしてきた「河﨑きみ」の家族に対して、「川崎」という間違った表記でのみ受け入れる余地を作ってきたように思えるのだが、どうだろうか。この三男武蔵の、苦渋に満ちた生い立ちも、河﨑充代の伝記に書かれている。実は、後藤新平と河﨑きみの間に生まれたすべての子どもは、後藤新平の籍に入れてもらえずに、別な人の子どもとして届け出をさせられているのである。七人も生ませた子どものすべてを、よその人の籍に入れて届け出をさせるというようなことが、よく平然と実行できたものだとおもわないわけにはゆかないが、そんなことを平気で通用させられるところに「貴種」の怖いところもあったのであろう。しかし籍を別な人の戸籍に入れるというだけではなく、生まれた子をきみは、自分の手で育てることが許されずに、生まれてすぐに、よそに預けさせられるのである。いくら「お妾さん」とは言え、そこまで「母」としての位置も保障されなかったのかと、きみの無念さがよく伝わってくるように思われるが、そういう愚痴は祖母、きみから一度も聞かされたことはなかったと孫は伝記に記していた。徹底して「日陰の道」を選んだきみは、生涯、後藤新平にのみ仕える道を選んでいたのである。後藤新平の身勝手さと、そんな境遇でも耐えて、豊かに生きようとしていたきみのすさまじい生き様が、目に見えるようである。

河﨑武蔵自身の言葉としては「わが父・後藤新平」(『時代が求める後藤新平』藤原書店　二〇一四に収録)が残されている。そこにはこう書かれていた。

鶴見俊輔氏は雑誌に「新平の女性関係はメチャクチャで……。」と書いているが、これに反論する資料を、残念ながら私は持ち合わせていない。確かに後藤新平は女性にもてた。

私の出生届は生れてから二十六日もたった八月二十七日に、京都の下村当吉の実子（三男）として出されている。下村当吉は、後藤が内務省衛生局長をしていた時の部下で、（中略）従って私は戸籍上、下村当吉とうのの実子で後藤新平、きみとは関係ないということになる。
同様な方法は、新平ときみとの間に生れた四男二女全てに適用され、
兵衛（次男）　清（四男）　→藤田謙一（日本商工会議所会頭）
武蔵（三男）　松子（長女）　→下村当吉
多満子（次女）小五郎（五男）　→後藤彦七（新平の実弟）
それぞれ下段の人々の実子として戸籍に入った。（多満子は後藤彦七の元から四竈《しかま》家に養子となった。）
この方法は新平が考え出したものと思われる。やがて新平亡き後、子供達が母きみの元に戻って来られるよう、これらの人々に子供を託した。事実後年、子供達は皆きみの元に帰って来て河崎を名乗った。
新平は尚それでもきみや子供達の将来が心配で、更にもう一段ガードをかけることを忘れなかった。それは我々子供達が「五奉行」と呼んでいた方々である。（中略）
驚くべきことにこれらの方々は、新平が自分の死後の子供達の面倒を託された約束を（激動の世の中にもかかわらず）果し、子供たちを見守ってくれた。
（「わが父・後藤新平」『時代が求める後藤新平』所収　藤原書店　二〇一四、二九四ページ）

ここでは武蔵は、新平が女性にもてたことは確かだが、俊輔のいうような「女性関係はメチャ

クチャ」というようなものではなかったという思いを持っていたことがわかる。反論する資料を持ち合わせていないので、反論はできないけれど、できるなら反論したいという思いをここで表明している。そして自分たち、新平の子どもたちが、母親と切り離され、他人の戸籍に入っていったこと、しかし、その後の面倒はちゃんと見てもらえるように、資金繰りも含めて、託されていたということと、託された人たちもその言いつけをよく守ってくれていたことを語っている。ちなみにネットで検索すると、この「河崎武蔵」は、こう書き込まれている。

河崎《ママ》武蔵氏（かわさき・むさし＝元バイエルジャパン〈現バイエルホールディング〉副社長）二〇一二年八月一四日、誤嚥性肺炎のため死去、九二歳。父は明治から昭和初期にかけて活躍した政治家の後藤新平。

こうした後藤新平一家と鶴見俊輔一家と河崎きみ一家の関係は、とても大きなものがあるはずなのに、トータルな「伝記」として語るためにはなかなか難しいところがある。これからの課題である。

## 後藤新平の屋敷について

ところでこうした複雑な後藤新平一族を支えた広大な敷地について、実際にどういうものかピンとこないのだが、河崎充代の伝記に、当時の麻布桜田町の屋敷の見取り図が記載されていたので、それを紹介する。

この屋敷図（次頁参照）のどこをどう見れば良いのかわからないが、広い屋敷に後藤新平一家と、長男・後藤一蔵一家と、鶴見祐輔一家と、河﨑きみ一家が住んでいたことは、屋敷図を見ることで初めて想像することが可能になる。河﨑充代は伝記の中で、こう書いていた。

新平たちの住む母屋と離れは丘の上にあり、きみの住まいは、敷地の主要部分を囲む塀の一角に取り付けられた潜り戸を抜けて、蕗《ふき》の茂った傾斜地を下った、敷地の端の谷の部分に、小じんまり《ママ》と建つ家でした（図参照）。きみは毎日、新平の起床時間より早く母屋へ赴き、新平が屋敷内に居る間は、朝の着替えの世話から食事の給仕に始まり、新平が床に付くまで、傍で雑事をこなしていました。そして、新平が外出している間には、子供たちの待つ坂の下の家に戻り、子供たちの相手をしたり、手伝いのものに自宅の家事について指示を出したりして、二つの家の間を行ったり来たりしていました。

（河﨑充代『無償の愛』一〇九ページ）

ちなみに言えば、河﨑きみが後藤家の敷地に移ったのは、後藤新平の妻・和子の七回忌法要のすんだ後であり、そこには四年近く住んでいた。一家が屋敷を出たのは、新平が亡くなった一九二九年（昭和四）四月（七十一歳）のすぐ後の六月である。その間に起こったこととして、河﨑充代は母から聞いたであろう次のようなことを記している。

新平の家族にとっては、きみの存在は心穏やかに受け入れられるものではなかったようです。鶴見俊輔が二〇〇四年に発表した、『戦争が遺したもの』と題する鼎談の中で明らかにしてい

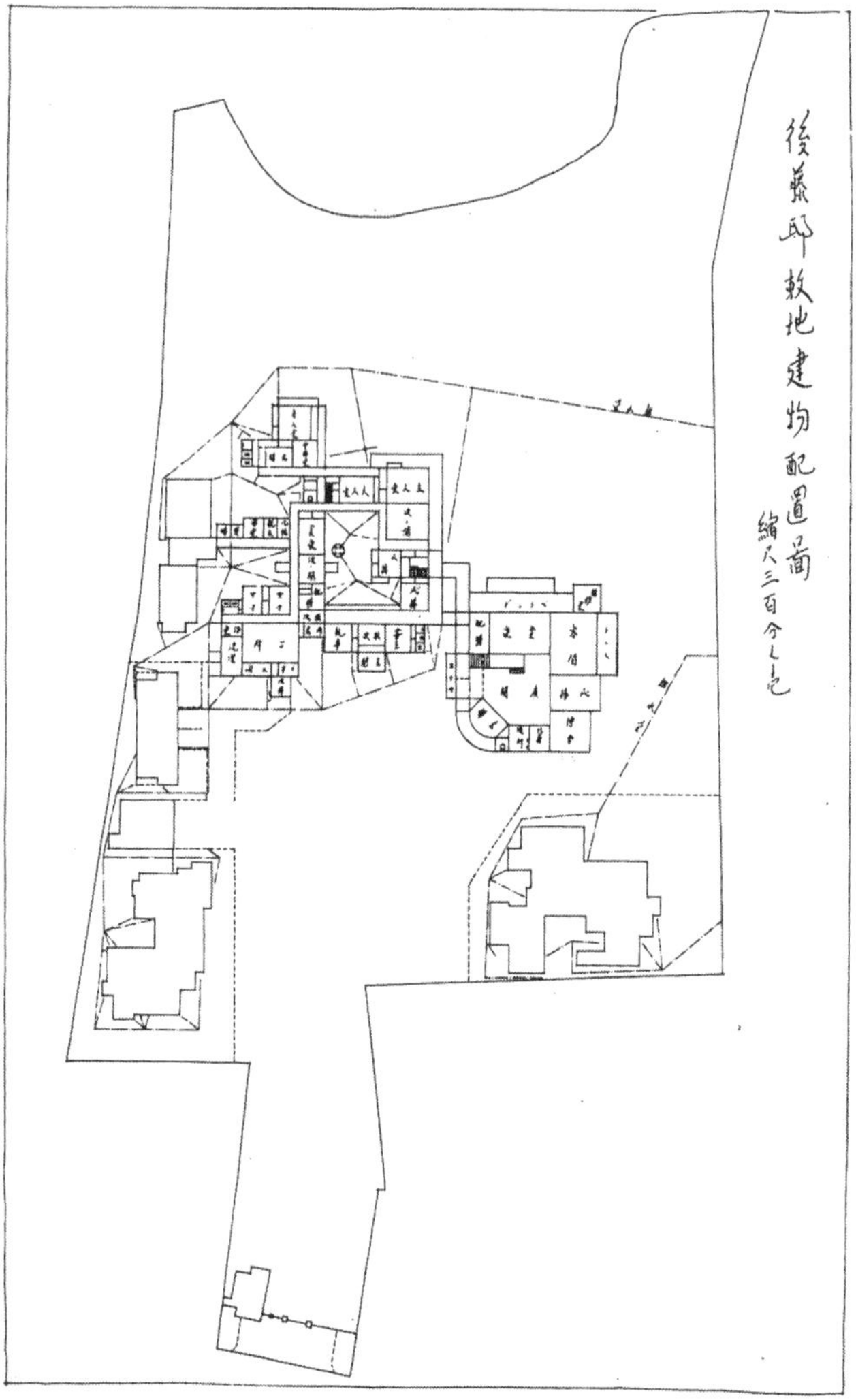


後藤邸敷地建物配置図。
きみの住まいは右上部だったと考えられる。
河崎充代『無償の愛』（藤原書店）より

るように、きみを巡り、新平と新平の長男とが喧嘩になり、新平に手を上げた一人息子を廃嫡にする、と言い出すような騒動が起きたこともありました。きみにとって、自分のせいで新平親子の間に波風が立つことは、非常に辛い経験だったに違いありません。

新平が家に居て暇なときには、清と小五郎の二人を母屋に連れて来るようにときみに言うことがよくありました。それにもかかわらず、清と小五郎が芝生伝いに母屋の近くに遊びに出かけたときに、新平の家人に「お前、どこの子？」と言われたことがありました。家に引きかえして来て、このことをきみに告げました。さすがのきみもこれには腹の虫が収まらず、新平に話したところ、新平はカンカンに怒り、手帳の日誌に、「どこの子とは、何事ぞや」と大きな字で書き記しました。

（同、一一六ページ）

後藤家の長男、一蔵は、新平の存命中は勿論、亡くなった後もしばらくは、きみやその子供たちの存在をあくまで隠そうとしていました。新平が亡くなった後、きみが麻布桜田町の後藤邸を後にしても、ある種、心穏やかならぬ思いを抱いていたことと思います。そうした一蔵の気持ちを充分に理解できたきみは、新平の存命中は勿論、亡くなった後も、その意向に背くことのないよう、そうした杞憂を刺激しないよう、できるだけ目立たないよう心掛け、大変遠慮して、決して自分から表に出ることのないよう、謹んで暮らしていました。

（同、一二二ページ）

清と小五郎は、後藤新平ときみの間に生まれた第六子と第七子である。新平の直系の子どもであるにもかかわらず「妾の子」として「冷たい目」で見られていたことが、こういうところによく描かれている。さぞかし河﨑きみ一家が、悔しい思いをしていただろうことはよくわかるところである。当時という時代の中では、何ら不思議なことではないのかも知れないが、今から読めば驚くようなことも書かれていた。河﨑きみが、法要などで後藤家を訪れるときのことである。

きみは御本家を刺激しないようにと、御挨拶には、息子は誰も連れて行けずにいました。しかし、女の子の松子なら、そうした心配をすることもないので、きみのお供は松子の役割となりました。そうした時に松子が一番驚いたことは、御本家に通されるとき、松子は新平の娘だからと表玄関を使いましたが、きみは使用人や御用聞きの使う通用口から上げて頂くという扱いでした。きみはそれをそ知らぬふりで受け流し、新平の月命日毎に律儀にお線香を上げに伺っていました。

（同、一六〇ページ）

以上のことは、鶴見俊輔の伝記には直接に関わることがないように思われるかも知れないが、それでも後藤新平一族や鶴見祐輔一家の「貴種性」を理解するには、少なくともこれ位のところは理解しておくべきであろうと私は思う。

## 映画『母』について

後藤新平についてばかり語り、父・祐輔について語らないのは良くないだろう。鶴見俊輔にとっても良くないばかりでなく、母・愛子にとってもよくないからだ。母・愛子が、あそこまで息子にこだわった背景には、新平のような「貴種」にさせたくないという思いと共に、夫・祐輔の書いたさまざまな本も大きく影響していると思われるからだし、すでに鶴見の回想にもあったように、小説『母』は、ベストセラーになり、高峰秀子が子役でデビューした映画にもなっていたからだ。

まず小説の『母』（大日本雄辯會講談社　一九二九）は、父・祐輔が四四歳（母・愛子、三四歳）の時に書いた作品である。出版日は昭和四年五月二十五日であり、私の持っている本は、同年七月二十三日発行のものであるが、この時の奥付けにはすでに九十六版発行となっている。驚異的な発行部数であったことがわかる。このとき息子・俊輔は七歳であった。まさに「悪ガキ」になってゆく入口でこの小説は書かれていて、愛子が、子育ての指針としてこの小説から大きな影響を受けていたことは容易に想像することができる。小説の出た年の十二月には、この本を原作とし、映画『母』が封切りされていた。おそらく愛子は、この大ヒットした小説も読み、映画も観ていたに違いない。というのも、愛子は六〇歳で亡くなる時に、夫・祐輔の書いたものを病院の枕元のテーブルにならべさせ「苦しみ出すと。自分で手をさしのばして一冊ひきぬいて。自分の胸のあたりにおいた」（「母の思い出」『鶴見和子曼荼羅 Ⅶ』藤原書店　一九九八）とされているくらいであるから、きっと夫の書いたものは早くから愛読してたに違いないのである（ちなみに鶴見俊輔もおふくろは自分の本を全部読んでいたと語っていた）（『期待と回想』八八ページ）。

この『母』という小説は、今で言う通俗小説である。東京暮らしの美男の主人公・澄男と、熱海の田舎で暮らす美人の主人公・朝子が偶然に知り合い、結婚することになる。しかし、夫はどんどんと絵に描いたように出世するが、二人の子ども（道男、春子）を残して早死にしてしまう。その夫の遺言に、子どもを立派に育てて欲しいというものがあり、その遺言をしっかりと守り、後に言い寄る男たちには目もくれずに、子育て一筋に生涯を費やすのである。しかし、夫の残してくれた遺産も底をつき始め、どうなることやら、読者はハラハラドキドキするのであるが、そこは通俗小説の見せ所で、おあつらえ向きに助け船がそのつど用意される筋書きになっていた。なので、分厚い小説であるにもかかわらず、次の展開が気になり、速いテンポで最後まで読まされる物語に仕上がっていた。

小説の題にもなっている「母」は、それこそ、息子を「りっぱに育てる」ことのみを生きがいにして生きている女性である。こういう小説が、五十万部の大ベストセラーになるのは、そういう「母」を求める時代の雰囲気があったのかも知れない。この小説を読んだ世の母親たちは、きっと「私も負けずに」と思っていただろうと思われる。そういう意味では、「折檻しながら子育てをする愛子」を作っていった原因に、この夫の書いた小説『母』の影響を軽視するわけにはいかないだろう。しかし小説『母』と、母・愛子の関係を、同じようなレベルで関係づけたのでは理解を誤ると思う。

ちなみにこの小説『母』から大きな影響を受けたことを書いていたのは、澤地久枝『ひたむきに生きる』（講談社現代新書　一九八六）である。彼女は、小学生になりルビを振った大人の本を読む楽しみを覚えだした頃に読んだ本で、心に残っている本として、この『母』を取り上げ、かなりなページを割いて紹介し、次のように書いていた。

立派な人、偉い人になることへの讃歌である小説に、わたしは感銘を受けたのだろうか。

「立派な人」へのあこがれよりも、「この哀れなる親子の運命やいかに」と活弁もどきの好奇心の方がつよかったような気もする。

この小説は、「日本の母はかくあれ」と大衆に向けて説く目的で書かれたものであった。

「私《わたくし》が小説《せうせつ》を書いてゐる心持《こころもち》は、一個《いつこ》の時論記者《じろんきしや》、即《すなは》ちジャーナリストとしてである。思想《しそう》宣伝家《せんでんか》、即《すなは》ちプロパガンディストとしてである。簡単《かんたん》に言《い》へば、自分《じぶん》の議論《ぎろん》を、小説《せうせつ》といふ形《かたち》に托《たく》して、天下《てんか》に送《おく》るといふことであるのだ。」

と著者はまえがきに書いている。ここでは「理想の女」は、男のわがままを母の心で許する忍耐の人であり、それも陰気に耐えるのではなく、気苦労などみごとにのみこんで、感じさせもせず、朗らかに美しく振舞わなければならない！

わざわざルビをそのまま再現しているのは、こういう小説が、義務教育しか受けられなかった人たちの「教科書」になったことを考えていただきたいからである。大日本雄辯會講談社が広く大衆の支持を受けた秘密をみる気さえする。

（澤地久枝『ひたむきに生きる』講談社現代新書　一九八六、一一〇ページ）

褒めているのか、けなしているのかわかりにくい、絶妙の回想の文章であるが、あきらかに男の身勝手さ、男に都合の良いように書かれたプロパガンダの小説であったことを見抜いている文章であると私は思う。ただ、この小説の中で、落ちぶれてゆく「母」を陰で助ける夫澄男の従兄「木下一郎」という好青年の描かれ方が私は興味深かった。その彼の語る「社会主義的な考え」が妙なリアリティを持っていることに、途中で気がつき、最後までずっと気になっていたからだ。

そして、著者の鶴見祐輔がどこかで、彼の無二の親友であった河合栄治郎がこの本を読み、この木下一郎は私がモデルだろうと言ったということを書いていたのを読んだときに、なるほどそうだったのか！　と、ものすごく腑に落ちたことをよく覚えている。それから河合栄治郎のことをもっと知りたいと思うようになっていったのだが、こういうことはこの通俗小説を読んだことの思いがけない副産物であった。もう一つ言えば、春子が困ったときにしばしば相談役になって支えてくれる学校経営者の女友達が出てくる。結構ドライな考え方をして、男社会への批判をいつもしている女性であるが、この登場人物は、どこかしら鶴見家の近所に住んでいた宮本百合子をモデルにしているようで興味深かった。彼女の母について鶴見は「家の思想」（一九六五）という短いエッセイの中で「小学校四年生のころ、宮本百合子のお母さんが、悪い足をひきずるようにして、かえってゆくのを何度か見たことがある」と書き、『期待と回想』の中では「宮本百合子のお母さんはよく家へ遊びに来たけど、私のおふくろとはパーソナリティが似ていたね」（二六八ページ）とも書いていた。

ここで映画になった『母』のことにも、触れておかなくてはならないだろう。この古い映画も、今では、ＤＶＤ『母』（中日映画社　活弁版〈本編四二分〉）で見ることができる。古い映画の多くがめったにＤＶＤになるわけではないのに、やはり子役の高峰秀子のデビュー作というので、高峰秀子ファンを当てにしたのだろうか。映画の展開は、夫が亡くなり、二人の子どもを抱えて途方に暮れていた大川朝子一家に、知り合いが大邸宅の屋敷の住み込みの仕事を斡旋してくれるところがメインである。そしてこの映画を通して、小説ではピンとこなかった「大きな庭のある大邸宅のことがよくわかるようになっている。そんな広大な屋敷に住む「若様」と呼ばれる屋敷の長男が、ある日、主人公進の妹・春子（高峰秀子が演じる）をいじめているのを見てしまう。そして、とっくみあいのケンカになり、屋敷の中の池に投げ飛ばしてしまう。その結果、その屋敷に住むことが出来なくなる。しかし「母」はこの妹をかばって「若様」を投げ飛ばした息子をとがめないで、よくやってくれたと励ますのである。この映画の広大な屋敷のモデルは当然、後藤新平の屋敷であっただろう。その「貴種性」をイメージするには、この映画は参考になるかも知れない。ちなみに言うと、この映画では、子役の高峰秀子はそんなに多く登場するわけではない。

## 少年期の読書体験

映画に出てくるような広い屋敷で過ごした鶴見俊輔の少年時代の読書体験は、彼が語るところによると膨大なものである。彼はこう語っていた。

私の場合、おふくろは後藤の屋敷に行ってほとんど家にいないし、親父も演説ばかりしてアメリカに行ったりしてたんで、私も早くから本を読むようになった。活字を読むことが重大な人生の働きになった。

親父は講談社の六大雑誌で食ってるような人だったから、講談社のあらゆる刊行物が送られてくる。でも親父は自分は高級だと思ってるから、そういうものは読まないんだ。修養全集、落語全集。みんなふりがながついてる。『評判講談全集』は各冊一千ページもある。それで私は姉と本を読む競争をやった。姉は、私になんか負けないと思って読むんだけど、小学校一年生で学校に行かなきゃならないから、私が勝つわけ。登校による差がついてる。彼女は私と競争するのをあきらめた。
本はめちゃめちゃにたくさん読んだ。家に帰りたくないから神田で降りて古本屋で立ち読みするんだ。一日に四冊、本を読まなければ眠れない。小学校を出るまでに、だいたい一万冊は読んだ（笑）。くだらん本ばかりですけどね。講談本に警察に追われるお尋ね者が出てくる。私もいつもおふくろに追われてるからそっちに感情移入しちゃう。交番の前を通るとこわいんだ。自分が悪いことしてるということは自明の理としてあったね。悪人以外の何者でもない。意識として、おれは悪人だと。

（『期待と回想』朝日文庫　九七ページ）

ここに後に有名になる「一万冊は読んだ」という話が出てくる。これも本当かどうか確かめようがないのだが、講談社から「あらゆる刊行物が送られてくる」という家庭環境であったことはわかる。講談社からの『母』が五十万部のベストセラーになっている以上は、それくらいのことは講談社もしたのであろう。そのなかには、「高級な本」も「通俗的・大衆的な本」もあっただろうから、俊輔少年が、それらふりがなの付いた本を読みあさったのもよくわかる。

私のおふくろは金をくれなかったんです。お金を一銭もらって駄菓子屋に買いにいくということがなかった。だから金をつくるのは相当苦しんだですね。結局、店で万引きして、それを転売して金をつくった。小学校二、三年生だと、店の人もよく見てないからね。門柱の下に穴を掘って、自分で銀行をつくってた（笑）。映画を見に行くときは、その銀行から金を出して行くんだ。おふくろのまったくあずかり知らない世界。あとになるともう少し知恵がついて、

大きな金をつくるには親から盗んだ方が簡単ですから、そっちに転じた。（同、八六ページ）

## 「鶴見少年悪人説」の語り

こういう回想から、彼のいう「鶴見悪人説」が生まれることになる。しかしこの自称「鶴見悪人説」は奇妙な「説」である。すでに引用している言い方をもう一度引用しておく。

ともかく、私はゼロ歳のときから、おふくろに殴られながら、「おまえは悪い人間だ」といわれつづけた。だから、自分は悪い人間だ、というのが私のなかに生じた最初の考えなんです。
（『言い残しておくこと』作品社　二〇〇九、一四ページ）

それから次のようにも語っていた。

自分が自分として生きるには、悪人として生きるしかないんだよ。十歳をこえると、すこしずつ母親の正義の理論を批判する手がかりができた。結局、私の書いたものすべては、おふくろに対する私の応答なんだ。あらゆることがそう。その外に出るものはないんだ。
（『期待と回想』朝日文庫　四八六ページ）

この自称「悪人」説も、多くの批評家が勘違いしてきたものである。鶴見の言い分通りに受けとめると、「母」が子どもの頃から一方的に「お前は悪い子」と言って育ててきたので、その結果「悪人」として生きるしかなかった、という「説明」がここから読み取れる。しかしここには、なぜ「母」が、そんなにも鶴見少年を「悪い子」と言い続けなくてはならなかったのかの、母側からの推測は語られない。ひたすら語られるのは小学時代の万引きなどの例である。しかし、それはおかしな例の出し方である。彼は「私はゼロ歳のときから、おふくろに殴られながら、『おまえは悪い人間だ』といわれつづけた。だから、自分は悪い人間だ、というのが私のなかに生じた最初の考えなんです」と言っていたのではないか。鶴見の言い分通り受けとめれば、小学生になって万引きをしたから「悪人」になったのではないわけだ。

「ゼロ歳から」というのはあまりにも大袈裟だと前に指摘しておいた。「ゼロ歳から、お前は悪人だ」などといわれてきたなどということはあり得ないだろう。だとしたら何をもって「母」は鶴見を「悪い人」と言い続けてきたのか。それはすでにくり返して言ってきたように、鶴見の「貴種」の奢りが出てきた場面に関してであった。そういう「母の意向」が、うまく理解できないものだから、当然反抗的な態度に出る。そうすると、大柄で腕力の強い母だったので、よけいにひどい仕打ちが返ってくる。そうなると、そういう母の仕打ちへの反抗だけが、「悪人」のイメージとして残り続けることになる。

そこのところを考えると、彼は「悪いこと」をしたから「悪人」になったわけでもないし、万引きなどの悪いことをした結果生まれてきたものでもなかったはずなのだ。そこが従来の批評家たちにはうまく理解されていないと私には思えていた。彼が「悪い人」の意識を植え付けられたのは「悪いこと」をしたからではなく、彼が「貴種」っぽい振る舞いをした時なのである。だから彼は子ども心なりに「母」の折檻になにがしかの「正義」のあることをずっと感じ続けていたのである。

「私はアメリカに行くまでは、正義はおふくろにあると思っていた。アメリカに行って、だんだん自分で考えるようになって、もっと大きな正義があるということに気がついた」(『期待と回想』二六七ページ)と彼が言うのは、事実であっただろうと私も思う。そういう意味では「母の正義」と鶴見少年の「悪人」意識は、切り離せないものであったはずなのに、いつのまにか、鶴見の言う「ぼくは悪人」の言い分だけが一人歩きし、悪い母、嫌な母、スターリンのような強権的な母に反抗する人として「悪い人」として生きるしかなかったのだ、という鶴見の言い分だけが、世間に流通してゆくようになった。「悪人」のイメージのすり替えというか、妙な正当化とでもいえばいいいか。

この鶴見の言い分を真に受けると、新藤謙『ぼくは悪人』(東方出版　一九九四)に取り出されたような「悪人」のイメージが出てくると思う。新藤謙は、「悪人」を鶴見のいう額面通りに受けとめすぎている。この本で描かれた「悪人」のイメージは、あまりにも鶴見の言い分通りなのである。つまり「母」への反抗者としての「悪人」というイメージである。それは鶴見によって操作されてきた「悪人」のイメージである。新藤謙には、「母」が息子・俊輔の「貴種を折る」ために強権的にならざるを得なかったところが見えていない。

他にも、鶴見が「悪人」をいうところで気になることがある。それは親鸞の「悪人正機」との比較がされるときである。私は鶴見の言う「悪人」と親鸞の「悪人正機」には何の接点もないと感じる。事実、彼が親鸞を読むのはそれから十年以上経ってからだが、「悪人」の考えは「親鸞に植えつけられたんじゃなくて、私の心の先住民であるおふくろに植えつけられたものなんですね」と先の引用で言っていたのは正しいのである。にもかかわらず、彼が口にする「悪人」という言葉は、一人歩きして、何かしら親鸞のいう「悪人」との間に、関係があるかのように見なす人も出てくる。それはでも違うのだ。「悪人」という言葉の上だけで、親鸞などと比較をすることには無理がある。

そしてくり返して言うように、鶴見の言う「悪人」とは、法的な犯罪者としての悪人のイメージとも無縁である。もし法的な「犯罪者としての悪人」のイメージを問題にするのならジャン・ジュネの生涯のようなものを思い浮かべるべきである。そこでは「悪人」と「犯罪者」の重なりが生々しく「問題」にされることになるのだが、鶴見は、自分を「悪人」と主張しても決して「犯罪者」として見なされることを求めているわけではなかった。

おそらくそのことは鶴見自身がよくわかっていて「ぼくは悪人」と言っているところがある。「犯罪者」と言われない工夫をしながら「悪人」と言っているところがある。実際に鶴見の言う「悪人」の根拠は、何度も言うように小学生時代の万引きなどであるが、実際の刑法に照らしても、十四歳以下の子どものしたことは、刑罰の対象にはならないわけで、それゆえに「犯罪者」にはならないのである。それがよくわかっていて、鶴見は、自分は「悪人」だったと言い張り、いかにも「罪人」や「犯罪者」であったかのようなイメージを振りまくのである。

こういう計算された「悪人の告白」は、ルソーの『告白』に起源があるのではないか。鶴見はアメリカから帰ってきて、桑原武夫たちの『ルソー研究』に参加しており、そこでルソーの『告白』を読んでいたはずである。そしてこのルソーの『告白』の第二編に描かれた「自分は罪を犯した」という告白が、ほとんど「罪にもならない」出来事を、いかにも「罪」を犯したかのように語られていた。その巧妙な語りの手口を徹底的に暴いてみせたのがデリダの『パピエ・マシン上』（ちくま学芸文庫）であった。鶴見の巧妙な「悪人」の「告白」も、それと比較されると興味深いものがあると私は思う。しかし、ここではルソーとの比較に関心があるわけではない。鶴見の「悪人」は彼の「母」との関係で生じていることはっきりしているので、そこの理解を示すことである。「母」にとっては、「貴種」であろうとすることが「悪人」だったのである。鶴見はこんなことも回想していた。

（母のことを問われて）「大きい家に生まれた子は必ず悪人になる」という観念を抱いていて、「鶴見のような家が悪人をつくる」とよく言っていました。プロレタリア小説の世界ですよ。

（『不逞老人』河出書房新社　二〇〇九、八六ページ）

だから「貴種」でありたいと思う子どもなりの思いが、ことごとく「悪人」呼ばわりされるときに、本来の「犯罪者としての悪人」や「警察に追われる悪人」が、母の厳しく追及する「貴種としての悪人」と重なっていって、その結果、子ども心に「警察に追われる悪人」に親近感を感じさせるようになっていったように私には思われる。そうした「警察に追われる悪人」のイメージを膨らませてくれたのが、大量の読書であった。だから鶴見少年の読書歴を丁寧に見てゆくことはとても大事なことなのである。

## 鶴見少年の読書体験

ちなみに鶴見俊輔は、自分の少年期の「読書年譜」（『再読』〈編集工房ノア　一九八九〉に付録として書き下ろされた読書歴。のち『鶴見俊輔集12　読書回想』に収録）を作っているので、それで彼が具体的にどのような本を読んだのか、たどっておきたい。鶴見俊輔の多くの年譜には、この少年期の記録が記されていないので、貴重な記録であるが、鶴見俊輔に限らずに、少年期にはこれ位の読書ができるのだということを知る意味でも、世の小学校の教師にとっても、貴重な参考になるはずである。

**一九二二年**（**大正十一年**）『しょうがパンでつくった男の子』の英語の絵本。

**一九二五年**（**大正十四年**）**三歳**。

宮尾しげを『団子串助漫遊記』。『猿飛佐助漫遊記』他に北原白秋の童謡の本、竹久夢二の童謡の本。「コドモノクニ」という雑誌。カタカナ表記の『ピノキオ』。らくらくと読めた。

**一九二九年**（**昭和四年**）**七歳**　東京高等師範学校付属小学校に入学。

講談社刊の『評判講談全集』『少年講談全集』『落語全集』『修養全集』『明治大帝』。大佛次郎『山獄党綺談』。角兵衛獅子の杉作が出てくる鞍馬天狗の物語。『少年倶楽部』。山中峯太郎『敵中横断三百里』、『星の生徒』。吉川英治『神州天馬俠』、『龍虎八天狗』。佐藤紅緑『嗚呼玉杯に花受けて』、『紅顔美談』、『少年讃歌』、『一直線』。

アナ・スウエル『黒馬物語』。「小学生全集」の中のフランシス・バーネットの『小公子』。

『小公女』。ファーブル『昆虫記』。佐々木邦『苦心の学友』、『奇人群像』、『全権先生』、『地に爪跡をのこすもの』、『凡人伝』。田河水泡が突如あらわれる。『漫画の罐詰』、『のらくろ二等兵』、『たこの八ちゃん』。『少年倶楽部』の縁で西条八十の『少年詩集』。

**一九三二年（昭和七年）九歳**

前の年に満州事変がおこる（日本軍がおこした）。小学校の校長、佐々木秀一の『黒偉人物語』。黒人として最初の黒人の学校をつくった人の伝記。このころも活字を読むことに一日の大半をすごす。登校しても、かえりは神田の本屋と古本屋で立ちよみして何時間もすごす。江戸時代以来の相撲番付表、明治以来の公式野球のスコア・ブック。漫画は麻生豊『只野凡児』、下川凹天『男ヤモメの巌さん』。小学校上級のころ手あたりしだいに春陽堂文庫を読む。黒岩涙香の翻案小説もあらかたそこで読む。『巌窟王』など。

佐々木味津三『右門捕物帖』、『旗本退屈男』。岡本綺堂『半七捕物帳』。長谷川伸『直八子供旅』、『一本刀土俵入』。春陽堂文庫の中の漫画家和田邦坊の『女可愛や』。角田喜々雄『妖棋伝』、『髑髏銭』。林不忘『丹下左膳』、『大岡政談』。谷譲次『テキサス無宿』。菊池寛『第二の接吻』、『心の日月』。久米正雄『月よりの使者』。江戸川乱歩の小説『人間豹』、『緑衣の鬼』。邦枝完二『お伝地獄』。新聞小説で中里介山『大菩薩峠』。吉屋信子『女の友情』、『地の果てまで』、『海の極みまで』。細田民樹『真理の春』、『生活線ＡＢＣ』。外国のものは、『エイルウィン物語』。坪内逍遙訳『シェイクスピア全集』。『モリエール全集』全三巻。

桜井忠温の『肉弾』を読んで感心。読む本の世界では明治・大正・昭和はまざっていた。それは、ふりがなのせいだった。尾崎紅葉の『金色夜叉』、菊池幽芳、幸田露伴、森鷗外『諸国物語』、樋口一葉、夏目漱石。黒岩涙香、徳富猪一郎『吉田松陰』。徳富蘆花『自然と人生』、『黒潮』。いずれもふりがなつきで、権勢の外に追われた人たちのうめきがそこからきこえてきた。高山樗牛『たが袖の記』。藻岩豊平『一高魂物語』。厚生閣『現代文章講座』。この中の野村芳兵衛の文章でアナキズムという言葉を知る。鈴木三重吉『綴方教室』。豊田正子『綴方教室』。

**一九三五年（昭和十年）十二歳**

三月、ともかくも小学校を卒業。同級の男子生徒の半分はすいせんで付属中学校にすすむが、それにもれて東京府立高等学校尋常科に受験し入学。ここでも一年一学期しかつとまらず、この学校をはなれた。この一年生のころも学課の勉強をせず、古本屋をまわって莫大な数の性についての文献をあつめて、学校のロッカーにいれておき、それが、この学校にいられなくなる原因となった。オットー・ワイニンガー『性と性格』。トルストイ全集『幼年時代』、『少年時代』、『青年時代』、『地主の朝』、『復活』、『クロイツエル・ソナタ』、『神父セルゲーイ』。武者小路実篤の『トルストイ伝』、ビリューコフ、チェルトコフ、トルスタヤ嬢のトルストイ伝。トルストイと名のつくものは何でも読む。そのため、関連のあるプーシュキン、ゴーゴリ、ゴンチャロフ、レルモントフ、トゥルゲニエフ、ドストエフスキー、チェホフ、ゴーリキーを読む。柳宗悦の初期著作『宗教とその真理』、『宗教的奇蹟』、『宗教の理解』にふれたのはこのころ。頼山陽『日本外史』、司馬遷『史記列伝』、『唐詩選』。

**一九三六年（昭和十一年）十三歳**

七月に府立高校尋常科を退学し、夏休みあけに東京府立第五中学校の編入試験をうけて、二年に入った。ここも二学期いただけで退校。このあたりで、春陽堂文庫から改造文庫と岩波文庫に眼が移る。岩波文庫の野上豊一郎訳ヴェデキント著『春のめざめ』。丘浅次郎『進化論講話』、『猿の国から共和国まで』。西村真次『人類学汎論』。『日本文化史概論』や土田杏村全集の数冊、朝鮮語との関連で万葉集を読む方法も、納得。学校での本居宣長の『玉勝間』の講釈で本居がいやになる。

**一九三七年（昭和十二年）十四歳**

五月に五中を退学。そのあとは家を出て、ひとりで自炊してくらすなどいろいろしたが、自分で生活費をかせいで自分を支えているわけではないので、その無力感に追いつめられ、袋小路に入った。芥川龍之介の『河童』、『侏儒の言葉』、『歯車』、芥川の全集を読む。志賀直哉の全集。白樺派の脱落者に関心をもち、郡虎彦の全集を読む。松崎天民の著作。谷崎潤一郎の『吉野葛』。中勘助『銀の匙』、『しずかな流れ』、『街路樹』を読む。戦争中の詩集『飛鳥』を読む。佐藤春夫『田園の憂鬱』、『都会の憂鬱』、『車塵集』。牧野信一が自殺し、全集をくりかえし読む。彼の訳したエドガ・アラン・ポウの『ユリイカ』。十一谷義三郎『ちりがみ文章』。ラフカディオ・ハーン初期文学論『東西文学評論』。萩原朔太郎『日本の回帰』を読んで、ここにラフカディオ・ハーンが日本の女性の日記にふれているのに感銘をうけた。

内村鑑三『後世への最大遺物』、内村鑑三全集を何冊か読む。藤井武全集、『聖書より見たる日本』。兼常清佐『残響』でインタナショナルな日本愛というものがあることを教えられる。内田百閒の随筆。北条民雄の全集二冊本、くりかえし読む。綱島梁川『病間録』、『回光録』。『出家とその弟子』『愛と認識の出発』『祖国への愛と認識』と来て、現政府への信従につきてしまうのを見る。レッシング『賢者ナータン』。夢野久作『犬神博士』。

このころには古本屋にさえもマルクスの著書はなく、三笠書房から唯物論全集がとても安い小型本で出たのを次々に読む。古在由重『古代唯物論』、『現代哲学』。その影響は今も私の中にある。赤松啓介『民俗学』。前田河広一郎『蘆花伝』。蘆花の晩年の『富士』を読むが閉口する。鑓田研一『石川啄木』。啄木の短歌、小説。金田一京助の回想録、啄木の友人土岐善磨の歌集。生田春月『真実に生きる悩み』、『霊魂の秋』、『感傷の春』、『象徴の烏賊』。その前後に春月の石川三四郎への接近があり、私はその近くまで来ていた。石川三四郎の文章にはじめて接するのは昭和十三年である。

（『鶴見俊輔集12　読書回想』「読書年譜」筑摩書房　一九九二、一八七ページ）

この読書記録は、小学校の低学年から、高学年に移行する過程で、読書の中身の変化が手に取るように見ることができて興味深い。ただし、こういう膨大な読書量も、ベストセラー作家の父宛に送られてくる大量の講談社の寄贈本があって初めて実現できたことで、ここにも「貴種」の家柄に生まれたものでしか味わえない特権的なものがあったと思う。そしてその読書が、母からの逃避になったり、悪人の肯定になったりしたところがたまらない魅力であったのだろうと思われる。しかし学年が上がるにつれて、読書は読書にとどまらずに、読書から得られた性的な関心が、実際の性体験を求めるように誘ってくることになる。そこのところを彼はこう語っていた。

## 性への関心・放校・自殺未遂――高学年へ

私のは逸脱の快楽なんです。逃げる快楽なんです。子どものときには手は器用だったと思う。だから万引きができたんだ。そうでなかったら捕まっちゃう（笑）。万引きした品物は転売して現金に換えていたんだ。なぜ万引きをやったかというと、法を破る快楽のためだと思う。自分が無法者であるという、目立ちたがり屋だったんだ。その快楽はそのまま自分の中に住みついたばかりじゃない。自罰的になってきて、罪の感覚になった。そしてセックスと結びつく。万引きの楽しみがこんどはセックスの楽しみ、実際に交渉をもつ楽しみに変わるんだけど、ここでも悪いことをしてるなと思うわけなんだ。手放しの愉快というのとはちがう。

（『期待と回想』四八五ページ）

十歳のごろから小説をたくさん書いていたことはたしかなんです。雑誌をやってたんですよ。自分が主宰する回覧雑誌に空想科学小説やチャンバラ小説を七つくらい連載していた（笑）。時代ものがいちばん長くて、二百何枚書きました。坪内逍遙訳の『シェークスピア全集』を読んでたら、「シェークスピアの劇の中でいちばん人を殺したのはタイタス・アンドロニカスだ」と書いてあったんで、「よし、おれはもっとたくさん人を殺すやつを書こう」と、はるかに多い人間を殺した小説を書いた。

（同、八〇ページ）

高学年になるにつれて、子どもらしい反抗から事態は少しずつ深刻な反抗へとすすんでゆくのだが、それはまず学校への不適応というかたちで現れてきた。

私は小学校で、組替えなしの同じ二十一人の教室に六年間いたのですが、各学期計十八回の級長選挙で、私に一票を投じた人が一人もいないんです。そういう自分であることをよく認識しているから、自分が表に立って人をひっぱるということはないんです。だから、裏で隠された権力の行使をする、そういう陰険な働きをしているんです。

（同、四八七ページ）

こうして、家庭でも母から認めてもらえず、学校でも同級生から認めてもらえず、挙げ句の果ては中学の入学という船出で、みんなの進む中学に入れないという屈辱を彼は味わうことになる。そして「自殺未遂」することを覚え始めるのである。このくり返される「自殺未遂」が、どの時期だったのかは確定しにくい。彼の回想が大まかなので、年月日までを確定できないのだが、彼はおよそ次のようなことをくり返して語ってきていた。

**鶴見**　小学校の最後の六年生のときの、試験の成績が、ビリから六番だったのを覚えている。だけどそこまで下がる理由を、おふくろはわからないんだよ。その頃の精神医学だと、子どもに鬱病はないってことになっていたんだ。だけど、私は明らかに鬱病だった。

**鶴見**　それで小学校は出たけれど、七年制の高校の尋常科を一年で放校になって、編入試験で当時の府立五中に入ったけれど、これも二学期だけで首になる。学校には行かないで女性関係と自殺未遂をくりかえすから、精神病院に入れられたこともあるんだ。だけどその病院にもおふくろが一緒にくっついてきて、おふくろが一緒に寝ているんだから、治りっこないんだよ（笑）。

**鶴見**　私がおふくろに対して実行した親孝行は、一つしかない。完全に自殺を実行しなかったってことだ。カルモチンを一二〇粒なら一二〇粒飲むんだけれども、カフェ街でぶっ倒れていると、お巡りさんに引っ張られて交番まで連れて行かれて、薬を吐かされるわけだ。そうして生き残る。

**鶴見**　たしかにね。ほんとうに死んでいたら、おふくろは、再起不能だったと思う。だけどおふくろは、なぜ私がそうするのか、全然わかっていなかったんだ。

（『戦争が遺したもの』新曜社　二〇〇四、二七ページ）

**鶴見**　私が子供のころは、自分は精神分裂だと思っていた。おふくろが私を精神病院にいれちゃうんだよ。佐野病院です。そこに、おふくろがいっしょに入ってきて私と同じ部屋に泊まるから治りっこないんだよ（笑）。そして担当の女医さんにいうんだよ。「この子は朝から一言もしゃべりません」。おふくろがいなきゃ私はしゃべるよ。おふくろはそういう鈍な人だったんだ。自分が私の精神病をつくっているということがわからないんだよ。そういう女。

（『鶴見和子を語る』藤原書店　二〇〇八、一七一ページ）

もう十二歳か十三歳ぐらいになったら、カフェ街に出入りした。いまでも渋谷に行くと思い出すんだけれどね。それであのころの私の理想は、あそこでカルモチン（睡眠薬）を致死量まで飲んで、ぶっ倒れて死んで、死体をおふくろに突きつけてやりたいということだったんだ。それが、十四歳までの私の理想だったね。自殺未遂を五回くらいやったな。そういう状態をみかねて、十五歳のときに、親父がアメリカ留学に送り出してくれた。

（『戦争が遺したもの』一二五ページ）

この辺は鶴見俊輔の言い分を紹介するしかないのだが、それでもこういう事態を身近で見ていた姉・和子の証言もあるので、それは紹介しておきたい。

母は弟を深く愛したので、その叱り方は、強烈をきわめたのである。子どものわたしの目から見れば、大女の母が、痩せっぽちの小さな男の子を、いじめているとしか映らなかった。そこで、わたしはいつも母に抵抗して、弟を守っているつもりであった。わたしが、弟と喧嘩するゆとりが全くないほどに、母は弟を攻めたてた。

こうした母のきびしい鍛練は、俊輔を何度か自殺未遂に追いやった。そうした夜、麻布の家から駿河台の病院に瀕死の弟を連れてゆく車の中の不安な、祈るような気持を、宮城前の松の枝のくろぐろとした影を見ると、今でも鮮やかに想い起こす。おそらくこれが、俊輔にとっての最初の「臨死体験」であったろう。

（「おなじ母のもとで」『鶴見和子曼荼羅 Ⅶ』藤原書店　一九九八、八七ページ）

姉・和子は、こういう俊輔の子ども時代から彼をかばい支えてきたのであるが、この後のアメリカ留学の卒業にまつわる大事な場面でも、そしてアメリカから帰国し、『思想の科学』という雑誌を立ち上げる際にも、彼女はとても大きな役割を果たしてくれることになってゆく。

ところで、鶴見は「十二、三で網膜剝離の徴候がでてきて、十四くらいからあまり本を読まなくなった」（『期待と回想』九八ページ）と語っているように、先に紹介した彼の読書回想も、十四歳で終わっていた。しかしこの読書年譜には出てこない重要な読書がこのあたりから始まっていた。それはクロポトキンとの出会いである。「五歳年長の石本新にクロポトキンを教えられた」（『期待と回想』四七ページ）と彼は言っていたが、このクロポトキンとの出会いを通して、「母」が体罰を通して伝えようとしてきていたものをうすうすながら感じ取り始めるのである。実は『再読』という本は、こういう時期に読んで心に残ってきた本の「再読」のことなのである。その中でも特にクロポトキンとの出会いは大きかった。

私は日本にいたときからクロポトキンを一生懸命読んでいた。クロポトキンにはマルクスに対する偏見がありますから、それが、私がマルクス主義にならない、一種の予防注射になったんです。

（『日米交換船』新潮社　二〇〇六、二四ページ）

姉の和子らは後にアメリカに留学したときすぐにマルクス主義に感化されてゆくのだが、鶴見俊輔はそうならなかった。その理由がクロポトキンを読んでいたからというものであった。

米国に入国するさい、移民局の書類の「あなたは無政府主義者か？」との問いに「ノー」と書き込み、この国に入ってきた。だが、そのころすでにクロポトキン『一革命家の思い出』（大杉栄訳）などを読んでいて、共感を抱いていた。嘘をつき、自分はこの国に入った。

（同、二九二ページ）

こうして中学校への不適応と女性問題と自殺未遂の連鎖は、父親に日本の教育を諦めさせ、海外の留学での教育の道を考えさせることになる。

ところで、こうした海外留学に至る過程を振り返ると、彼がくり返した自殺未遂が大きな原因になっていることはわかるとしても、そうした出来事はどこかしら鶴見少年を「被害者」のように見てしまうことになりかねない。こういう出来事が起こる裏には、「母」との葛藤があることは何度も見てきているが、具体的に「母」が鶴見のどういうところを危惧していたのかが今までの記述ではわかりにくいところがあるかも知れないので、「創作」という形であるにしろ、彼がかつて少年期に体験したであろうことを書いた文章を紹介しておくことにする。この文章には、鶴見の母でなくても嫌になる、ほんとに鼻持ちならない「貴種」の、横柄で、横暴なことを平気でする少年の姿が描かれていた。それは「かるた」（一九五一）という創作の最後の方に書かれた回想である。

女中が僕の留守に部屋を掃除して、その後で窓のカーテンをしめるのを忘れた。日の光が止むなく入って、机の上に寝かせてある本を照らし、夕方僕が帰ってみると、何冊もの本の表紙が反っている。ひどい事をされたと思って、女中に非常に怒った。（中略）けがをさせる程ひどくけった事がある。（中略）相撲に出かける前に、家の人が僕に何か不当な事をしたので、行くのを止めると言って怒ったが、なだめられようやく出かけた。その道々、あんな不当なことで出発がおくれ、せっかくの休日がそこなわれた事を、くりかえし考えて怒っていた。全部の事が不愉快で、夕方家に帰ってから、また続けて怒ろうと心に決めている。しばらくする間に事の起こりが何であったか、はっきりした言い分が自分にあったつもりだがそれも思い出せなくなった。それを忘れる事が残念だった。細かい所まで忘れずにいて申し立てて、人を責めなくてはならない。理由をならべて人を責める事の快感を、野球や相撲にだまされて、失うことはできない。

偉そうに威張り散らしている、小生意気で、鼻持ちならない「小貴族」がここにいる。おそらく母・愛子は、そういう小貴族性をまき散らす俊輔少年を、イヤというほど感じていたのではないか。むろん、これは鶴見少年の性格の悪さから生じているものではなかった。彼を取り巻く環境が小学生の子どもに「貴種」のイメージを植え付けていたからである。そんな自分の愚かな「貴種性」に気がつかされるのがクロポトキンの本を通してだったのである。

# 第三章　クロポトキンとの出会い・「貴種」への恐れ

## ――『再読』を再読する

### 三つの汚れたピン

鶴見俊輔を考える時に、彼の内面をもっともよく表していると思う一文がある。それは『再読』（編集工房ノア　一九八九）という本のはじめの方に書かれた一文である。何度読んでもこれほど鶴見俊輔を表しているものはないと感じる文章である。ちなみに彼は、自分の書いたもので、最も安心して読めるのはこの『再読』だと語っていた（「私にとってただ一冊安心して読める本は『再読』なんですよ。読んでギョッとすることがない」『期待と回想』一五八ページ）。

自分のたましいのしんに、三本くらいの汚れたピンがくるみこんであるような気がしていた。それはとてもはずかしいことで、はっきりと人に示すことはできない。だが、自分はそこからつくられている、だから苦しいのだ。

そのころから五十年たった今では、三本のピンをそのままというわけにはゆかないが、その性格をはっきりのべることはできる。自分がものごころついた時からはっきりと、性に興味をもち、そこから世界を見ていたこと。その故に自分をどうしようもない悪人といつも思っていた。これも、その前のことを思いだせないほど前から、これが正しいといってせまる母に対していつもつっかかっていたこと。いつも不義を積極的にえらびとる自分。祖父の大きな邸の隅の一軒に住んでいたので、使われている人が大勢いて、その故自分をえらいと思うようになっていた。すこし大きくなってから、かつて自分をえらいと思ったことをたえがたくはずかしいと感じるようになった。生涯かかってもそのはずかしさは消えない。

そういうことを、ここに書くことはできる。しかし、十代はじめの自分には、それはたえず内面から自分をさす針で、そのために自分のからだの動きもたえず自然さをうしない、どうしようもなかった。

（『再読』編集工房ノア　一九八九、九ページ〈『鶴見俊輔集12』〉三四八ページ）

ここには「貴種」として存在していた祖父・後藤新平の「影」がいかに大きく彼の生涯に影響していたかに触れ、それを生涯恥ずかしく思っていたことが語られている。鶴見俊輔の生涯はこの「貴種」を「折る」ということの戦いの生涯であったといえる。この「貴種を折る」という大きなモチーフが、彼にとっていかに苦悩に満ちたものであったかを、彼はここで「三つの汚れたピン」という言い方で表している。この文章で言えば「三つのピン」とは「性」「母」「祖父・後藤新平」ということになる。しかし、その「三つ」を突き詰めてゆくことは、至難の業である。それは鶴見俊輔の「伝記」を越えて、日本の古代からの「貴種」を尋ねる旅に出ることにつながっているからである。

## 『カラマーゾフの兄弟』について

この『再読』には、十一冊の本の再読の感想が綴られている。中でもとりわけ印象に残るのは三つの本の感想である。一つはトルストイの『人にはどれほどの土地がいるのか』について。一つは『カラマーゾフの兄弟』について。もう一つはクロポトキンの『ある革命家の手記』である。この三つの「再読」を読めば、彼が自分の書いた本の中で、なぜこの本だけが「ただ一冊安心して読める本」としているのか、手に取るようにわかるような気がする。だから、この『再読』は、通常の意味での、昔読んでよかった本を、歳を取ってから改めて読んでみましたというような「再読」の本にはなっていない。彼はこの「再読」を通して、自分の育った幼年期の「貴種」体験が、中学に入る頃にこれらの読書を通して決定的に打ち砕かれた、その「折れ」の体験を再び味わうために再読されていたからである。

『カラマーゾフの兄弟』では、上級の小学生が下級の小学生のイリューシャに石を投げていた場面が取り上げられる。そこで、何を思ったのかそのイリューシャは、そこに通りがかっただけの主人公アリョーシャの指を噛んで逃げていったのである。その場面が鶴見俊輔の心に残っていて、そこを「再読」するのである。この出来事の前に、強欲で権力を振り回して生きていた自分の父の長男ドミートリイが、この小さなイリューシャの父の髭をつかんで道ばたで地面を引きずり回す出来事が起きていた。そのときに幼かったイリューシャが泣きながら許してちょうだいとわびていたのに許してもらえなかったという経過があった。そういうひどいことをするドミートリイの腹違いの兄弟である主人公アリョーシャが道を歩いているときに、たまたま石を投げつけられている小学生のイリューシャが彼を見つけて、あの父の屈辱を思い出して、腹いせに、石を投げつけた相手ではなく、通りすがりのアリョーシャの指を嚙んで逃げていたのである。その複雑な事情を鶴見俊輔は読み解きながら「この貧しいイリューシャ一家」への圧迫に自分が関与しているような感じを当時の中学生として感じていたというのである。そしてこう書いていた。「その息子イリューシャの胸に石をぶつけたのは自分だと感じていた」と。そして「いじめっ子の頭株だった十三歳のコーリャ・クラソートキンは読者である私とおなじ年であり、彼の生意気、彼のひけらかし、めだちたがりは、私のものだった」と。

ほとんど五十年後の今も、『カラマーゾフの兄弟』の中で私に呼びかけるのは、二等大尉の息子イリューシャである。二等大尉が、ドミートリイ・カラマーゾフにそのへちまひげをつかまれて地面をひきずりまわされた時、お父さんを許してちょうだい、といって泣きさけんで、ふたりのまわりをかけまわってあやまった八歳の少年のことである。そういう目に、自分は、何人もあわせたと思う。だから自分はつぐなわなければならないというドミートリイの考えは、私にはそのまま、うけとれる。(中略)

私は自分の心のしんにまきこまれている汚れた針のことを、友だちとも親ともはなしあうことができなかった。『カラマーゾフの兄弟』を読むことの中に、誰ともはなしあうことのできない自分の部分をときはなつことができた。

(同、一二三ページ)

## トルストイの『人にはどれほどの土地がいるのか』について

トルストイの『人にはどれほどの土地がいるのか』も、鶴見俊輔の心に深く残った作品であった。彼の心に止まっていたのは、トルストイが「伯爵」の子どもとして生まれ、広大な土地と農奴に囲まれる生活を送っていたのに、その「伯爵」という貴族制に疑問を持ち、人生の後半には、一切の財産を人びとに還元しようと考えていった、というくだりである。そこの事情を彼は次のようにまとめていた。

トルストイは、一八二八年八月二十八日ヤースナヤ・ポリャーナの古い家でうまれた。ピョートル大帝時代以来のトルストイ伯爵の家系に属し、彼自身が伯爵として、ヨーロッパ最大のりんご園の一つをもっていた。今日のソ連にのこっている百二十ヘクタールの大公園は、トルストイの使いこなさなかった小さな森からなりたっている。

自分と財産とを、こどものころのトルストイは自然に自分に属するものと考えて、たのしんだ。青年時代からは、それを農民のために活用しようとしてともにはたらいて制度の改良と教育に努力した。やがて彼の中に、それまでのくらしかたに対するさらに根本的な否定がおこると、土地は全部、家族のいうままに分かちあたえ、著作権は世界の人たちが自由に使えるようにするという法律上の手つづきをとった。（中略）

トルストイ夫人は、よくはたらく人ではあったが、夫が、誰だか知らぬ他人の利益を計ってこどもたちに損害をあたえると考えて、夫を毎日くるしめた。

息子たちはそれぞれが普通の貴族にそだち、分かちあたえられた土地をうりさばいて多額の現金にかえ、それでも足りなくてさらに、父の著作から生じる現金へのわけまえもまた当然に自分たちに属するものと考えた。

（同、六二ページ）

トルストイ自身は自らの「貴種」を「折る」ための苦しい人生を送っていたのに、「息子たちはそれぞれが普通の貴族にそだった」と鶴見は書いていた。一度「貴種」を味わった者にとっては、そういう「貴種」性を「折る」ことがいかにむずかしいことであるか。ここには個人的な欲望にとどまらない問題が秘められていた。「土地が欲しい」という欲望は、世界の帝国主義国の植民地政策、明治以降の日本の植民地政策の抱えてきた問題を問うものでもあった。「国（人）にはどれほどの土地がいるのか」と。

## クロポトキンの『ある革命家の手記』について

三つ目はクロポトキンの『ある革命家の手記』。『再読』には高杉一郎訳、岩波文庫の感想が収められているが、一二歳頃の思春期の入口で読んだのは、改造文庫で大杉栄訳である。そしてこの本こそが、彼の世界の見方を決定づけたと思われる。彼はこう書いていたからだ。

私が、中学校に入り、何度もほうりだされていたころ、手にすることのできたのは、マルクス主義以外の本で、クロポトキン（一八四二―一九二一）の『ある革命家の思い出』（大杉栄訳）の改造文庫本に出会ったのは、そのころだった。親しくしていた年長の友人石本新氏にこの本のことをきいていたということもあった。文庫本上・下二巻にわかれて出ていたこの本を、熱中して読んだ。それまでに読んできたプーシュキン、レルモントフ、ゴーゴリ、ツルゲネフ、トルストイ、ドストエフスキー、チェーホフの小説に、一つのまとめをあたえる本のように思えた。

（同、八八ページ）

この本には、農奴を人間扱いしない貴族の父に対して、袂を分かつクロポトキンの苦渋の過程が克明に描かれていた。この「思い出」を読めば、世界史の年譜ではわからない当時のモスクワから、シベリア、ヨーロッパまでの広い範囲を生きた底辺の人びとの姿に触れることができる。少年、鶴見俊輔がこの本に深い感動を覚えたのも、早熟だとしか言いようがないが、しかしまたこの本に深く影響を受けたのも、もっともだと思われた。そこにはおそらく「貴種」を体験した人でないとわからないであろう、下層階級の人びとへの過酷な仕打ちが読み取れるし、その仕返しとして、そういう人びとがいつか自分たちを攻撃してくるであろうことへの恐怖も読み取れたからである。

父に対する軽蔑、早くなった実母の思い出につらなる召使と農奴への一体感。これが、クロポトキンを、やがて無政府主義者にするもとの力だった。だがそれだけではない。クロポトキンの革命思想のもとには、自然があり、それが、十八世紀以来のヨーロッパ近代の革命家から彼を区別する。その点では彼は東洋の社会思想家に近い。

（同、九一ページ）

クロポトキンの考えた革命は、自然史の中で人間の自治の習慣を支えとしておこりまたつづけられるものであり、ソヴィエト・ロシアの政権と尺度のちがうものだった。そのちがう尺度が、私には、今も大切なものに思える。

前に読んだ時に、おしつけがましさのない、自伝のスタイルに感動した。それは、革命家としての彼の不足でもあっただろう。彼が、幼い時から、親と一体化しないようにと身がまえ、少年時代から自立した人間として生きてきた結果でもある。彼がその宣言を書いた「チャイコフスキー団」においても、亡命アナキスト集団においても、彼は運動をひきいてたつ指導者とはならなかった。このことが、指導者なき自治への彼のうったえを誠実なものとし、彼の自伝を、初読の時から五十年後読みかえす時にも、私にとってこの本を色あせたものにしない。

（同、一〇一ページ）

私も鶴見俊輔の『再読』に出会い、はじめて『ある革命家の手記』（高杉一郎訳、岩波文庫）を読んだのだが、深い感慨を覚えたことを言っておかなくてはならない。これを読むことで、ヨーロッパの世界史を見る目が変わったような気がしたものだ。どこまで正確に歴史事実が回想されているのかはわからないが、細かな事実はさておいても、「貴種」として生まれた者でないとわからないであろう苦悩がたくさん書かれていて、本当に読んでよかった思える本であった。『再読』には、その他に、スタンダールの『恋愛論』が取り上げられていて、小学校六年の時にこの岩波文庫を父親に見つかり、取り上げられたことを書いていた。性的な関心の延長でこの本を買ったのに、実際には少しも性的な本ではなかったにもかかわらず、取り上げられたというのである。こうした「恋愛」や「性」への関心は誰にでもあるもので、別に鶴見俊輔特有のものではなかったのであるが、彼はのちに『アメノウズメ伝』（平凡社　一九九一）を書き、彼特有の「性」への関心の歴史を総括していた。日本の「貴種」が、古事記から生まれたところにまで考察をさかのぼらせないと、「貴種」の本当の意味が解けないと考えるまでになっていたからだ。そして彼は、自分の本で残すものはこの『アメノウズメ伝』一冊で十分だというような極端なことまで言っていた。その「貴種」の総体を「折る」というモチーフ、その壮大なモチーフをどのように引き継ぐことができるのかが、この鶴見俊輔の伝記の一つの大きな目的になっている。

# Ⅱ　アメリカにて

# 第四章　アメリカで

## 留学までのいきさつ

鶴見俊輔がアメリカへ行くことになる事情も、彼自身はよく語ってきた。見ておきたいことは、三つある。一つはアメリカの学校に入るいきさつ。二つ目は、英語の学習の問題。三つ目は、アメリカで出会ったプラグマティズムの問題。

一つ目については、第二章で見てきたように、自殺未遂や退学を重ねる俊輔少年を、このままにしておけないということで、父、祐輔が思いきってアメリカに留学させることを決心して実現されることになる。そこの事情を鶴見はこう書いていた。

**鶴見**　（自殺未遂を何度もくり返したという説明をした後＝村瀬注）そんなことをしてると新聞沙汰になるでしょ。それを親父は非常に恐れた。困って白髪になってしまった。百科全書を引いて、自分の親父が放蕩者だった遺伝が私に集中して出たと考えたんですね。それならいっそ私をアメリカへやってしまおう、と。（中略）アーサー・M・シュレジンガー・シニアというハーヴァード大学の歴史学の先生（いまも生きているシュレジンガーの父親。二〇〇七年二月、亡くなる）に助言を求めた。向こうは私のことは親父を通して聞いただけですから、学究的なタイプだと思いこんじゃって、私が英語を勉強するためにコンコードのミドルセックスという予備校と契約してきた。

（中略）

英語は日本の中学でもやってらしたんでしょう？

**鶴見**　劣等生だからだめなんだ。英語の試験は零点だったんじゃないかな。

（『期待と回想』朝日文庫　一四ページ）

こういう経過は、私たちがいくら想像してみても、不思議にしか見えない経過である。「不良になってきた息子」を、それだけの理由で、アメリカへ留学させることなど考えられないからだ。日本の中学校にろくに通えないものを、言葉もわからないアメリカの学校にどうして通えると判断できるだろうか。だから俊輔のアメリカ留学は、俊輔自身が少し茶化しながら回想しているほど簡単なものではなく、本当に幾十もの「貴種」の人脈に中にいたことが、このラッキーな連鎖を実現させてくれたわけで、そこが特権的な鶴見一家の、日本の一般「庶民」の感覚と違うところである。特に外遊をくり返していた外交官としての父・祐輔は、アメリカの教育風土を肌で感じるところがあり、送り出す息子のサポートをしてくれるアメリカの人脈にも自信があったから、こういう留学が可能になっていったのである。実際の留学の年譜をたどる前に、最初に入学した大学予備校「ミドルセックス校」で一緒だったブライス・デヴィットの証言を紹介しておく。

私が最初に鶴見俊輔と会ったのは、一九三八年九月のことだった。そのころ私が通っていた、マサチューセッツ州コンコルドの大学予備校、ミドルセックス校においてである。私は十五歳だったが、俊輔はほんのすこし年長だったように思う。眼鏡をかけた、とても小柄な少年のイメージが、いまでも心にやきついている。彼は、私や級友たちにとっては謎めいた存在だったが、それにはいくつかの理由があった。第一に、ミドルセックス校では日本人の存在自体が珍しいものであった。第二に、彼は読書家のくせに、英語を話すのにしばらくとても不自由していた。第三に、彼は最終学年から突然入学してきた。三年間の課程をすませずに、たった一年で卒業できた事例などきいたこともなかった。

（ブライス・デヴィット「真のラディカル」『鶴見俊輔集1』月報　一九九一）

鶴見俊輔は英語もわからないのに、三年間の授業を受けないでいきなり最終学年に編入し卒業していったというのである。これを読む人はおそらく彼が、特別なコネがあったからそんな編入ができて、例外的、特権的に卒業が認められていったのではないかと想像するのではないか。真偽のことは、入学を勝ち取った父・祐輔にしかわからないのであるが、仮に、貴種ならではの人脈の伝《つて》で最終学年に編入できたとしても、実際の卒業や、次のハーヴァード大学哲学科への入学については、英語の力が求められるわけで、そこを実際にクリアできていったのは、貴種のせいや父親の伝のせいではなく、鶴見俊輔の勤勉さや並外れた努力の結果であった。実際の留学の経過は、『道の手帖　鶴見俊輔』（河出書房新社　二〇〇八）に記載された年譜でみておきたい。

**一九三七年**（昭和一二年）一五歳
府立第五中学校を退学し、オーストラリアに短期滞在。一二月、米国に渡り、アーサー・シュレージンガー（シニア）、都留重人らと出会う。
**一九三八年**（昭和一三年）一六歳
再度米国へ渡り、九月にマサチューセッツ州コンコード町ミドルセックス・スクールに入学する。
**一九三九年**（昭和一四年）一七歳
六月、カレッジボード試験に合格。九月、ハーヴァード大学哲学科に入学。肺結核のため体育の授業を免除された。日本語の先生としてライシャワー、チューターはクワインなど。在学中に、ホワイトヘッド、ラッセルらの講演を聴く。
**一九四〇年**（昭和一五年）一八歳
一時帰国した際に、柳宗悦に会いに行く。
**一九四一年**（昭和一六年）一九歳
夏、しばしば喀血。
**一九四二年**（昭和一七年）二〇歳
三月、米国連邦警察ＦＢＩにより連行、東ボストン移民局に拘留された。聴聞会（ヒアリング）をへて、ニューヨーク市エリス島移民収容所、メリーランド州ミード要塞捕虜収容所におかれた。移民局の拘置所内で卒業用の論文を書き、姉の和子の助力を得て提出した。（卒業論文は「ウィリアム・ジェイムズのプラグマティズム」。論文は受理され、卒業に際して「バチュラー・オブ・サイエンス」の学位を受ける）。これはラテン語とギリシア語を知らないものにあたえられる称号で、その後廃止された。審問を経てニューヨーク州エリス島移民収容所、メリーランド州ミード要塞捕虜収容所と移される。六月一〇日、日米交換船「グリップス・ホルム号」に乗船。東アフリカのポルトガル領ロレンソ・マルケスでの交換を経て、八月二〇日、日米交換船「浅間丸」で横浜に到着。船中で二〇歳の誕生日を迎えていたため、到着五日後に徴兵検査を受け、合格。

（『道の手帖　鶴見俊輔』河出書房新社　二〇〇八、に記載された年譜）

## 父・鶴見祐輔の支援

問題はこういう留学が可能になった背景を知っておくことである。そのためには父・鶴見祐輔の当時の外遊の経過を知っておかなくてはならない。鶴見祐輔の当時の海外での講演活動の年譜を次に掲げておく。この父・祐輔の外遊記録と、息子・俊輔の留学年譜と重ねてもらうととてもよくわかるのだが、俊輔少年は、不良だったので親が困ってアメリカに留学させたというような単純なことなのではなくて、鶴見祐輔の一連の海外活動の中で、鶴見和子、鶴見俊輔、姉弟の海外留学は準備されていったのである。だから、もし父・祐輔の海外活動がなかったならば、当然息子・俊輔の留学もあり得ずに、そのまま日本で本当の「不良青年」になってゆくしかなかったはずである。

### 一九三五年（昭和一〇年）（五〇歳）

一〇月〜一九三六年一月、米国講演旅行（第六回）。アイオワ州デモインのパブリック・フォーラムにおける講演のため。一二月、ホワイトハウスでF・ローズヴェルト大統領に会見。この年、『膨張の日本』、『ビスマーク』、『バイロン』出版、『後藤新平』脱稿。

**一九三六年（昭和一一年）（五一歳）**

二月、岩手第二区より衆議院議員に立候補、当選。立憲民主党に入党。七月〜十二月、米国旅行。八月、第六回太平洋会議（ヨセミテ）に出席。一〇月、ロンドン国際ペンクラブ総会に出席。その後、ニューヨーク、ロンドン、パリ、ベルリンを回って菊五郎の海外公演をコーディネートする。一一月、モスクワに着き、シベリアを経て帰国。『読書三昧』、『ヂスレリー』出版。

**一九三七年（昭和一二年）（五二歳）**

一月、宇垣内閣擁立に参画するが、陸軍の反対により成立せず。四月、岩手第二区より衆議院議員に立候補し、当選。七月〜一〇月、オーストラリア旅行。国際新教育会議出席のため。メルボルン大学よりLLDの学位を授与される。一〇月、帰国し、オーストラリアの鳥（エミュー）を上野動物園に寄贈する。一二月〜一九三八年三月、米国旅行。ニューヨークに日本情報図書館（日本文化会館）設立のため。（開館は一九三八年一一月）。カウンシル・オブ・フォーリン・リレーションズで講演。

**一九三八年（昭和一三年）（五三歳）**

五月、太平洋協会を創設し、常任理事に就任する。六月〜一一月、米国旅行。国民使節として訪米にあたり、家族を同伴し、長男・長女を米国大学に入学させる。一〇月〜一一月、ロンドンへ。チャタム・ハウスで講演。一一月、再びニューヨークに戻り、ワシントン、ロサンゼルス、サンフランシスコを経て、帰国。一一月、太平洋協会に南洋委員会を設置する。

（『広報外交の先駆者　鶴見祐輔』藤原書店　二〇一一、の年譜参照）

のちに、息子、俊輔の入学の時期の頃を、父・祐輔は次のように回想して、俊輔との記憶と違っているところが興味深い。特に父は、俊輔が「不良」になっていたのは「近所の子にそそのかされて」のことだと言っている。

**祐輔**　うちの俊輔（長男）はメチャクチャでした。十二、三の時は不良少年になるすべての性質を持っていたんです。私が時どきアメリカから帰ってみると、家の本を持出して売って、物を買ったり、食ったり、勝手なことをしていたらしいんです、近所の子供にそそのかされてね。これをどうやったら直せるか。日本の社会に対する反撥なんですね。中学の二年になったら、もう学校へいかないって言うんです。聞いてみたら、日本の文部省の教育方針に反対だからいかない、と言うんです。それならしようがないでしょう。これは日本で教育はできないと思ったから、満州へ講演によばれたから和子と一緒に連れていったんです。そうしたら「私はここで余生を送ります」と言うんですね（笑声）。十四歳からの余生を満州で送るのも困ると思ったから、二人を連れてアメリカへいったんです。環境を変えて指導したわけですね。（後略）

**祐輔**　俊輔はあれがよかったと思います。日本の社会に置いたらば、ちょっと変った子ですから、伸びられなかったと思います。たとえば本を非常にたくさん買って読んでるんです。それで答案に先生の教えないことを書くでしょう、そうすると落第点なんです。そういうことに反撥したんですね。それから外国へやる前に、基礎として日本のこと、東洋のことを入れておこうと思って、和子には和歌と踊りを習わせたんです。これでも花柳の名取りですよ。俊輔には漢学をやらせたんです。ところが、十二、三のころに説文のことなんか答案に書いて出すから、漢文の先生には気に入られない。点が悪いんですよ。これで反撥をしたんだから、外国へやるよりしようがなかったんです。和子の場合は頭がそれほど尖鋭でないから、反撥しなかったんです（笑声）。

（鶴見祐輔×鶴見和子「オー・マイ・パパ」『鶴見和子曼荼羅 Ⅶ 華の巻』藤原書店 一九九八、六五ページ）

俊輔が「満州で余生を送る」と言ったというような話は、ここで初めて出てくるが、父と息子の思惑の違いがわかるところである。

こうして、マサチューセッツ、コンコードの町外れのミドルセックス校という予備校の寮で、まず一年暮らす（一九三八―一九三九）ことになる。

## 英語が突然にわかり始め、日本語を忘れる――コンコードの町で

この町は、かつてエマソン、ソロー、ホーソーン、オルコットらが住んだ町で、歴史的にも由緒のある興味深い町だった。偶然にしろこの「コンコード」という町に留学できたことがとても大事である。この町の雰囲気が、彼に、プラグマティズムを身近に学ぶきっかけを与えることに

なったからだ。しかしそのことを語る前に、十六歳で入学した当時、英語が皆目分からなかったことについて言及しておかなくてはならない。彼は、この英語が出来なかったということについても、何度も語っていたからだ。そんな彼が、一気に英語がわかるようになったときの体験を次のように語っている。不思議な体験である。

アメリカに着いて二ヵ月ほどたったころ、ベッドで寝てたら、ものすごい勢いで体がギューッと小さくなった。もう少しで点になって自分が消滅する。これは大変だと思って、起き上がって電気をつけた。廊下に出て他のやつを叩き起こしたいけれども、もともとバカだと思われてるから、気が狂ったと思われるだろう。便所に行って便器の水に頭を突っこんだらどうなるか。部屋の中をグルグル歩いてたら、目の後ろから、ものすごい勢いで金色の砂がサラサラと落ちはじめた。それが落ち切ったと思ったら、ほとんど「ポン！」という感じで体がもとにもどった（笑）。

それから安心して寝たんだけど、次の日、また教室で倒れて付属の病院に連れていかれた。高熱の流行性感冒。（中略）

困ったのは、身体にかんする用語がぜんぜんわからないこと。朝、看護婦が来て、「ハヴ・ユア・バウエルズ・ムーヴド？」これがわからない。「大便が出たか？」ということのいくらかニューイングランド的ないい方なんだけど、理解するのに非常に困った。（中略）それで十日ほどして退院して教室に行ったら、英語が全部わかるんだよ。これにはおどろいた。ジキル博士とハイド氏のように、人間が変わっちゃった。数十年後にチョムスキーの言語理論を知って、なるほど、と思った。言語を一挙につかんだんだ。ぜんぜんわからないと思ってた英語が、ちゃんと自分に入ってた。その代わりに日本語がなくなった。それが三ヵ月目です。

さらに五ヵ月たって、ボストンのクリスチャン・サイエンスの寺院に連れていってもらった。雑踏の中を一人の女性が向こうから近づいてきて、日本人だと私は思った。向こうもそう思った。でも口を開けたら、日本語が出てこない。だから完全に日本語を失ったんだ。その女性が「英語で話しましょう」といってくれたんで英語で話して、しばらく文通してたけどね。

（『期待と回想』朝日文庫　一八ページ）

もちろん、この留学先でアメリカのことが何もわからずに困っているときに、シュレージンガーから都留重人（十歳年上で、後に一橋大学教授になる政治経済学の研究者）を紹介されたことはとても大きな出来事だったと思う。頼りになる日本人の先輩を紹介されたことは心強かったはずだからだ。しかしだからといって英語が上達するわけではない。彼には一種独特な英語との出会いがあったのである。

彼の証言からすると、彼は日本の学校でする「英会話」と「文法」を分けて学ぶような、学習法とは関係のないところで、まず自分の身体の痛みを説明しなくては自分のことがわかってもらえないという現実に直面したのである。その時に、「英語」というものが「勉強」するものとしてではなく、生きるためにどうしても必要なものとして、感じとられていった。頭で考えて覚える英語ではなく、何か食べ物を口に入れないと生きてゆけないような、生理的に必要なものとして英語を感じていったと言えばいいだろうか。

そういう意味で、極端な言い方をすれば一瞬にして英語がわかるようになっていったのである。このことは、この時点でたくさんの英語の単語や文法が一気にわかるようになったというような、そんな話ではない。英語というものが、覚えたり暗記しなくてはいけないという学習物ではなく、英語のプールにザブンと放り込まれて、そこで手足をなんとかばたばたと動かさなければならないという、生理的、身体的、理屈抜きの動きとして受けとめたということなのであろう。この「捨て身のバタバタ」が一気に英語を身近にしてしまい、あとは、勤勉に単語と文法を吸収する努力の中で急激に英語が使える青年になったのであろう。しかし、こういう「捨て身のバタバタ」で、一気に生理的身体的に英語のプールで泳ぎだした鶴見は、それからの三年間は日本語を使えなくなってしまうのである。それまでは剣道ばかりしていた人が、水泳ばかりをするようになり、一時的に剣道の間合、技を忘れてしまうようなものであろうか。こうして彼は、英語の海への「生理的な投身」と、元々もっていた貪欲な知識欲と勤勉さで、哲学書を読めるまでの英語力を身につけることになる。そして、この時に身に着けた英語力が、日本に戻ってきたときの、戦時中の仕事や、戦後の大学への就職に大きく貢献することになる。しかしそれと同時に、青年期の三年間、日本語を忘れる日々が続いたことが、日本語で文章を書くときの苦労になって現れてゆく。その言語体験が、その後彼の固有の「言語論」の考察へと向かわせることになるのである。そんな彼が、生理的な投身として英語に向き合って、その後「勤勉」でもって英語を吸収する努力をしたことについては、次のように語っていた。

**鶴見**　私は十五でアメリカへ行きました。そうすると、英語が怖いから、ちゃんときちんと清書するんです。それをハーヴァードのほかの学生が休んだ時に貸してくれといってきた。だから私のノートは回るんです。英語のペンマンシップ（英語の習字）がはじまるからね。私の英語の字は読めるんですよ。

和子との違いは、和子は生涯、日本語から離れたことがないと思う。私は十五で、日本語をいっぺん忘れちゃっているんです。口を開けても日本語が出てこない時代が十五から十九までの……。だから日本語をもういっぺん取り戻すのに、ものすごく苦心したんだ。

（『鶴見和子を語る』藤原書店　二〇〇八、一六七ページ）

特記すべきことは、彼はこの後長い生涯にあって、この留学の時以外にアメリカには二度と足を踏み入れることはなかったところである。

## 「プラグマティズム」に出会う

問題となるのは、この留学でパースと「プラグマティズム」に出会ったことである。彼は、黒川創の「どうして、読みにくいと、言われるパースを読んで、『これだ』と思われたんですか？」という質問を受けて次のように答えていた。

**鶴見**　大学一年生の後期に、パースを研究する講義に出会った。これはまったく偶然なんだ。チャールズ・モリスが、シカゴ大学からハーヴァードに客員教授で来ていて、「プラグマティック・ムーブメント」っていう講義をずっとやった。それがパース、ジェイムズ、ジョージ・

ハーバート・ミード、それからジョン・デューイあたりまでについての講義だった。

パースも難しかったけど、それより難しかったのはミードなんだよ。

（中略）

**鶴見**　ミードはパースを読んでいないと思う。（中略）パース全集は出ていたけれども、そのときは読まなかった。パース全集を読んだのは、次の年、ウィラード・ヴァン・オーマン・クワインが私のテューター（個人教師）になったときです。クワインが私に、「何を読む？」っていうから、じゃあパース全集を読みましょうと答えた。するとクワインは、「ああ、それはいい。ぼくはまだ読んだことがない」って言ったんだよ。それにはびっくりした。パース全集のなかに「プラグマティズムとプラグマティシズム」っていう巻があるんだ。それを読んでいった。大学二年生のときだね。

つまり、ものすごくいい手引きがあって、パースとミードに出会ったということだな。

（鶴見俊輔『たまたま、この世界に生まれて』編集グループＳＵＲＥ　二〇〇七、一七ページ）


本当に偶然だったのである。アメリカへ行けば「プラグマティズム」を勉強すればよいと日本にいるときに、紹介はされていたが、そんなことは画に描いた餅で、実際のアメリカで何に出会うのかは「運」としか言いようがなかった。そして、その「運」が「幸運」となって、テューター（個人教師）になったクワインから、直接にプラグマティズムの手ほどきを受けることができたのである。しかしパースをも読んでいなかったクワインから、よくもまあ勉強できたものだと感心しないではいられない。

後の日本では、一般教養として『世界思想教養全集 プラグマティズム』（河出書房新社 一九六三）、『世界の名著 パース、ジェイムス、デューイ』（中央公論社 一九八〇）や『プラグマティズム古典集成』（作品社 二〇一四）などが出版され、創設期のプラグマティズムの理解を持つことができるし、特に創始者とされるパースに関しては『パース著作集』（全三巻 勁草書房 一九八五）や『連続性の哲学』（伊藤邦武訳 岩波文庫 二〇〇一）やブレント『パースの生涯』（有馬道子訳 新書館 二〇〇四）などが出て、日本語でも読めるようになってきたが、それにしても、異様にわかりにくいパースの著作に、この一七歳の青年が取り組んだというのは、いくら個人教師がいたからといっても、無謀な取り組みであったように思える。それでもパースの考えは深く鶴見俊輔の心に響いていったのである。そこのところは、是非とも理解されないといけないだろう。

しかしながら、この一九三九年、一九四〇年の頃のアメリカのパース理解がどのようなものであったのかは私には皆目わからないし、この実質二年間ほどの短い時期、英語を学び始めたばかりの青年・鶴見俊輔に、どこまでパースが理解できたのか知るよしもないのだが、この頃の理解を『アメリカ哲学』に沿って理解するのは行き過ぎのような気がする。『アメリカ哲学』は日本に帰ってきてまとめ直した一九五〇年代の思索の産物であるはずだからだ。確かに、『アメリカ哲学』の最初は、プラグマティズムの考案者としてパースの紹介から始まっているが、ここでのパースの紹介は、伝記的なものを中心に書きながら「理論」に分け入る工夫をしていた。こうした伝記を通してパースに接近したのは、難解にもかかわらずジェームスやミードよりパースの方に興味深い何かを感じていたからだと私は思う。彼はこう書いていた。

日本におけるプラグマティズムの勉強は、パースにおいて始まらずに、ジェイムズまたデューイから始まることを定石としているが、これは適切ではない。プラグマティズムを真面目に勉強しようと思う者は、パースという門からこの思想に入ってゆくべきだ。

僕はパースについて独自の見解を持っているわけではない。正直に言えば、パースは僕にとってむずかしすぎる。大学に入った年に、ある講座のために初めてパースの論文を四つほど読み、少しも分らなかった。その次の年の夏休みに、勇猛心を奮い起こして、選集を読んだ。さらに最後の年に卒業論文の都合もあって、個人指導にあたって頂いたクワイン教授と一緒に、全集の一部を読んだ。しかし依然として、含蓄のはっきり分らぬ部分がたくさんある。

そんな僕が、なぜパースのために二章も設けて、その思想の解説をするかというと、日本におけるプラグマティズムの解説が、これまでパースを完全に閑却してきたことを残念に思うからだ。プラグマティズムについての真面目な勉強は、何としても、まずパースの門をくぐらなくてはならない。

（『鶴見俊輔集1　アメリカ哲学』筑摩書房　一九九一、一五ページ）


彼自身が告白しているように、この一九三九年、一九四〇年の頃にどれだけパースを理解していたのか、皆目わからないのであるが、それでも当時の鶴見の心に響いたであろう考え方については、私がわかる範囲で考えてみたいと思う。ただ、パースを理解しようとすると、やっかいなことにカントとの関係が出てくる。『アメリカ哲学』のパースの紹介のところで、「三年間以上の間、カントの『純粋理性批判』を毎日二時間ずつ読んだ結果、とうとうこの本を暗記する位までになった」（二六ページ）と紹介しているからだ。パースが「プラグマティズム」の発想を得たのはカントからであるということは、今ではどこの本にも書いてあるが、カントの考えのどこに惚れ込んだのかは、研究者によってまちまちである。このパースとカントとの関係については、本書第九章の「プラグマティズム」で詳しく論じているので、そちらを参照していただきたい。ここでは、その九章の考察を踏まえた上で、鶴見俊輔がプラグマティズムを「相互主義」として受け取っていたところだけを見ておくことにする。

## なぜ鶴見俊輔は「相互作用」に関心を示したのか

パースはカントの「相互作用」の考え方をヒントにして「プラグマティズム（Pragmatism）」の考え方を導き出すことになる。プラグマティック（pragmatic）とは英語でもドイツ語でも、「実用的」「実利的」「実際的」というふうに訳されてきた。こういう訳語に共通するのは、「相手方と相互に活動する」というあり方で、だから実用的、実際的、実利的という中身になる。あくまで「相互のやりとり」として物事が成立するのが、実利実用の世界であったのだから。しかしパースらが「プラグマティズム」という考え方を立ち上げようとしたのは、日本語でいうところの「実用主義」「実際主義」というものではなく、「世界を相互のやりとりで生まれる出来事として考える主義」とでもいえばよいだろうか。短くすれば、「相互主義」ということになる。

問題は、こういうパースのプラグマティズムになぜ鶴見俊輔がいち早く関心を示したのかということである。考えられることは一つある。こういう考え方に、彼が長年抱えて苦しんできたものを解く手がかりが含まれていることを直感したことである。その苦しみとは何か。「貴種」というものを前にすると「相互性」が成り立たないという苦しみである。後藤新平という、人を寄せ付けない貴種、母という貴種を拒み続ける逆転した貴種、そういう人たちに直面したときの「相互性」のなさ。この相互性の成立しない人間関係ほど苦しいものはない。少年期からの鶴見俊輔を苦しめてきたものの正体の一つにこの「相互性のなさ」があった。そういう「相互性」を断ち切られると、生きていること自体に耐えられなくなる。鶴見少年が、度重なる「自殺未遂」という形でしか立ち向かえなかった苦しみである。そういう「自殺未遂」の代わりに自分を救う実際的な考え方があるのではないかという予感。それが彼の「プラグマティズム＝相互主義」の開眼にあったはずだと私は思う。

現在の、華々しい「プラグマティズム」の展開や議論について行く力は私には無いのだが、当時の鶴見俊輔の心を揺さぶり始めていた新しい考え方について、少し近づくことくらいならできる。彼が興味を持ったのは、人間の認識が、まわりの環界との相互のやりとりによって成立しているという考え方であったのだが、大事な事は、なぜそういう考えが関心をひいたのか、である。一見すると、鶴見俊輔がプラグマティズムに出会ったことは、偶然も手伝って、たまたま最新のアメリカの哲学に出会った結果であるかのように受け止められてきたように思う。しかし鶴見俊輔の場合は違っていたのである。彼がプラグマティズムを「相互性の哲学」として受けとめたのは、単なる哲学のお勉強の結果だけではなかったのである。

注目すべきは「プラグマティズム＝相互性の哲学」に出会うことを通して、自らを苦しめてきた出自の問題に向き合う考え方を手に入れられるのではないかと鶴見が感じたところである。「貴種」の問題との新たな出会いである。「貴種」が相互性を受け入れないという問題を改めて考える視座の獲得である。

彼の祖父である後藤新平という「貴種」は、自分たち鶴見一家の守護神ではあり得ても、「相互性」を持つことはかなわぬ存在であった。その新平の娘である母・愛子も、新平のような貴種ではないのだが（むしろそういう貴種を折ることを求めていた人であったが）、別な意味で「正義を押しつける一方通行の人」であり、そういう意味で「文句を言わさぬ絶対者」と振る舞う「貴種」であった。こういう「新平のような貴種」や、「母・愛子のような貴種」に共通しているのが、「相互作用のなさ」であった。鶴見が深く苦しみ、自殺未遂に訴えていたのは、特にこの相互性が得られないところにあった。そのことは次のような回想にもよく表れていた。

母はくつろぐことのできない人で、そばにいるだけで、こどもの気持もぴりぴりして来た。何となくのどかな気分で、母と一緒に、空の雲をながめている、というふうな記憶がない。いつ雷がおちるか、と思って、そのおちてくる雷にたいして用意している、というふうだった。一度、いなずまがおこったら、あとは落雷また落雷で、こちらが最終的な自己批判をするまでやむことがないからだ。

（「私の母」『鶴見俊輔集 10』五六〇ページ）

（母に）一生分、愛された。それは、窒息しそうな経験だった。ある夜、眼がさめて、自分の呼吸が隣の部屋から計られていると思った。そう思うと、たえられなくなって、ふとんをかついで、三階分の階段をおり地下のボイラー室までいって寝た。そこまで降りても、この家にいるかぎり、母から自由に眠ることができると思えなかった。

（「退行計画」『鶴見俊輔集8』五三〇ページ）

その人といると呼吸ができない！　と感じることの恐ろしさ。呼吸というような最も基本的な相互作用が、母がそばにいると思うだけできなくなるというのは、極限の病理である。しかし鶴見青年がアメリカのプラグマティズムに感じたのは、「根本の現象は相互作用なのだ」という考え方であった。「相互に作用できる」ためには、「貴種」のような隔絶された存在があってはいけないことになる。この「相互の作用」を阻むものがあるとしたら、その阻むものの方が悪いのではないか。おそらく、そういうところを彼は直感的に感じ取っていたのではないか。そういう「貴種」を持たない、「相互の作用が可能なアメリカ」というイメージの下に「アメリカの民主主義」を鶴見は肌で感じていたのではなかったか、と私は思う。白人と黒人の不平等という根深い問題をアメリカ民主主義は抱えていたにもかかわらず、この時点での鶴見青年は、自殺未遂でしかくぐり抜けられない自分の日本の現状より、はるかにましなものを「アメリカ」という国に感じていたと私は思うからである。

## 「貴種」の見えないアメリカ

「貴種」の存在する日本では、誰もが「貴種」の前で「自分を折る」ことをする。そこには「相互に折れ合う」ということは起こらない。「相手」は折れないのだ。「折り」は一方通行である。しかし「貴種」の見えないアメリカ留学の生活（鶴見青年にとっての「貴種」が見えないという意味であり、アメリカには「貴種」がいないという意味ではない。第十二章で見るように、アメリカには根深い「白人」という貴種や、アメリカンドリームの成功者という富裕の「貴種」が、絶対者のようにふるまっていたことは見過ごすことはできない）では、「相互に折れ合う」ことが「民主主義」として実現されているように鶴見は感じられていたと思う。

こうした留学生活で、英語を話すことも踏まえて、自分が周りの人びととの「相互作用」の中に折り込まれてゆくことを、鶴見は日々実感できていったに違いない。もちろんシャイで、いっぱい友だちを作るというようなタイプではなかったので、社交という意味での相互性は作れなかったかも知れないが、留学したての頃には「底辺」にいた鶴見青年も、努力に見合った分の学力向上や、席次の順番の上昇も、まさに相互作用として保障されていくのを実感できていった。この時期については、彼は次のように回想していた。

**鶴見**　私は小学校しか卒業しなくて、ハーヴァード大学に入った。それからもう、自分の勉強で評価されるのが嬉しくてね。日本にいると、後藤新平の孫、鶴見祐輔の息子って見られちゃうでしょう。だけどアメリカなら、そういうことがなかった。

それでめちゃくちゃに勉強して、優等賞をとったんだ。

（『戦争が遺したもの』新曜社　二〇〇四、三九ページ）

一年目が終わったら、千人いる同級生のなかの上位一〇％、これは「φβκ（ファイ・ベータ・カッパ）」候補といってね、できるということになっているんですよ。一年の終わりに「φβκ候補」という免状をもらって、びっくりしたね。生まれてから優等賞をもらったことがないんだから。

それから飛び級コースに決めたんです。四年間を三年にするわけですね。飛び級コースでは授業をたくさん取るから、二年のときは優等でもランクは低いです。二〇％くらいかな。三年になると「A」の数で五％に入ったんです。前学期が終わったところでFBIに捕まった。三年三学年後期の試験は、留置場まで大学が試験官を差しむけてくれたけど、それでは点が足りなかった。だけど、そこまでずっと優等できてるから、ブタ箱のなかで仕上げた論文を参考資料ということにして、教授会の投票で卒業させてくれたんですよ。

（『日米交換船』新潮社　二〇〇六、二八ページ）


この時期を、彼は「一番病」の時期と回想しているのであるが、それは自分を卑下するためではあっても、自分を理解し損なっている表現にもなっている。実際のこの当時の鶴見青年にとっては、「一番になる」というのは、「努力は報われる」という相互性を実感する唯一の実践の場であり、「民主主義のアメリカ」を体験する一番身近なサンプルであったはずだと私は思うからだ。ちなみに彼はその時の勉強法を、教師の言うことを、よけいなことを考えずに「垂直に頭に入れる」と回想しているのだが、それは先に私の説明した「ザブンとプールに入り込む」という学びの形である。他のことを考える余裕なんて彼にはなかったはずだからだ。

鶴見は、この時に出会った「相互主義としてのプラグマティズム」から、「コミュニケーション」の重要性も学ぶことになるのだが、この「コミュニケーション」も当然ながら「相互作用」を言い換えたものである。しかしこの学びにも終わりがやってくる。一九四一年十二月八日、日本軍がハワイ真珠湾を攻撃し、日米開戦に突入し、翌年の三月に連邦捜査局（ＦＢＩ）によって逮捕されることになるからである。経過は次の通りである。先に示した年譜と合わせて見てみたい。


**一九三九年（昭和一四年）** 一七歳。六月、カレッジボード試験に合格。九月、ハーヴァード大学哲学科に入学。日本語の先生としてライシャワー、チューター（個人指導教師）として、クワイン。在学中に、ホワイトヘッド、ラッセルらの講演を聴く。

**一九四〇年（昭和一五年）** 一八歳　ラッセルの授業聴く。

**一九四一年（昭和一六年）** 一九歳　ホワイトヘッドの授業聴く。「一番病」にとらえられていて、優等を取る。千人いる中の上位一〇％に入る（『日米交換船』二八ページ）。七月、米政府、在米日本資産凍結。日本からの仕送りが途絶え、ニューヨーク日本文化会館の日本図書館に頼んで、週一六ドルで本の運送のアルバイトする（『日米交換船』三二ページ）。夏、しばしば喀血。

一二月八日　日本軍、ハワイ真珠湾を攻撃。日米開戦。

**一九四二年（昭和一七年）** 二〇歳
三月二四日　連邦捜査局（ＦＢＩ）により連行。東ボストン移民局に拘留される。

（『道の手帖　鶴見俊輔』河出書房新社の年譜に『日米交換船』新潮社の記述を加筆）

# 第五章　戦時中の体験

## アメリカで逮捕と日米交換船での帰国

一九四一年十二月八日、日本軍がハワイ真珠湾を攻撃し日米の戦争が始まる。その結果、アメリカに留学している者たちに帰国の命令が外務省を通して届く。そんな中で、ＦＢＩに鶴見俊輔は逮捕される。なぜ彼は逮捕されることになったのか。当時の留学生は、誰もがそうやって捕まったわけではない。彼はこう説明していた。

**鶴見**　南博も、鶴見和子も、都留重人も捕まっていない。それが普通なんだ。私は自分の舌禍でつかまった。調査があったときに、自分は無政府主義者だから、米国も日本も支持しない。日本国のためにスパイ行為などをするのはもってのほかだと答えたんだ。

**黒川**　それはいつですか。

**鶴見**　日本が敵性国家に指定されて、調査があった。法律でそういうことになったんだね。四一年の夏、日本資産が凍結されて本国と金のやりとりができなくなった、その後だ。調査はみんな受けているけど、都留、南、鶴見和子なんかは、私みたいに軽率なことを言わない。
（『日米交換船』新潮社　二〇〇六、四四ページ）

こうして三月二十四日に逮捕され、東ボストン移民局（五十日間）、エリス島（二日間）、ミード要塞（二十五日間）にそれぞれ収監され、六月十一日に交換船に乗船した。この学業の中途半端な時期にアメリカを離れることになり、どうして彼が「卒業」の資格を得られたのか、気になる人もいるだろう。その辺のところを彼はこう語っていた。

**鶴見**　一二月七日以後。私は捕まっちゃったわけだから、荷物は下宿にそのままでしょ。和子と都留夫妻と、山本素明が私の荷物をまとめてくれたんだよ。

**鶴見**　四二年の三月に捕まったから、大学の後期がはじまったところだった。最初にＦＢＩが来たとき、書いている論文が押収されたんだ。それで私は、ラルフ・バートン・ペリーという教授に、論文が押収されたので続きを書けない、とても困っていると手紙を書いたら、ペリーがＦＢＩに交渉して、取り返して東ボストン移民局に送ってきてくれた。

（この後省略：移民局の監獄のなかで、夜、電気がついている便所の便器の蓋を机にして論文の続きを書いたと彼は語っている）

論文には形式があるから、その形式にするために、書き上がるごとにニューヨークの姉に送った。すると、姉がタイピストのところに持っていって、それをタイプしてくれた。（中略）タイプされたものが私のところに届くと、校正してまた送り返す。できあがったとき、彼女が直接ハーヴァードに送ってくれたんだ。だからすごく世話になっているんだよ。
私は、三年目の後期は大学に行っていないから、普通なら落第だ。しかし、政府の判断とハーヴァード大学の判断とは違う。教授会で、これは卒業の優等論文としてでなく、大学に出なかった後期分を補う論文として認めて卒業証書を出そうと、誰かが発言してくれたんだ。だから、卒業の成績は優等賞をとっていない。でもその前期には千人中トップに立っていたから、卒業を認めてくれた。トップというのは、むこうでは、学年全体で千人のうち、最上位の五パーセントに入ることを言う。
**加藤** 監獄で書いた論文はどうなったんですか。
**鶴見** そのコピーは、グリップスホルム号に乗るときまで持っていたけれども、わずかの本と一緒に、全部取りあげられた。ところが敗戦後にアメリカから通報がきて、そのとき取りあげたものを、全部横浜まで送り返してきたんだ。
**加藤** それは読みたいですね。
**鶴見** その骨子が、『アメリカ哲学』(五〇年)なんだ。
(同、四七ページ)

確かにここでも幸運の女神は鶴見俊輔にほほえんでいる。もしあの時に、姉の鶴見和子がいなければ(あるいは一緒に逮捕されていたら)、彼の論文をタイプしてくれる人もおらず、論文の修正もできていなかったわけで、幸運としか言いようがない。ここでしかし「大学卒業」の資格を得られたことは何よりのことだった。この資格があればこそ、日本での大学の就職も「ハーヴァード卒」という肩書きでクリアできてゆくことになるのだから。余談になるが、それでも、この肩書きに反対する人は後に現れる。「私は小学校しか出てないでしょう。どうして小学校出の助教授を置くんだという騒ぎが起こって、組合委員長の河野健二（思想史家）が代表して鳥養さんに抗議に行った。鳥養さん、困っちゃって、「この助教授は困る」と桑原さんにいった。そういうとき、桑原さんは策士なんだ。アメリカから最初の教育使節団が京都に来たとき、嘱託講師というかたちで私を京大側の通訳にしちゃった」（『期待と回想』五八ページ）。話を戻すと、留置場での取り調べについても次のように語っていた。

捕まってから留置場に入り簡単な公聴会が開かれたんです。それからエリス島を経由して最後はアメリカ陸軍のミード要塞にある捕虜収容所に入りました。そこで、はじめて仲間が日本人だけになるんです。この三ヵ月、私がもった実感は、米国にはデモクラシーがあるということなんですよ。デモクラシーの岩床に触れたという感じです。アメリカ人は口先だけでデモクラシーをいっている、というのではないんです。拷問されたこともないし、きちんと公聴会が開かれた。交換船に乗るときも、日本に帰るか帰らないかという選択を与えられて、私は帰る方向を選んだ。

（『期待と回想』朝日文庫　四三五ページ）

先取りして言えば、彼は日本に帰った後のことを次のように書いていた。「アメリカから帰ったら、私がハーヴァードで取った優等賞がおふくろの机の上に掲げてあって『ああ、可哀そうなことをしたな』と思ったけどね。小学校や中学校で私が二度、三度と放り出されたとき、退学届をもって学校へ行くのはさぞつらかったろうと思った」（同、八七ページ）。ともあれそうして、彼は姉たちと共に交換船に載せられて日本に向かうことになる。

一九四二年六月、第一次日米交換船グリップスホルム号に乗船。七月二十日、東アフリカ、ロレンス・マルケスに到着。日本から来た交換船、浅間丸が七月二十二日到着。七月二十六日、日本へ向けて出発。八月二十日、日本着。

鶴見和子はこの交換船のことをこう回想していた。

グリップスホルム号では、いばる人がいなかった。浅間丸に乗ると、雰囲気はがらりとかわった。軍人の管理下に置かれ、階級別になった。グリップスホルム号ではみんな平等にいい食事が与えられていたが、浅間丸では部屋の等級によって差がつけられた。

東条英機の演説のニュース映画などを見せられ、日本はいたるところで勝って、国民の提灯行列で沸きかえっているという場面が流れた。(中略)

プリンストン大学高等学術研究所所員の角谷静夫さんは、グリップスホルム号では位階勲等なしの学生扱いで、船底同然の部屋に押しこまれていた。けれど、浅間丸では大阪帝国大学助教授という身分による扱いとなって、食事もちがい、デザートがついたので、「お供え」と称して私たちのところにお菓子をもってきてくれたりした。

(『日米交換船』四六四ページ)

## 交換船の理念

ここで日米交換船の制度について少し触れておきたい。詳しくは、黒川創「交換船の記録——五つの大陸をわたって」(『日米交換船』所収)という論文が丁寧に調べているので、それを読まれたし。まず戦争が起こり国交が断絶すると、国同士の相互性がなくなってしまう。それでも「敵国」にいる自国民は救出しなくてはならない。そこで発揮されるのが「外交の努力」である。この時点では、民間人を交換船で交換するという取り決めが「外交の力」でなされる。この時のルールは、まず交換する相手国の民間人を、互いの国の中間地点まで送り届ける。そして、そこで交換した自国の民間人を、互いの船に乗せて引き返すというものである。交換船はまさに半分の時点で折り返すのである。ここに、交換船特有の「相互性」の考えが実践されている。戦争中にもかかわらず、ここには「外交」が果たさなくてはならない「相互の精神」が実践されていた。興味深いのは、鶴見和子も、鶴見俊輔も、アメリカの船に乗っているときは、お互いに相互性があったのに、日本の船に乗り換えたあとは、船室も「階級」や「身分」で分けられたと回想しているところであろう。俊輔自身は、アメリカで体感してきた「相互性の精神」が、日本の船の中でたやすく踏みにじられてゆくのを、特別な思いで感じていたに違いない。

こうして留学生や民間人は、日本に到着するが、鶴見俊輔はその時二十歳を迎えていたので兵役に取られることになる。そして、英語ができるというので、海軍軍属の通訳として、ジャワ島のジャカルタ在勤海軍武官府とシンガポール海軍第一一通信隊に配属になる。そのために、実際に銃を撃つような戦場に鶴見は出兵したわけではない。そしてその任務中に、元々アメリカで発病していた結核を悪化させ、手術を受けることになり、ほぼ一年半ほどで日本に帰ることになる。その経過は次のようなものである。

**一九四二年**（**昭和一七年**）　二〇歳。八月二〇日、日米交換船「浅間丸」で横浜に到着。船中で二〇歳の誕生日を迎えていたため、到着五日後に徴兵検査を受け、合格。
**一九四三年**（**昭和一八年**）　二一歳。二月、海軍軍属の通訳として、ドイツ封鎖突破船でジャワ島に向かう。ジャカルタ在勤海軍武官府に着任。
**一九四四年**（**昭和一九年**）　二二歳。胸部カリエスが悪化したため、二度の手術を受ける。シンガポール海軍第一一通信隊勤務を経て、一二月、日本に戻る。
**一九四五年**（**昭和二〇年**）　二三歳。四月、横浜日吉の海軍軍令部で働き始める。五月、最初の自著となる『哲学の反省』を書き始め、敗戦までにほぼ書き終える。六月、腹膜炎により休職。八月一五日、熱海の仮寓にて一人で終戦の「玉音放送」を聞く。
**一九四六年**（**昭和二一年**）　二四歳。五月、雑誌「思想の科学」を創刊。創刊号に前年に書いていた「言葉のお守り的使用について」を掲載する。（『道の手帖　鶴見俊輔』河出書房新社二〇〇八）

**ジャワ島に配属——鶴見俊輔の戦争体験**

実際のジャワ島の「戦地」では、どういうことをしていたのかについて、彼は次のように話していた。

**鶴見**　武官が私に与えた任務というのは、「敵が読むのと同じ新聞をつくってくれ」ということだった。つまり、大本営発表を信じていたら、戦争ができないわけですよ、大本営海軍部の発表で「撃沈した」となっている船が、現に攻めてきたりする情勢だったわけですから。だから敵の通信を傍受して、敵の戦果や被害の発表とか、何が補給されてどう食べているとか、兵隊の気分がどうなっているかとかをまとめて、敵のと同じ新聞を日本語でつくってくれという。それで私は、自分にあてがわれた官舎の部屋で、夜は敵側の短波放送を聞いていた。毎日の日課としては、夜のうちにメモをつくって、少し寝てから出勤して、その日の「新聞」を書いていた。私は非常に悪筆なんだけど、女性のタイピストが二人ついて、和文タイプで打ってくれるわけ。（中略）

**小熊**　どこの放送を傍受していたんですか。

**鶴見**　ロイターとかＵＰとか、あとはインドのニューデリーのＢＢＣ放送ですね。インドはイギリスの植民地で、極東の拠点だったから、イギリス側の放送局があった。ところがそのインドの放送が図抜けて内容がよかったんですよ。時事解説でもなんでも、教養がとても感じられてね。当時は知らなかったんだけど、あとでわかったのは、インドの放送はジョージ・オーウェルが番組をつくっていたんだ。

（『戦争が遺したもの』新曜社　二〇〇四、四六ページ）

しかし、結核の悪化で手術をする。そのときの状況を彼はこう語っていた。

ジャワにいるうちに胸に穴があいてウミが流れだし、カリエスだとわかって海軍病院に入院して手術した。手術を終えた時、「私のくびにつかまってください」と言って、手術台から移動寝台にうつしてくれた看護婦が、美しい人に見えたのをおぼえている。山形県出身のAという人だった。准看護婦に、セレベス島から来た十六、七歳の少女が多く、FとかSとか、今も、その名をおぼえている。この少女たちが、あけがた脈をとりにきてくれたり、午後の休みの時、窓の外を笑いさざめいてとおってゆくのを、ながめていた。

ジャカルタの町には、古本屋があり、新本屋があり、ここに住んでいたオランダ人がのこした本、買いのこした本が多くあったので、やがて私は、ロドマンの『近代アメリカ詩選』に再会することができた。

（『再読』編集工房ノア　一九八九、一七一ページ）

こういう経過だけで終われば彼の戦争体験は、「淡いロマンス」で終わっていたのかも知れないが、そういうわけにはゆかなかった。彼は自分の戦争体験の詳細を、「戦争のくれた字引」という文章にして発表していた。それがのちに論議を呼ぶことになる。議論はややこしくなるのであるが、元々の文章は雑誌『文藝』一九五六年一号に発表され、後に『不定形の思想』に収められた。しかし、「文芸」誌なので「創作」のつもりで書いて発表したのかも知れないが、『不定形の思想』（文藝春秋　一九六八）に収められたときは、「創作」という断り書きはなかった。しかし『鶴見俊輔著作集　5』（筑摩書房　一九七六）に収められたときははっきりと「創作・詩」というくくりに分類されていたのである。この「創作のような事実」、「事実のような創作」の性質が、読み手にややこしい印象を与えることになる。

## ジャワ島の体験と「戦争のくれた字引き」との異同

というのも、彼はインタビューで、次のような揺らいだ発言をしているところがあるからだ。

**小熊**　一九五六年の回想記「戦争のくれた字引き」には、ジャワでの捕虜殺害事件は、鶴見さんが傍受した敵側の通信情報がもとになってスパイ狩りが行なわれ、無実の民間人が殺されたというふうに書いてありましたが。

**鶴見**　申し訳ないけど、あの部分はフィクションなんだ。「戦争のくれた字引き」は、さっき述べた戦争中のメモをもとにして、戦後に何度か書き直したものなんだけど、公表するまでにその部分はフィクションを入れてしまった。ＢＣ級戦犯裁判が一九五五年で一応ひととおり終わってから、「戦争責任の問題」と「戦争のくれた字引き」を公表したんだけど、まだ記述次第では迷惑がおよぶ人が出ないともかぎらない時期だったからね。

**小熊**　そうですか。それじゃ、私が「戦争のくれた字引き」をもとにして書いた『〈民主〉と〈愛国〉』の記述は、少し訂正しなくてはいけませんね（二〇〇三年九月の増刷で訂正）。

**鶴見**　でも訂正する必要があるのは、そこだけですよ。大部分は事実だから。

**小熊**　それでは、「戦争のくれた字引き」に書いてある慰安所関係の記述は？

**鶴見**　あれは事実です。

**小熊**　では、それについておうかがいします。

（『戦争が遺したもの』五五ページ）

このインタビューでの鶴見の受け答えは本当にフェアーではないと私は思う。彼は「戦争のくれた字引き」を『鶴見俊輔著作集 5』では「創作」と呼び、後で引用するように『期待と回想』（一三〇ページ）でも「創作」だと語っているにもかかわらず、こういうインタビューで詰め寄られると、あっさりと「大部分は真実だから」というのである。これは本当に良くないと思う。「創作」と「事実」はやはり区別されるべきなのである。区別された上で、なおかつ「創作から見えてくる事実」もあるし、「事実から見えてくる創作」もあるわけで、鶴見が「戦争のくれた字引き」を「創作だ」と主張し続けるからと言って、そこから事実が見えなくなるわけではないのにと思うものである。むしろ良くないのは、簡単に創作を事実のように見なしてしまうことの方であると私は思う。

## 「慰安婦」の問題

そういうことを踏まえながら、この文章が二つの分野で注目を浴びたところをみてゆきたいと思う。一つは、この文章の主人公（創作なのでそう呼んでおく）が、「慰安婦」を現地で「調達」し、さらにはその「慰安場所」を確保する任務を命令され、遂行するところを書いているくだりである。上野千鶴子と小熊英二の二人が、鶴見の戦時中の体験を克明に聞き取っているのだが、このロングインタビューを計画した動機が、この「慰安婦」のことを書いているくだりの「事実性」を見越してのことであることは、上野千鶴子の執拗な追及によってもよくわかる。しかし、「創作」として書き残している文章の裏に、実体験を聞き取ろうとすれば、当然、作品と記録の違いをどう考えるのかの問題がでてくる。もちろん、そういう意味では興味深いインタビューになっている。しかし、それでも、創作と事実の「取り違え」の問題は残り続ける。鶴見は「戦争のくれた字引き」でこう書いていた（ここには、「松本」、「石井」、「私」、などと呼ばれる人物が登場するが、それらは別々の人物なのか、意図的に三人に振り分けているのか、それともすべては「私」の分身なのかはわからない）。

軍隊の組織に、雇員としてつとめ始めたとき、私ははじめて、自分の上に社会の重みを感じた。

階級によって食べる場所がちがい、交通の道具がちがい、衣服がちがい、言葉がちがい、性行為の対象とする女もそこでは階級ごとに厳密に分けられていた。

しばらく私は、ドイツと日本とを往復する封鎖突破船にのり、中間の基地におりてからは、ドイツ関係の事務をしていた。事務というのは、ドイツ兵士専用の慰安所をつくることで、その場所の選定のために島の中を歩いた。どこでも、目星をつけた家には、軍が入って接収してよいという命令をうけて、この島で一番大きい土地をもっているという女地主にあいに行った。ひどく暑い日のことで、女地主は五十くらいの顔色のわるい肥満した中国人だったが、後ろにボーイがひざまずいて、大きな扇をあやつっていた。（中略）用件をきりだすと、異存はないと、それだけ言った。（中略）

女地主の本邸を接収し、そこにドイツ人の慰安所をつくった。女の人をあつめてくるのに骨が折れるはずだったが、その仕事には混血児の松本という同僚があたってくれた。この土地に残っている白人の中から、どこからともなく、必要なだけの人数をそろえて来た。

（『不定形の思想』文藝春秋　一九六八、三八五ページ）

そしてこの「慰安婦」は、スパイとして使うという名目で、海軍の機密費で募集されたことも書いていた。

濠洲進攻は、その開始とともに使えるスパイ数百人を必要とし、その供給資源を内田司政官は探索しているのだと言う。やがて、軍令部から大幅に人員増強があって、新着の高等官を試験官としてこの方面の人間の応募が行なわれ、面接がなされたが、採用見込みまでに到達したものは大部分が女性で、やがてはドイツ兵慰安所に送りこまれたもの、士官慰安所に送りこまれたもの、さらに特設の高級将校慰安のための別邸非常要員とされたものなど、別々の経路で質的変化をとげた。採用された男子は、さらに慰安施設の見まわりに使われた。

（同、三八八ページ）

後にマスコミをあげて議論となるのは、こういう「慰安婦」や「慰安所」の設置が、国家の指示で行なわれたのか、民間人が個人の利益のためやっていたのか、というようなところでの論争であるのだが、この「創作」では完全に軍部が指示をして、「慰安婦集め」や「慰安所の設置」を進めていたことが書かれている。ここでも、創作と現実の区別をどう受け取るのかが問題になってくる。そこで、「創作」ではそうなっているとして、実際の鶴見俊輔は、当時の戦地ジャワ島にいた「慰安婦」に対してどういう気持ちを持っていたのかということが、のちのインタビュアーたちの大きな関心事になってゆくのは当然であろう。そして実際に現実の戦時下の「慰安婦」について、彼が次のように語る機会が出てきて、その発言も後に議論を呼ぶことになる。

きょうは最後に「慰安婦の問題」を置きたいと思って、ここに来たんです。いままで私はこの問題について発言をしたことがないので、どこかで発言しないといけないと思っていました。（このあと、「日本軍の慰安婦問題ですが、戦後から五十年たった一九九五年、『女性のためのアジア平和国民基金』が八月十五日にスタートしたでしょ。戦争中、日本軍によって『従軍慰安婦』とされた女性たちに対する償いを目的にしたものです。私も募金の呼びかけ人の一人ですが、大沼保昭、和田春樹、萩原延寿、高﨑宗司といった私より若い呼びかけ人もいます。『国家賠償』ではなく『国民からの募金による』ということで、韓国、フィリピンなどアジアの国々から批判の声が起こり、日本でも議論がつづいています。〔中略〕私はこの民間募金の運動を支持するし、自分が呼びかけ人として入ったポジションは撤回しません。私の立場はそうです」という話が続き、最後に、過去の戦争時の話に戻って次のように締めくくっている。―村瀬の要約）。

私は戦争に行ってるけど、古山高麗雄（作家）に近いと思っています。かれの仕事にとても共感してる。戦争中の回想を読んだのですが、古山は戦争中に三高からずりおち、永井荷風を見知った人として、戦争に背を向けた暮らしをしていたそうなんだ。そうした仲間の一人にのちに日立製作所会長になった倉田主税の息子がいて、彼は玉の井の女性と一緒に住んでいた。そして召集令状がきたとき、家に立ち寄ることなく女性との部屋からまっすぐ軍隊に入った。家に帰り「万歳」で見送られて出征すると、自分がだめになると感じたそうなんです。

私は心を動かされましたね。そこが戦争中、いまでもそうなんですが、私が心を置こうとしている場所なんだ。慰安所は、日本国家による日本をふくめてアジアの女性に対する凌辱の場でした。そのことを認めて謝罪するとともに言いたいことがある。

私は不良少年だったから、戦中に軍の慰安所に行って女性と寝ることは一切しなかった。子どものころから男女関係をもっていた、そういう人間はプライドにかけて制度上の慰安所にはいかない。だけど、十八歳ぐらいのものすごいまじめな少年が、戦地から日本に帰れないことがわかり、現地で四十歳の慰安婦を抱いて、わずか一時間でも慰めてもらう、そのことにすごく感謝している。そういうことは実際にあったんです。この一時間のもっている意味は大きい。私はそれを愛だと思う。私が不良少年出身だから、そう考えるということもあるでしょう。でも私はここを一歩もゆずりたくない。このことを話しておきたかった。

（『期待と回想』五八四ページ）

こういう発言に対して、川本隆史の異議（『現代思想　総特集＝鶴見俊輔』二〇一五、参照）が出され、それを踏まえて上野千鶴子の執拗な質問追及がなされるという展開を見せてゆくのだが、議論が錯綜してくるのは、現実の戦争時における兵士側の慰安婦の体験と、慰安婦にされた人たちの体験と、その人たちへの賠償の問題を、どこでどう語り、折り合いを付けるのかという問題が、簡単には区別できなかったからである。

おそらく鶴見自身は、戦時中のことを語らなくてもよかったし、黙っていてもよかったのである。しかし語らずには済まされなかったので、「創作」というスタイルでなら書けそうだと考えたのであろう。その辺の事情について彼はこう語っていた。

## 創作なのか事実なのか

ジャワから日本に帰ってきて、それからです。カリエスで寝ているあいだに長いものを書こうと思った。前編が『敵の国』で、後編は『滝壷近く』。もうすぐ敗戦が来る。そこで自分が死ぬかどうかはわからないけど、滝壷近くで見聞きしたことを書いてたんです。書きあぐねて、ヤケになって英語で書いてみたりもした。サラサラと書いたんじゃない。二百枚くらい書いたのが、何度も何度も書いてるうちに書き換えられて、「戦争のくれた字引」五十枚になっちゃった。だんだん虚構性が強くなったけど、はじめに書いてるときはホントの話がもっとあった。いまのかたちは小説で、その点がいま読むといやなんです。

（同、一三〇ページ）

こういうふうに「創作」や「小説」でなら戦争体験は語れるが、ありのままに描くことはできないと感じている人はたくさんいたと思う。そのために「創作」や「小説」の道が残されてきたのではなかったか。そうなると、「十八の少年兵が、四十歳の慰安婦を抱いて、わずか一時間でも慰めてもらう」という話は、「期待」を込めて語れば「愛」があったような話になることもありうるし、ありのままに「回想」すれば、差別的で惨めな強姦の話しか見えてこないことにもなる。誰の立場に立って期待や回想をするのかにもよって、結果は違ってくる。しかし、そこから「創作」以外に沈黙を守ってきたはずの「慰安婦」問題に対して、戦争体験を「創作」で済ませて欲しくないという思いがでてきていた。そこでとうとう発言をする時が後にきたのである。そこで先ほど引用したように、「きょうは最後に『慰安婦の問題』を置きたいと思って、ここに来たんです。いままで私はこの問題について発言をしたことがないので、どこかで発言しないといけないと思っていました」と思い切って話を切りだし、最後に「私はそれを愛だと思う。私が不良少年出身だから、そう考えるということもあるでしょう。でも私はここを一歩もゆずりたくない。このことを話しておきたかった」という断定で話を終えてしまっていたのである。異論が出されるのは目に見えているはずの終わり方であったが、そういうことを気にすることもなく、かれはそこに「愛」というような言葉を持ち込んで終わりにしてしまったのである。軍隊に行った戦時中の人なら、こういう鶴見の発言に特別なリアリティや共感を示すかも知れないが、戦後世代にとっては「愛」というような言葉は、もっとも「相互性」が求められることの中で使われるものとしてあったので、こういう「慰安」という一方通行の「性的営み」の場面で使われたのは、いかにも不自然な感じがしたはずである。

しかし言葉は様々に解釈しうるのだと彼は反論するだろうと私は思う。彼が編集した『定義』（筑摩書房）の一番最初に置かれた「愛」の項目には、十九人もの人びとの「愛」についての語りが紹介されている。おそらく「創作者」としての鶴見俊輔は、この中でも、ドストエフスキーの言葉に、もっとも共感を覚えていたような気がする。

愛は教師である。だが、これを獲得《かくとく》する方法を講じなければならない。なぜなら、愛の獲得はきわめて困難であって、高い値段を払い、長い努力をもって、ようやくあがなわれるものだからである。じっさい、愛は瞬間的《しゅんかんてき》のものではなく、長いあいだ、持続するものでなければならない。偶然的《ぐうぜんてき》な愛し方は、誰にでもできる。悪人にもできる。青年であった私の兄は小鳥に許しを乞《こ》うた。これはまるで無意味のようだが、しかし実際は正しいことなのだ。なぜかといえば、一切は大海のようなもので、ことごとく相合流し相接触《せっしょく》しているがゆえに、一端《いったん》にふれれば他の一端に、世界のはてまで反響《はんきょう》するからである。たとい小鳥に、許しを乞うのが気ちがいじみているとしても、もし人が現在のままよりほんの少しでも美しくなったら、小鳥や子供やその他すべての生き物は、それだけ心が軽くなるにちがいない。もう一度言う、一切は大海のようなものだ。

（ドストエフスキー「カラマーゾフの兄弟」『定義』筑摩書房　一九九〇、四ページ）

しかし、「創作」での真実と、「現実」での真実とでは、やはりそのままでは重ねられないし、鶴見俊輔の言葉を使えば「期待」の中の真実と、「回想」の中の真実との重ねにくさも、どのように理解すれば良いのか、「問い」が残されているように思う。こういうことを指摘するのは、そもそもの議論の出発となった文章が「戦争のくれた字引き」となっていたからである。彼は「字引」にこだわっていたのである。だから「字引」と「定義」の問題意識は、出来事の多元性を意識させるもので、その多元的な現実は、おそらく「創作」の中でしか描き得なかったように私には思われるのに、彼は不用意に「字引」と「定義」の問題意識をすてて、「事実」が独りでにどこかにあるかのようなことを言う時があったのである。そういうふうになれば、彼が求めていた「相互作用」としての「事実」をとらえる立場からは、離れてしまうのではないか。「事実」も単独で、それ自体として先験的にあるのではなく、「相互作用」の中で存在していたからである。

## ジャワ島での殺人事件――「暗号解読」と「スパイ」発見の仕事から

「戦争のくれた字引き」にもう一つ衝撃的な事柄が語られている。それは、「主人公の私」が敵の暗号の解読をさせられる中での出来事である。彼は英語がわかるというので、直接に銃を持つ前線に配属されるのではなく、海軍で敵の電波を傍受し解析するデスクワークを任されるのである。しかし直接に銃で敵を殺さなくても、この暗号解読のデスクワークの過程で、人を殺す羽目になることを体験する時がくる。恐ろしい場面である。ここには二つのというか、二種類の恐ろしさが描かれている。一つ目は、敵の通信の傍受で、暗号化されたスパイがいることがわかるくだりである。まずは、「くるみ」と呼ばれるスパイが潜入してきたことを知るくだりである。

通信は、「りんご」とか「なし」という偽名をもつ小型通信器のあいだでやりとりされた。それらは、濠洲の方角から潜入して来ているスパイ相互の連絡なのだそうだが、内容もおおむね単純に、「B市在住の日本軍は二箇師団」というような一行知識にすぎない。暗号の解読にあたることには、一種の面白さがあった。ある日のこと、一行知識でない記事が通信内容としてあらわれた。「くるみが到着する」というメッセージがあり、このメッセージをとったのは偶然に松本が非番のときで、そのあと続けて松本のとったメッセージには「十五日夕刻」、「S海岸の沖で」、「舟をのりすてる」、「りんごは迎えに出ろ」というのがあり、それから数日して、「くるみ」らしき間者がつかまった。他の者をつかまえることは、たやすく成功せず、誰が「りんご」だか「なし」だか分らぬままに、二十数人の男女が、間者あるいは間者の知人、またはただそばにいたあやしい人間として逮捕された。

この仕事は、内田司政官の在任中、確実な結果をうんだ唯一つのものであり、司政官はこの機会をとらえて、中央に向って、自己の部局の増強を要求し、逮捕された者たちをじきじきに取りしらべるために、官舎の内部に特別監禁所をつくった。（『不定形の思想』三九一ページ）

なにやら具体的に敵のスパイが「くるみ」と呼ばれるかたちで潜入してきたのである。しかしそれを迎える「りんご」が誰なのか、わからない。それで「りんご」らしきものをイモズル式にスパイ容疑で逮捕してゆくのである。しかし逮捕はしてみたものの、スパイの確証は誰からも得られない。しかし強制的に多数の人間を狭い監禁所に閉じ込めるものだから、病人が出てくる。でも病人を釈放するわけにはゆかない。その者が本物のスパイかも知れないからだ。そして挙げ句の果てに、病院に連れて行くような名目で、監禁所から連れだし、薬を与えるようなふりをして毒殺し穴に埋めようとするのである。しかし穴に投げ込まれても死なないのがわかると、さらに銃で撃って殺したという出来事である。

二人とも、病院につれて行かれると思って、手を合せてよろこんでいてね。行く道中が長いのに気がつかないんだ。途中で病院からもらった白い薬をやったんだが、二時間かけて、墓地までついても、死んでないんだ。白い泡をふいていてね。物は言えないんだが、眼はあいているんだよ。（中略）向うについたら、海軍の分遣隊の連中が先に来ていて、穴だけはもう掘ってあったんだが、もう帰ってしまって誰もいないんだ。そばに、タンカをおいて地面の上に二人おとしたんだが、ロイの方は眼をあけてこっちを見ていた。そばに穴があるんだから、どうなるか分るんだ。だが一言もいいやしない。かくごをきめて穴の中にタンカごといれた。でもまだいきをしているんだ。それで司政官がわたしてくれた拳銃で撃ったんだ。

（同、三九二ページ）

実際にはだれが「りんご」で、誰が「なし」なのかわからない。しかし暗号を解くと、そういう名前のスパイが潜入してきているように読み取れる。実際には、そんなスパイの潜入などはなくて、その暗号そのものが日本軍を惑わすために仕掛けられていたものなのかもしれなかった。だから大勢逮捕した人たちは、みんな無実だったのかも知れなかった。しかし軍部の上層部には、スパイの暗号を傍受し、暗号を解いたと報告してしまっている以上は「成果」をあげなくてはならないし、ましてやスパイ容疑に掛かるものを、いくら病気とはいえ釈放するなどということは出来なかった。その結果、捕虜を殺すようなことを勝手にしてしまっているのである。当然捕虜の扱いに関わる国際協定にも違反している戦争犯罪である。

これが「創作」でなければ大問題であるし、こういう事件に関わった人びとは裁かれなくてはならないし、事件の全貌は明らかにされなくてはならないであろう。たとえ「創作」であったとしても、「創作から見えてくる事実」もあるわけであるから、「戦争のくれた字引き」の新たな読み方の出てくる時が来ると思う。

## 「暗号解読」に記号論の恐ろしさを知る

次に、もう一つ、この「戦争のくれた字引き」を「歴史的出来事」にむすびつける以外に、取り上げたい視点がある。それは、そもそもこの出来事が起こった原因が何に由来するのかを問う視点である。それが「暗号解読」という思考法の問題である。「戦争のくれた字引き」はこう書いていた。

（捕虜の射殺の後）松本は翌日から復調して、暗号の仕事にかえった。その後、十日に一度くらいのわりで暗号解読をたのまれるごとに、私は、この仕事が、クロスワード・パズルに似た愉快な外見をもちながら、同時にうまや跡の監房につながれている人々の運命と結びつくことを意識した。ところが平生は、「B市の米のネダンはいくら」というような無害な通信ばかりで、これを一回解読する自分の行為の中に、どれほどの殺人がふくまれているか、判断できない。われわれが、これだけたくさんの人々を逮捕したことさえ、通信連絡の中に出てこないところを見ると、われわれのつかまえた人は、このスパイ組織と関係ないのではないか。（中略）松本にきいて見ると、「相当に痛めつけてみているんだがね。白状する者はいないし、だいいち連中は英語をあまり知らないしね、シェイクスピアの台詞をうけとれる者はいないだろう。」「釈放してやらないのかしら。」「いや、つかまえてから公文書をつくって海軍部内に宣伝してしまったからね、中央に護送するという案と、ここで殺してしまうという案と二つあるんだが、どっちとも言えないらしい。」（中略）仕事にいやけがさした苦痛の感情の中で、私はふたたび松本と親しくなった。ロイを拳銃で撃ちころしたことをきいたときの鋭い痛みの形ではなかったが、じめじめしたいやな感情に私たちは、日夜ひたされて寝起きしていた。

（同、三九三ページ）

「暗号解読」が「クロスワード・パズルに似た愉快な外見」をもっているとここに書かれていた。要するに「記号」で書かれたものが、「暗号」なのであるが、それを解くのは「シャーロック・ホームズの謎解き」に似た探偵の愉快さがあるというのだ。しかし、「記号」としてみられる「暗号」の中には生きた人間がいる。それなのに「記号化」された「暗号」には、その「人間の姿」が見えない。「くるみ」や「りんご」という「記号」があるだけなのだ。それなのに、「記号」としての「くるみ」や「りんご」の上に、推測されるだけの人間を想定し、それをあたかも「くるみ」や「りんご」の実体であるかのようにみなそうとしてゆくのである。

「記号」や「暗号」として、人間を見る見方の恐ろしさがここに表れている。しかし、この「記号」や「暗号」として世界を見つめ、それを「シャーロック・ホームズ」のように「謎解き」するような思想を考えたのは実は、プラグマティズムの創始者パースだったのである。パースはきっと「暗号」を作り出したり、「暗号解読」の技術にも精通していたと思われる。そして鶴見俊輔はアメリカでパースを通して「記号論」を学びながら、無意識のうちに「暗号解読」の面白さになじんでいっていたはずだと私は思う。そして、このジャワ島の前線で、実際に「暗号解読」の仕事をさせられる中で、それが「生身の人間」を見失う思考法であることに気がつくのである。「暗号」や「記号」として人間の世界を読み解くのは、どこか間違ったところがあるのだ。

その間違いは、パースの記号論からすでに始まっていたのではないか。

おそらく鶴見俊輔は、そのことに気がつき始めていたのに、戦争が終わるとまた「記号論」を讃え始めるのである。わたしはこの思考法の持つ恐ろしさがしっかりと描かれているものとして「戦争のくれた字引き」を読み解こうとしているのだが、鶴見俊輔はとうとう記号論の危険性を訴えることなく生涯を終えたように感じている。私はこの後、鶴見俊輔の展開した「記号論的な発想」を批判的に見なおす作業をすることになる。

ただ今この時点で、問題にしたいのは、ジャワ島で「暗号解読」をさせられ、無実の人を殺すことになった事件を見つめるだけでは、大事な事を見失うというところである。実は「戦争」というものが、悲惨な、非人間的な様相を見せてゆく裏には、世界を「記号」や「暗号」としてみる「軍隊の成り立ち」があったからである。もっといえば「暗号」「記号」として世界を見る見方が、すでに「戦争」として世界を見ている、というところである。鶴見俊輔らが交換船で日本に帰る事になるきっかけは、真珠湾の奇襲があったからであるが、この作戦は「トラ・トラ・トラ！」という題で映画化されたこともあった。トラ・トラ・トラは、太平洋戦争の始まりである日本軍の真珠湾攻撃で使った暗号略号であった。今日では無人攻撃機が、「記号化」された標的を遠隔操作で爆撃する。戦争はますます「記号の戦争」の本質を露わにしてきている。そういう戦争の記号的な本質を顧みるためにも、「戦争のくれた字引き」は多元的に読み取られなくてはならないと私は思っている。戦争は記号化された世界の出来事だと言ってもいいし、記号的理性が戦争を牛耳っている、といってもいいのだ。

# Ⅲ 日本からの出発

# 第六章「日本語を失う」という体験から——わかりやすい言葉を求めて

## 英語から日本語へ

すでに見てきたように、鶴見は十六歳から二十歳までをアメリカで過ごした。そのために「日本語を失う」という体験を思春期にすることになる。このことはあまり顧みられることがないが、鶴見俊輔という特異な思想家を考える上では、とても大事な事である。ややもすると彼は英語の堪能な日本人としてイメージされてきているが、それには註釈がいる。彼はこう語っていた。

十五歳から十九歳までアメリカにいました。十五歳というのは三ヶ月経ちますと日本語しゃべることを忘れます。日本語がなくなっちゃうんです。（中略）私の内面は英語の世界で、日本語で考えなくなっているんですよね。日本語の本を読んでいる時も、ノートをとるのに必要なところは英語でとるわけです。たとえば脳髄と書いてあるでしょう。十五（歳）までは知っていたんです。ところが四年書いていないから、髄という字は難しいですからね。英語でメモするとブレインと書けば済むでしょう、一秒ですよね。

（『思想の折り返し点で』岩波書店　二〇一〇、八ページ）

自分の旧著『アメリカ哲学』をいま読み返して、気になるのは、その日本語です。（中略）一五歳から一九歳まで英語で暮らし、満二〇歳から日本語での暮らしに戻った。その日本語再学習は難しかった。中学校後半、高等学校、大学をとばしてしまったので、その間、日本語を聞いてそれを書き写すという機会がなかった。

大学教授が言うことを学生が日本語で書くというのは、大変なんだ。やったことがないと、うまくいかない。私は二〇歳から日本語を書いたけれども、言葉遣いのなかに別の言語が残っている。二六歳から大学に教師として入ることになったが、論文を日本語で書くのはぎこちなかった。

（『たまたま、この世界に生まれて』編集グループＳＵＲＥ　二〇〇七、三八ページ）

私が日本に戻ったのは、一九四二年ですから、もう六十一年経ってるんですが、ずーっとドブの中を歩いて、もがいています。だから、私は自分の日本語にまったく自信がない。そして、それが夢にはっきり現われていて、英語で始まったら英語、日本語で始まったら日本語、あいだがないんですよ。

（『同時代を生きて』岩波書店　二〇〇四、一三二ページ）

鶴見俊輔の場合は、日本語を使わずに暮らしたのは足かけ三年ほどであるが、最も多感な思春期に、思いを英語で表現することを先に覚えてしまったというのは、その後の彼の活動の特異さをどこかで決定づけている。それは「やさしい日本語」や「日常の言葉」にこだわるという発想である。これは彼の「日本語がわからなくなった」という体験と深く関係している。もちろん、二十歳に日本に帰ってきて、すぐに軍隊に取られ、通訳の仕事をする中で、日本語に不自由をしたという記録はない。普段の日常会話に困るほどに日本語を失っていたということではないだろう。いったん日本語のプールに飛び込めば、いくらでも日本語を思い出し、使う事はできたはずだからだ。にもかかわらず、私が鶴見の「日本語を失う」ことを考えるのは、そういう見かけの日本語の会話能力の喪失のようなことではなく、もっと深いところで、日本語を外国語のように感じる自分を創りだしてしまっていたことを指摘したいからである。

もちろん、ここには「思春期固有の失語」の問題も関連している。少し過敏な青年たちは、思春期に言葉と世界の遊離を体験する。言葉と世界がぴったりと一致していた幸せな少年期から、言葉と世界が対応しないことに気がつき出す思春期が来る。そういう体験が、鶴見俊輔の場合には、「外国語としての日本語体験」となって現れた。「記号としての日本語の体験」である。もちろん、彼は「プラグマティズム」を学ぶ中で「記号論」を学んでいたので、日本語を記号としてとらえる発想もそこから得たのだと考えることもできるだろうが、思春期の悩みは、まさに言葉が記号のように感じられるところから生じていたのであるから、ことさら「プラグマティズム」や「記号論」と結びつけなくても理解出来る面があると思う。

ともあれ、こうした外国語としての日本語の体験が彼をどこに向かわせたかというと、できるだけわかりやすく言葉を理解する方法の模索である。ここで「わかりやすさ」に二通りの意味がある。一つは、日常の暮らしでよく使う言葉を使って、わかりやすい言語の仕組みを意識させる「日常言語」としての「わかりやすさ」である。もう一つは、数学や科学のように、数字や数式、記号を使い、極度に曖昧な意味を排除して成り立つ世界に主に通用する「専門用語」としての「わかりやすさ」である。鶴見俊輔は、この両方に注目しつつも、前者の取り組みには特に関心を示してきた。そして彼が日本に帰り、最も早く書いたのが「ベイシック英語の背景」（一九四六年二十四歳）である。この論考で彼が注目しているのは、「バベルの塔」の話である。たくさんな言語に分かれてしまったあげく、お互いの言葉がわからなくなった人類の現状である。その中でも、少数民族の持つ言語の不幸について鶴見は話を進めている。それは大きな英語圏の中で、誰も話さない日本語を抱えて生きる自分の姿を重ねていたのだろう。「世界じゅうの小国の人々は、こんな風にひどく不公平な運命を与えられている」（三一八ページ）と彼は書いていた。この文章の中で彼は、英語を使うための最低限の言葉＝国際補助語（それを「ベイシック英語」と呼ぶ）を研究したオグデンとリチャードたちのことを紹介している。

その「ベイシック英語」には単語が八五〇しか使われていない。だから、たくさんなことを学ばなくても、よく使われる言葉を選んで学ぶだけで、異言語がわかるようになるのはどれだけいいだろう、と誰もが思うに違いない。そこで「ベイシック●●語」というものが考えだされることになる（日本もすでに戦時中に「ベイシック日本語」のようなものを考え、日本が支配する朝鮮や台湾、あるいは東南アジアの人びとに、強制的に「日本語」を学ばせる「効果的な早道」を模索していたものだ）。鶴見俊輔は、こういう「わかりやすい言語習得方法」が必ずしもうまくいかないことを紹介しながらも、最後には二つのことを指摘していた。一つは、「方法の改良」である。

一つは外国人に英語を教える方法の改良についてである。今までの日本における英語教育の役にたたぬ事は、すでにたしかめられた。あんなお上品な、本をよむためだけの英語教育をうけた日本人は、外国に出たりすると、五、〇〇〇から一〇、〇〇〇以上もの単語を知っているにもかかわらず、使いこなせる単語はわずか五〇〇か一、〇〇〇くらいにすぎず、子供だましみたいな事を少し言ってみて後はだまっているのである。こんな風でなく、一〇〇語しか知らなくてもその一〇〇語を自由自在に使いこなして何でも言いあらわせるという、「ピジン・イングリッシュ」的なものが要求されている。この場合、文法的に正しく形のととのった文章語よりも、行動全体をとおして相手にわからせるような言語の使い方が要求されている。まず正確な状況判断をなす事によりその場その場に適した言葉を使う事の練習、その場にある事物の利用、身ぶりや声の高低（たかひく）の利用などが、言葉と一緒に覚えられねばならぬ。ベイシックの教科書の初めの$\frac{1}{3}$に出てくる文法すこしと単語六〇〇は、このように行動の一環としてたたきこまれたならば、十分に「ピジン・イングリッシュ」としての用をなすに足るものである。

（「ベイシック英語の背景」三二九ページ、『鶴見俊輔著作集 1 哲学』）

彼が十六歳で英語の何もわからないままにアメリカに留学したときの体験と重ねてみれば、ここには日本での英語教育の悪さを指摘しているところよりか、「文法的に正しく形のととのった文章語よりも、行動全体をとおして相手にわからせるような言語の使い方」や「正確な状況判断をなす事によりその場その場に適した言葉を使う事の練習、その場にある事物の利用、身ぶりや声の高低（たかひく）の利用などが、言葉と一緒に覚えられねばならぬ」ということを訴えている方にリアリティがあるのがわかるであろう。しかし、こういうものは、実際には鶴見俊輔のように英語圏の英語のプールに投げ込まれて感じ取られるところが多く、それを日本の英語教育の中に求めるのには無理や限界がある。

## わかりやすい日本語を求めて

二つ目は、言語をやさしくする方法についてである。彼はこう指摘していた。

今までも各国語における基礎単語集というものが幾つも出たが、これらはどれも統計的方法にもとづくものであるために、材料のちがいと規準のちがいとによって、結論もまたまちまちであった。（中略）ベイシック英語は、異なった使用目的に応ずる基礎単語群をまず六〇〇語、次に八五〇語、次に一、〇〇〇語という風に階段的にならべてみる事に成功した。同じ方法は、他の国語に対しても用いる事ができるので、このようにして定められた基礎単語群のみに言葉をかぎる事により、表現の簡略化という事が可能になってくる。日本では、もっとやさしい言葉で難かしい事を話す習慣をつくる必要が特に大きいのではないか。そしてこの習慣は、非組織的な個人の創意によって、ひといきにできあがるものではなく、多くの人の努力と組織的な研究によって初めてできるものである。こうした努力に際して、ベイシック英語についての研究は参考になる。

（同、三二九ページ）

しかしながら、鶴見がそのあと「ベイシック日本語」のような考察に向かうことはとうとうなかった。しかしその代わりと言おうか、もっと大事な方向として、「日常語」への関心を加速させる方向に向かうことになる。後の鶴見俊輔の誕生である。

その最初の具体的な試みとして、哲学や官僚や軍部の使ってきた言語と、日常の言葉を比較する作業を始める。「哲学の反省」（一九四六）と「言葉のお守り的使用法について」（一九四六）は、そういう問題意識で書かれていた。「哲学の反省」は、すでに紹介したように鶴見が二十四歳の時の文章である。表題が「哲学の反省」なものだから、鶴見がアメリカで学んだプラグマティズムや記号論の問題意識を踏まえて「哲学の問題」を扱おうとしている。しかし、二十四歳の若書きということもあるだろうが、庶民にとっては無縁な「命題」などという哲学用語を元手に延々と抽象的な議論が綴られていて、面白みのない、味気ない文章である。ただし、「命題」という用語を、日常語の「主張」という言葉に置き換えて読むと、この二十四歳の若者の問題にしようとしていたものは見えてくる。それは次のようなものである。

世の中には「主張」されているものがいっぱいあるが、その「主張」の中には「事実」でないものがある。では「主張」されているものの「真偽」はどうやったら見分けられるのか。そういう問題意識である。一見すると、かつての哲学者がみんな問うてきたような問題意識である。科学者の問題意識でもある。しかし、この若者が向かい合っていたのは、そういう哲学一般の問題意識とはちょっとずれているところである。それは、数年前に終わっていた戦争の最中に使われていた「主張（命題）」が、なぜその「真偽」を問われることなく当時は受けとめられていたのかという問題意識である。そういう意味での「主張（命題）」論なのである。しかし、その問題意識は、字面だけの哲学用語を使って追求されるので、読まされる方には、具体的な像がほとんど結ばない。

## 「言葉のお守り的使用法について」

鶴見自身も、そういう書き方ではよくないと「反省」をしたのか、続けて「言葉のお守り的使用法について」を発表している。そしてこちらの方が、はるかに具体的で、わかりやすい問題設定をしていた。その問題設定の基本は、「哲学の反省」と同じなのだが、「命題」などという哲学用語は使わずに「主張」という普通の用語に切り替え、はっきりと具体的に戦争中の「主張」について考察することを目的にしていた。論の狙いは、戦争中の国家や軍の「主張」を、まるで「お守り」のように多くの国民や知識人が使っていたのは、いったいなぜなのかという問いかけである。

その「お守り的使用」の例として、戦時中さんざん使用された「国体」「国体護持《こくたいごじ》」「日本的」「大日本帝国」「皇国」「皇道」「報国」「翼賛」「肇国《ちょうこく》の精神」「八紘一宇《はっこういちう》」などをあげ、米国の例としては、「キリスト教的」「精神的」「民主主義的」「自由」「平和」「デモクラシー」というような言葉を上げていた。要するに、「お守り的使用」とは、その言葉を使うことで、自分を権威付け、格上げさせ、相手の反論を封じる機能をもっているような言葉群をさす。日本の戦時中では「国体護持」とか「天皇陛下のために」とか、「一億玉砕」などといった言葉を使う者に対しては、誰も逆らうことが出来ず、その言葉を使う者の言いなりになるしかないような状況があった。そういう意味では、この「お守り言葉」は誰を守っているのかというと、まずは「軍に支配される国家」であり、その国家の恩恵を受ける階層、階級、知識人である。そして、その反撃を許さない仕組みを利用して、自分の身の安全を確保し、その安全を確保した上で、相手に自分の思うような行動を取らせようとした者たちである。そして、そういう言葉群が、戦時中には特定の方向に大衆を動かす言葉として扇動的に使用されていた。鶴見はそれを「お守り言葉」と名付けたのである。それは「国家のスローガン」であり、「国家の主張」のことである。彼はこう書いていた。

「国体」「日本的」「皇道」などの一連の言葉は、お守りとおなじように、これさえ身につけておけば自分に害をくわえようとする人々から自分をまもることができるし、この社会で自分にふりかかりやすい災難からまぬかれることができるという安心感を、この言葉をつかう人々に与えた。お守り言葉を身につけることにともなう義務は、昭和初期にいたるまではきわめてゆるやかで、おなじしるしのお守りを身につける人々が、かなりちがう思想や行動プログラムをいだくことをさまたげなかった。勅語や告文や憲法はお守り言葉のひな型をつぎつぎに供給した。共産主義者をのぞく人々の大多数はこれらのお守り言葉をうけいれて、自分の訓示や演説に応用した。戦争時代に入るまでは、これらのお守り言葉は、思想の自由、政党政治、金もうけ主義、享楽主義などと両立しないものとは考えられていなかった。いろいろな傾向の人々が自分勝手な計画を実行するに際して、その成功を祈る意味で、魔よけとして、あるいはその事業の上に、あるいはその思想の上に、この言葉をかぶせた。

（「言葉のお守り的使用法について」『著作集 3』一五ページ）

なぜ鶴見は「お守り言葉」というような言い方に注目するようになったのだろうか。ある意味では、服従させる言葉、扇動する言葉、駆り立てる言葉、国家のスローガン、と言ってもいいのだろうが、そういうふうには言わないで、なぜ「お守り言葉」と呼んだのであろうか。彼は、「誰かを守る」ために使われる言葉という視点を取り出したかったのである。それまで「誰かを守る」ために使われる言葉、というふうな角度から、言葉について考えた人はいなかった。この「誰か」とは、結果的には当時の「軍事国家」つまり「国体」や「皇国」と呼ばれる「特殊な宗教的、軍事的国家」のことを指し、それを守るために特別な言葉群を考案し使い続けた人びとのことである。「これさえ身につけておけば自分に害をくわえようとする人々から自分をまもることができるし、この社会で自分にふりかかりやすい災難からまぬかれることができるという安心感を、この言葉をつかう人々に与えた」と彼は書いていた。そして、その問題を取り上げることは、この言葉の使用で恩恵を受け続けていた人びとの「戦争責任」を考える布石になることが、このあと鶴見にもわかってゆくことになる。

ただし、「お守り言葉」に注目する視点はよく理解できるものの、こういう呼び方の言葉を、一般的な状況においてみると、さまざまな次元の人を守る、「お守り言葉」のあることがわかってくる。だから、それらの次元を無視して「お守り言葉一般」をとりあげることはできないこともわかってくる。具体的に言えば、若き鶴見俊輔が問題にしていたのは「軍事国家を守るためのお守り言葉」であったが、その対極には「人びとの暮らしを守るためのお守り言葉」などもさまざまにあったはずなのである。大衆も、自分たちの家族や暮らしを守るために、言葉をお守り的に使うことはいくらでもあったからである。そこで、こうした「国家を守るためのお守り言葉」

と、「人びとの暮らしを守るためのお守り言葉」の区別を立てようとすると、実際にはうまく区別が付けにくいことも見えてくる。それは区別ができないのではなく、その区別を付けるのに「お守り言葉」というような言葉を使うことに無理が出てくるからである。

こうしてみると、鶴見がはじめて「哲学の反省」のような論文を書いて使った用語群と、それを反省して書いた「言葉のお守り的使用法について」の用語群を比べると、後者は、はるかに具体的に「対象」に迫ることができ、彼がこの後に取り組もうとする、「大衆の言葉」への手がかりがつかめはじめていたように私には思われるが、それでもまだ無理をしている言葉の使い方があったところも見ておかなくてはならない。

## 「哲学の言語」への批判

この二年後に、「哲学の言語」(一九四九)という文章が雑誌『思想』に発表される。この文章では、新たに、「人びとの使う言語」と「哲学の言語」の違いが問題にされていた。しかしここでの「哲学の言語」は「専門的言語」という言い方で、ある種の学問的な位置が与えられていた。そして、そうした「専門的言語」の創出をしてきたがために「明治以降の日本の哲学言語は、日常生活の言語から断絶したものとなった」と書き付けることになる。その一例として「西田哲学」を取り上げ、西田幾多郎の作り出した「自家製の新造語漢字語」——例えば「絶対矛盾的自己同一」「絶対現在的世界」「絶対無」「逆対応」「一般者」などを鶴見は取り上げている——が「難解かつ専売特許的に」使用されることで「全体が非常な権威をもってひびく」ことになっているいることを指摘している。そしてそうやって作られた「哲学言語」の難解さが、「一般の人びと」

から「哲学」を遠ざけさせてきたと鶴見は批判する。しかし、こうした難解な「西田の造語」を通して「哲学」を学ぶ哲学徒にとっては、そういう造語は批判されるべきものではなく、奉られ拝受されるものとして扱われる。鶴見のそれまでの言葉を使えば、そういう難解な哲学用語は、「言葉のお守り的使用」になっているように映るのである。そして、この哲学界を「守る」ための「日本の哲学言語は、日常生活の言語とかけ離れているものの、学生・知識人に対して広く影響をあたえた」とも鶴見は指摘していた。

もっともな批判である。もっともというのは、「哲学言語」を「日常生活の言語」と対比させる視点を取りだしたという問題意識のことである。そしてそうした「日常生活の言語」の対極に作り出されてきた「哲学」に対する処方箋を考えなくてはと指摘した点である。そこで「日本の哲学用語改良」案として、「学者ぶったりすました態度をなくし」「落語などから新しい単語とシンタックスを学ぶ」べきで、「もっと遊びの精神」が入ってゆくことなどが提案される。また「物語の形、格言の形、対話の形も復興されてよい。日本特有の私小説という様式も、哲学ののりものとして、真面目に検討されてよい」などと言われ、そこに「新しい哲学言語」が創造されることを鶴見は提案している。

私にはそういう提案が有効だとは思われないが、「哲学言語」を「日常生活の言語」と対比させる意図は、いまでも有効だし、その発想は、十分に引き継ぎされるべきものであると考えてゆきたいと思う。

## 三浦つとむの『哲学入門』を最大級に褒める

ところで鶴見は、この「哲学の言語」の最後で、「大人のための最良の哲学入門書であり、また日本の哲学書中、最も社会的効用のあるもの」として三浦つとむの『哲学入門』（一九四八）をあげ、「日本人によって書かれた哲学書中、僕はこの本を最も高く評価する」と紹介していた。おそらく鶴見俊輔が書いた膨大な書評の中で、最高級の褒め方をした本ではないかと私は思う。しかし西田幾多郎の『善の研究』を低く、この本を最上級に褒める褒め方は、よかったのかと思う。

鶴見俊輔がこの『哲学入門』を評価したのは、記述の材料の大衆性を評価したからだけではなく、戦時中の人々の動きと、戦後手のひらを返したように振る舞う人々を三浦つとむが批判している視点への共感があったからだと思われる。私は鶴見がこの本を「最良の哲学入門書」だとか「日本人によって書かれた哲学書中、最も高く評価する」としたことは勘違いだと思っているが、それでもこの本の中の「その四、『王さまはハダカじゃないか！』と叫んだのは、大人ではなく子供であった」という章はとてもよかったと率直に思っている。

どこがよかったのか。裸の王様をだれもハダカだと言えない。それは戦時中の状況に重ねてみることができる。戦時中には、思っていても口に出せないことがあった。王さま＝国家の言っていることをそのまま言っていれば「安全」ということがあった。「おかしい」と自分は思っていても、「国家」のいうことをそのまま反復しておけば、「間違い」は無いだろう、あるいは自分に「間違い」は起こらないだろう、あるいは自分が「間違っている」と人には言われないだろう、と考えてしまう。「自分はこう思う」という判断の停止と、国家のいうことと違うことをいうことの恐怖。そこに、自分を「守る」ための「あいづち」的な言葉が意識される。そういう事情は、確かにこのアンデルセンの「童話」から読み取ることが出来るのである。そしてこの童話からそういう読み取りをしたのは、唯一三浦つとむ一人だったのではないかと私にも思えるところがある。というのも、当時の児童文学者の中で、三浦つとむのように「裸の王様」を解釈した人はいなかったからである。だから彼の解釈には、ものすごくリアリティが感じられたのである。

しかし、だからといって、こういう「お話」を「哲学」の話の中に持ち込んで、童話が哲学の考える素材になると主張することには、飛躍があるような気が私にはする。童話やお話のもつ多義性、あるいはたとえ話性と、哲学の示す、世界の相互性の謎を解く方法の模索には、「語りの位置」が違っていると思われるからだ。「お話」や「ことわざ」のもつ大衆性を哲学に持ち込んで、哲学を大衆化させるという狙いは、わからなくもないが、そういうことを認めると、すべてのことが「たとえ話」で済まされることの危険性も出てくる。「たとえ話」ばかり聞かされる苦痛も存在するのである。仏典にも聖書にも「たとえ話」がたくさん出てくる。どうにでも解釈される「たとえ話」の特質を、「哲学」に持ち込んで、わかりやすくするとか、大衆化させるというのは、どこかで「ごまかし」を常態化されることにもなるのではないかと危惧されるのである。

## プラグマティズムと弁証法

鶴見は、パースの「世界を相互性としてとらえる」考えに触れてきた、と私は指摘してきた。「たとえ話」で都合の良い解釈をするのではなく、現実の中でのやりとり（相互性）から、妥当な道を見つけてゆくというところの「プラグマティズム（相互主義）」のアイディアを彼は見ていたのではなかったかと。

そういう考え方からすると、三浦つとむの『哲学入門』は、「相互主義」的な本ではなかった。確かに童話やたとえ話やことわざを使って、わかりやすくはしているが、ただわかりやすさを伝える哲学の本ではなかった。というのも、この本は「弁証法」や「マルクス主義」の考え方を、人々に「これが正しい」と伝える目的で書かれたものだったからである。その「弁証法」の「正しさ」をわかりやすく説明するのに「ことわざ」の仕組みが使われてきたのである。

ではその「弁証法」とは何だったのか。かつては、「哲学者」たちは、マルクス主義とプラグマティズムを比較して、弁証法対プラグマティズムのようにして論じることがあった（上山春平『弁証法の系譜——マルクス主義とプラグマティズム』未来社　一九六三）。しかしさほど実りのある考察でもなかったと思う。ただこういう対比では、二つの考え方のどちらも「世界の相互性」に触れているところは評価できるだろう。例えば、マルクスやエンゲルスは、その「世界の相互性」を「矛盾」という言い方でとらえ、その動きを、「対立物の同一」「対立物の相互浸透」「量質の転化」「否定の否定」という側面でとらえていた。プラグマティズムも「世界の相互性」を相手にする学問であることは同じである。ただ使う用語が「あいまい」「仮説」「推論」「実験」「発見」というような思考形態を見つめるところに特徴があった。そして、その諸形態を通して活動するものを「記号」と考えるところに特色があった。そうした「仮説」や「推理」に注目する発想は、推理小説や探偵小説に似た思考法をしていた。後にパースの思考法がシャーロック・ホームズの思考法と比較されて論じられるのもそのためである。そういう意味では、弁証法を支持する三浦つとむも、「探偵小説」「推理小説」に強い関心を寄せ、それらが弁証法的な思考をしていることを説いていたことも思い出されるが。

片やドイツで生まれた弁証法と、片やアメリカで生まれたプラグマティズム、と言いたくなるところであるが、実際の違いは、貴族階級の残るヨーロッパで否定され続けてきた「相互性」と、移民社会で生じる平等で肯定的な「相互性」の違いだと考えることもできる。ヨーロッパの貴族社会の示す階級制から「相互性」を見出そうとすれば、「対立」やら「矛盾」やら「相互浸透」やら「否定の否定」というような用語で説明されるとリアリティをもって理解できる面があり、一方の移民の国アメリカでは、「見えない貴種」の問題はあるのだが、表向き移民としてみんな平等に貧しい開拓者として生きていて、そこにはすべてが等価な「記号」のように表象される力学があったように見ることもできるからだ。一方の弁証法は、階級の対立から脱するための思考法、一方のプラグマティズムは、横並びの移民によって作られる新大陸の人々の思考法、比べてみたら、そういうふうに考えることもできるかもしれない。

## 父の援助と本と雑誌の出版

こうした「哲学の反省」や「哲学の言語」それに「日常の論理」「日本思想の特色と天皇制」を加えて『哲学論』(創文社　一九五三)が出版されることになる。彼が三十一歳の時である。そうした初期の頃の鶴見俊輔の本の出版経過をたどると次のようになる。

一九四二(二十歳)　八月交換船で日本に到着。

一九四三（二十一歳）　二月海軍嘱託、ジャワ島へ。
一九四五（二十二歳）　カリエスの手術後、十二月に日本に帰国。
一九四六（二十四歳）　二月『哲学の反省』（先駆社）、五月『思想の科学』創刊。
一九四八（二十六歳）　十一月京都大学の嘱託講師。
一九五〇（二十八歳）　『アメリカ哲学』（世界評論社）
一九五三（三十一歳）　『哲学論』（創文社）
一九五四（三十二歳）　『大衆芸術』（河出新書）

何度も指摘してきたように、彼の最初の本は二十四歳の時に出版されているのである（この本の現物は入手困難で実物を私は見ていない）が、こんな若いときに、このような本を出せるとは誰もが驚くのではないか。いったいこのような無名の若者の本を誰がどうやって出版してくれたのか、その資金はどこにあったのかが気になる。その年の五月に創刊される『思想の科学』の発刊資金のことと合わせて、ここには彼の背後に、父、祐輔をはじめとする「貴種」の支えがあったわけで、そこも見過ごしてはならないと思う。事実彼はこう回想していた。

十歳くらいのときには財産は私名義になっていた。

（『期待と回想』四八八ページ）

（思想の科学）創刊当時、わずかしか〝仕事〟がない。いや、ほとんどゼロしか〝仕事〟のなかった若者の私に、よくほかの六人が采配をまかしてくださったと思います。

（同、五三三ページ）

最初に「雑誌をつくろう」といいだしたのも和子です。親父が出版社を持っていた。「太平洋協会」の出版部。かなりファッショ的な団体だったから敗戦でやられて、出版社の機構だけが残ってる。紙もあるし印刷所のコネもある。だけど出すものがない。それで和子が「雑誌をつくってやってよ」と親父にいった。自分のためじゃなく、私に対する同情のためなんだ。（中略）私はもともと親父の世話にはなりたくないと思っていた。アメリカに行ったのも行きたくて行ったわけじゃない。雑誌だって自分でつくりたいと思ったわけじゃないんだ。私は親父に負うているし、和子にも負うてるんです。命だけじゃなく雑誌も。（同、六〇ページ）

父親の世話にはなりたくない、と思いながらも、雑誌『思想の科学』は周り人の援助を受け、実質的には父親の影の力で発刊されていたのである。彼の言い方を信じるなら、そう理解することになるだろう。そして最初の単行本『哲学の反省』（先駆社）も、父親の支援なしには発刊できなかったはずである。事実鶴見は、『思想の科学』のはじまりをこう書いていた。

私は、日本で、小学校卒業だけの学歴で、小学校をふりだしに、三度、放校されて、学校から離れ、学校友達というものがいない。何か書いて発表するとしても、同人雑誌の仲間はいない。

父が、長女の発案にのって、空席となっている太平洋協会出版部に、先駆社という名の編集室だけの出版社をつくってくれ、そこから季刊雑誌『思想の科学』を出すことになった。編集事務は私がひきうけ、出版事務は太平洋出版社（改名）が請け負った。

この出版社は、日本橋の昭和通りにある株屋山叶ビルの三階にあった。一階には春山行夫の雄鶏出版があった。

父親から金をもらったことはなく、しかし、すでにある出版社を使わせてもらった。この出版社からの『思想の科学』の刊行は、雑誌の売れ行き不振で打ち切りになる一九五一年まで続いた。

（「はじまりは遠く」『源流から未来へ――『思想の科学』五十年』思想の科学社　二〇〇五、一三ページ）

彼は「父から金をもらったことはなく」などと書いているが、こういう状況下で、しかも「仕事」もない若者が、どうして父親の援助なしに雑誌や単行本をだすことができたのか、想像もできない。ここに「貴種」に支えられながら、それを認められない鶴見の「癖」が出ている。むしろん若者は、誰もがそうやって親の援助を受けて出発していったものだと考えれば、別に鶴見俊輔の事情をとやかくいう筋合いはないように思われる。ただ吉本隆明が、『試行』を三人で発刊し、その後単独の編集者となり、ひとりで発刊し続けた経過と比べると、鶴見が周りの人にいかに支えられていたかがよく見えてくるところであろう。

# 第七章 「かるた」とは何か——知恵を生む仕掛けの探索

## 「かるた」への関心

こうして彼は、二十四歳の時に『思想の科学』の書き手として出発した。それはしかし物書きの出発ということだけではなく、日本語の感覚を取り戻す場を作るということでもあり、さらには論じる対象を与えてくれる人々と出会う「相互性」の場作りにもなっていた。この雑誌を創らなければ、おそらく後の鶴見俊輔はなかっただろうと思われる。

そんな彼が、早くから関心を持っていたのが「かるた」である。そして、なぜかもっともこだわっていたのが「かるた」だったのである。「かるた」？ と人は思うかも知れない。何でそんなものにと。しかし彼が「かるた」という言い方で呼ぶものは、決して一様ではないのだ。時には、少しも「かるた」らしくないものにも、平然と「かるた」と呼んでいるものもあった。最も初期に書かれた「かるた」（一九五一）はそうである。そして一方では、一般に人びとが札遊びとして使ってきた「かるた」にも深い関心を払ってきた。「かるたの話」（一九五五）などがそうである。そして、それらをひっくるめて「かるた」と総称されてきたのだが、それぞれの間には、かなり大きな隔たりがあった。いったいなぜ鶴見は、こういう「かるた」と呼ばれるものに関心を持ち続けていたのか。このことを明らかにすることで、その後の彼が、やさしい日本語や、庶民の生きかたなどを総称して「日常の思想」と呼ぶものへ関心を推移させてゆくところを見て取ることができるのではないか。少し長くなるのだが、彼が「かるた」という言い方で呼んできたものを順番に調べてゆきたいと思う。まずは彼が「かるた」と呼んで論じた文章を並べてみる。

一九五一　「かるた」『文藝』六月号（『鶴見俊輔集8　私の地平線の上に』）
一九五三「勅語・カルタ・じゃんけん」（『鶴見俊輔集6　限界芸術論』）
一九五五「かるたの話」『思想の科学』一月号（『鶴見俊輔著作集3　思想Ⅱ』）
一九六九「かるた」「かるた的な思想構造」（『日本の思想用語』一九六九の項目）（『鶴見俊輔集3　記号論集』）
一九八九「『いろはかるた』島崎藤村」（『再読』）
一九九三「アンソロジカル・カルチュア」（『鶴見俊輔』河出書房新社　二〇〇八）
二〇〇五「かるた」（『写真集　風韻――日本人として』フィルムアート）

鶴見固有の「かるた」と区別するために、辞書で説明される「かるた」の項目を次に紹介しておく。

**カルタ【carta ポルトガル・歌留多・骨牌】** 遊戯または博奕ばくちの具。小さい長方形の厚紙に、種々の形象または詞句・短歌などを書いたもの数十枚を数人に分け、形象・詞句・短歌に合わせて取り、その取った数によって勝負を定める。花札・歌ガルタ・いろはカルタ・トランプなど種類が多い。特に、歌ガルタ・いろはカルタを指す。多く、正月の遊び。(『広辞苑六版』)

**カフカの小品集のような「かるた」**

おそらく多くの人の思い浮かべる「かるた」は、こういう辞書に書かれているようなものであろう。ところが鶴見のいう「かるた」(一九五一)は、こういう定義に当てはまらないものを「かるた」と呼んでいる。それは「かるた」というより、自分の書いたノートの切れ端を勝手に「かるた」と呼んで紹介している、そんな記述なのだ。鶴見はこの「かるた」の文章についてこう自己解説していた。

「かるた」は、私が、書きたいと思った最初の文章である。(中略)一つのはなしとしてまとまらなくてもよい。考えはじめ、途中まででとまる。そういう努力のくりかえしで、長短さまざまに、ならべてみればいい。そういう形式が私の心にうかんで、その形式で考えていった。実際に書いてみたのは、さらに一〇年たった戦後のことだった。一〇歳くらいまでの考えを書いたつもりで、四〇枚ほど書いて、しばらくもっていた。

(「著者自身による解説」『鶴見俊輔集 8 私の地平線の上に』五六三ページ)

こういう小文集だけなら、これがなぜ「かるた」なのかはわからないのだが、この小文集には次のような序詞がつけられているので、何とか「かるた」に見立てられるというふうになっている。「私たちひとりびとりが、心に、かるたをもっている。読み札の文句が聞こえると、それに当てはまる形だとか風景だとかが、浮び上ってくる」。そして三十七ほどの大小の文章が並べられ、その各小文の終りに「自分」「意識」「実在」「真理」「認識」「絶対者」「時間」「空間」「霊と肉」「言葉」「数字」「理解」「意志」「歴史」「世界」「理想」「通信」「運命」「直感」「価値」「罪」「美」「シンピ」「運動」「告白」「幸」「生」「死」「物質」「自由」「変化」「成長」「生産」「神」「正義」「多元」「社会」という抽象的な単語が太文字で添えられる。こういうスタイルの小文集を何に例えたらよいのかよくわからないが、簡単に言えば「寓話集」である。太宰治の初期の短編集やカフカの小品集『観察』にとてもよく似ている。そういう意味では味わい深い小品集である。彼自身、こういう小品集には深い愛着を示していて、その後発刊されるお気に入りの論文集や全集には必ず載せていた。私はこの小文集は、これだけでもっと考察される必要がある重要なものだと思っている。この「かるた」や「苔のある日記」の解析だけで一冊の本が出来ると思う。鶴見自身がこの小文集のもつ世界の多様性を、とうとう十分解析出来ないままに終えていたと思うからだ。ちなみに「かるた」から一つ紹介するとこういう小文がある。

心の中に小さい人が出てきて、その人の頭に帽子をかぶせようと考える。帽子をかぶせたりぬがせたりする。その人が消えてもう一人小さい人が出てくる。これにも帽子をかぶせ、ぬがせ、去らせる。そのあとからもう一人あらわれる。これにも山高帽をかぶせ、ぬがせ、去らせる。そのあとからもう一人あらわれる。これにも。その後でもう一人。もう面倒になったが、それでも続けなくてはならないのかな。この人は帽子をなかなかぬがないぞ。ぬがせようと思っても、一時はぬいでもまたかぶってしまう。ちょっとぬいでは、またかぶるのだ。ぬがせられないわけはない。脱がせようと思えば、そら！　ぬがせられるのだ。だけれど直ぐにまたかぶる。いやこれは、かぶせようと思ったからだ。この人ががんこに帽子をぬごうとしないのは、それは、僕が帽子をぬがせたくないと思っているからだ。そうだろうか。しかし僕はいま、帽子をぬがしたいと思っているのだから、ぬがしてみよう。いや、なかなか帽子が頭をはなれない。これはどういうわけなのか。僕の勝手にならないとは。僕は、本当にぬがせたいと思っているのだろうか。自分の心の力をためして見ようと、じれったい実験をくりかえす。床の中や、電車の中で。けれども、眠くなったり面倒になったりすると、こんな問題自身が自然にどこかに消えてしまうのだった。**（意志）**

（「かるた」『鶴見俊輔著作集 8』四六七ページ）

こういう短編は「寓話」だから興味深い。本当なら、こういう短編には「オナニー」というような表題が添えられるのであろう。この「心の中の小さい人」や「帽子」は、鶴見俊輔の「ペニス」に見えるからだ。しかし「ペニス」と言ってしまうと、「寓話」としての味わいが薄れてしまう。この「小さな人」は「異性」かもしれないし、その人に「帽子」をかぶせたり脱がせたりしようとするのは「性的な欲望」一般のことなのかもしれない。いろんなふうに読み取れる。しかし彼はこの下世話な寓話に高尚な「意志」という言葉をつける。ペダンチックな名付けだ。これは読み手に寓話の意図を知らせないためのひねりであるが、読者にはそのはぐらかしも含めて、それはそれでおもしろく読める。そしてこういう「寓話」が、三十七も続くのであるから、興味をそそられないわけにはゆかないだろう。

**貴種と思春期と遊離体験**

ちなみに、次のような小文は、彼の「貴種として過ごした幼少期」に思いを寄せて読まなければ、意味がよく味わえないものである。

（前略）いままで家にはなにか秘密の根が生えていて、地の軸と結び付けられているように思い、この家が世間の中心にあって、そこが毎日の僕の生活の発着点であると同じようにそこからそこへと物が動いてとまる、と思っていた。そこは、ほかの色々の場所と同じく、ただ一つの点にしかすぎない。学校、停留所、動いている電車。今まで世界に、ただ一つ特別の場所があって、そこにつながっていると思っていたのに、自分をしっかり支えるものがじつはないのだと、心細く感じた。（**絶対者**）

おそらくこの「かるた」と呼ばれる小品集の全体に流れる「心細さ」「取り残される感じ」「みんなと違う感じ」「確実性がつかめない感じ」「胸が締め付けられる不安」「同じ状態にならないことへの不安、怒り」「たくさんの世界、別々の世界のあることへの気づき」などなどの心情は、この「絶対者」と名づけられた世界から離反する不安から来ているように読み取れる。しかし、一方でこうした小文の原型は、思春期に入る中で書かれたものだというので、「確実性」が失われ、世界と自分との関係が遊離する、ある種の思春期特有の「遊離体験」が核になっているようにも読み取れる。そんな多様に読み取れる「離反体験」「遊離体験」が、この「かるた」では過剰に体験されている。その理由が、この「絶対者」という一文に書かれていると思う。

なぜなら、彼が七歳の時（一九二九年四月十三日）、「貴種としての後藤新平」が亡くなり、後藤家―鶴見家の暮らしぶりは、少しずつであるが大きく変化せざるを得なくなっていた。その巨木を失った暮らしぶりが、こうした「絶対者」と名づけられた一文に現れていると思えるからだ。それまでは、国家にも家族にも「絶対者」のように振る舞っていた人がいなくなり、段々とその影響力が自分の周りから消えてゆくのを感じ取っていたからである。そういう「貴種の暮らし」から「一般の暮らし」への変化は、子ども心にも感じ取れていたはずだと私は思う。そういう暮らしの変化と、思春期に入る時に感じる「遊離体験」が重なり、さらに母の「折檻」も加わり、この人並み外れた感受性の持ち主の少年に、過剰な不安を体験させることになっていった。そしてさらに悪いことに、彼はアメリカに留学し、一時的に日本語を忘れるという体験をしてしまうのである。この「貴種の死」「母の折檻」「思春期」「留学」の「四重苦」とも呼べる「遊離体験」が、彼の前半の人生に重なって起こっていたのである。そういう時期の不安が、この「かるた」に表現されていると私は思う。

しかし、そういう中身をもつ小品集「かるた」を味わい始めると切りがなくなるので、ここではこの小品集を彼が「かるた」のように見なそうとしたことについてのみ、見ておきたいと思う。すでに見てきたように、この小品集の最初に彼はこう書いていた。「私たちひとりびとりが、心に、かるたをもっている。読み札の文句が聞こえると、それに当てはまる形だとか風景だとかが、浮び上ってくる」と。ここで彼は「心のかるた」が、「言葉」と、それに伴って想起される「風景」との組み合わせだと言っている。普通そういうことを「かるた」などと呼ばないのであるが、彼はそれをあえて「かるた」と呼ぶのである。なぜなのか。

## 相互性としての「かるた」——記憶術の仕掛け

鶴見が最初に関心を持ったのは、ある「きっかけ」があれば、「過去」を瞬時に思い出せるという仕組みについてである。通常の「遊戯かるた」にも、そういう仕掛けがあった。読み札の「頭の言葉」を聞けば、瞬時にその後続く言葉や、その言葉にまつわる「絵札」を思い浮かべることができるという仕組みである。記憶術と言ってもいいかもしれない、「過去」のことを思い出させる仕掛けが、この「かるた遊び」にあった。

鶴見は、なぜかしら忘れたいはずの、少年期や思春期の情景を、逆にしつこく思い出そうとしているのである。そこには多分に、アメリカ留学で中断された日本の記憶が関係しているのだろうと思われる。失った過去があるので、それでよく覚えているはずの過去までを忘れないようにしたいという思い。その思いが、少年期のことを思い出させ、文章にさせ、それをさらに思い出しやすいように付箋の代わりに「空間」「言葉」「数字」「理解」「意志」などいう言葉をはりつけて、いかにも「遊戯かるた」の札取りのような体裁を作り出そうとしていた感じがするからだ。「過去」を思い出すには、なにかしらの手がかり＝見出し＝付箋＝インデックスをつけておけば、一足飛びに、素早く、間違いなく、そこにたどり着くことができる。

鶴見が、必要以上に「概念」や「字引」や「定義」というものに、関心を寄せてきたのは、哲学で言う意味での「概念」などへの関心からではなく、「概念」が何かしらの「インデックス」のようになっていて、「世界」や「過去」を思い出せる役割を果たしている、そういう仕組みに対してなのである。そういう意味で、「世界」や「過去」というのは、どこかにあるというだけではなくて、工夫された見出し＝目印＝付箋＝インデックスをつける作業を通して、自分に引き寄せられるわけで、まさに「世界」や「過去」は、私たちの工夫する手がかり（見出し＝目印＝付箋＝インデックス）との「相互作用」によって出現してきているところを鶴見は自覚しようとしていたのである。

彼の「定義」へのこだわりも、一見するとアランが『定義集』（岩波文庫）を作っているような意味において「定義」に関心を持っているように思われがちであるが、そうではない。「定義集」には「見出し」があって、その「見出し」をたどれば、一瞬にしてある「世界」が見えるという、それまで見えなかった世界がパッと見える仕組みに、彼は関心を示していたのである。

もし、そういうふうにして「世界」が引き寄せられるのだとしたら、自分の過去にも、字引のように自分なりの「見出し」を付けておけば、いつでもすぐに思い出せることになるのではないか。そこから鶴見は、その仕組みを応用した「かるた遊び」に関心を向け、自分の過去を綴った小文集をいつの間にか「かるた」と呼んでしまうようなことをしていたのである。そんなことに彼が関心を注ぎ続けたのは、彼が「日本語」を失いつつある危機感から、確実な日本語の感覚を取り戻すためであり、もう一つは、その取り戻しが、具体的に自分の「過去」を思い出させる方法になることを実感できていたからである。そのために、あらためて「過去」を「発見」するというか、「見つける仕組み」について関心を払わざるを得なくなっていたのである。

## 確実なものを発見する仕組み

「概念」や「定義」は、確かに人々をある一定の「光景」に導く仕掛けを持っている。そういう「光景」を確実に「発見させる仕組み」を持っている。しかし本当は「言葉」そのものが、そういう発見の仕組みを持っているという方が良いのだろう。当たり前のことではあるが、そんな当たり前のことは当たり前すぎて、人々の注意を誘ってこなかったと思う。しかし鶴見はその当たり前の「仕組み」にこだわろうとしていた。わずかの言葉が、なにやら大きな光景を確実に呼び起こすことができる、という「仕組み」についてである。普通で言えば、それは「想起」や「思い出し」の「仕組み」と呼ばれるものであろうが、彼はその「仕組み」を、もっと違う方向から、つまり「発見」や「推理」の「仕組み」として考えようとしていたのである。

そこから「かるた」というもののあり方に興味が向く。その道筋はこうである。すでに何度も触れてきているように、彼は思春期の中で、「貴種」としてちやほやされていた暮らしが薄れてゆき、自分の中で確実に感じられていた「大地」がゆらぎはじめ、過去の暮らしと現在の暮らしのつなぎがぼやける感じを覚えるようになっていった。そしてそれが「認識の不安定さ」を感じさせることにもなっていた。その時に、それでも確実に「過去」と「現在」をつなぐ遊びがあることを思い出していた。それが「かるた取り」の「かるた」であった。彼は「読み札」と「絵」との関係をいくつになっても覚えていた。あれほど「認識の不安定さ」に悩まされていても、「かるた」だけは忘れずに覚えていたのである。なぜなのか。多くの認識はこんなにも不安定なのに、「かるた」だけはなぜ「確実」に覚えているのか。そこから彼は並々ならぬ思い入れをもって「かるた」を考えるようになり始めるのである。そのことに関わるようなこととして、鶴見はこういう事を語っていた。

私が思い出すのは、今から四十五、六年前なんですが、京都で仲間と山登りをしていて、「いろはカルタ」を全部言ってみようとしましたら、「い」から終わりまで、ちゃんと結構、別々に皆言えた。その当時の京都大学の同僚ですから、二十五、六から四十ぐらいまでの人ですが、それが頭の中に入っているのです。五十歳、いや六十歳まで入っていると思います。私は今七十歳ですが、やっぱり入っていると思います。「い」から終わりの「きょう」まで全部、ちょっと時間をかければ言えるでしょう。

（「アンソロジカル・カルチュア」『道の手帖　鶴見俊輔』河出書房新社　二〇〇八、四四ページ）

おそらく鶴見俊輔が、折あるごとに「母の悪口」や、「父の悪口」から話を始めるのは、そこに「過去」に一気に戻れる「手がかり」があったからで、彼の「膨大な記憶量」が、そういう「手がかり」との相互関係として存在していたところにはもっと注目していいのではないかと思う。

## 「遊びかるた」と「ことわざ」

鶴見俊輔の非常に個人的な動機で、非常に個人的な小文集が「かるた」と名づけられて世に送り出された経緯は以上のことで了解できたとしておこう。しかしそういう個人的事情を理解しても、本来の「遊びかるた」のことは、それではどうでもいいのかというと、それはそんなことはなかった。彼は通常の「遊びかるた」についても、その歴史と形態には深い関心を持ち続けていた。ここでは、なぜ鶴見俊輔が「遊びかるた」の歴史や形態に、人並み外れた関心を示し続けたのか、少し見ておくことにしたい。

鶴見は「かるたの話」（一九五六）（『鶴見俊輔著作集 3 思想Ⅱ』一〇九ページ）で、古代エジプトから現代まで実際に使われてきた「かるた」の歴史をたどっている。多くは「絵札」と「世相」の組み合わせであり、古くは占いや予言に使われ、近世になって、遊びの道具のように使われてきたものである。そんな「かるた」の歴史の中で、鶴見は日本の「かるた」史に注目し、日本のかるたの良さを明治の末に一早くに紹介していたモラエスの「いろはだとえ――日本のカルタ遊び」（『生きる技術――ちくま哲学の森8』筑摩書房 一九九〇に収録）を取り上げていた。モラエスが、そこで興味を持ち感心しているのは、江戸時代から流行っていた「二組の四十八枚の札」でつくられた「いろはだとえ」である。その「四十八枚の札」の一組には「カナ文のことわざ」が、もう一組には、それに見合った「ことわざの絵」が書いてある。その二組の札を合わせて取る遊びが「いろはだとえ」だったのである。ここでモラエスの感心しているのは、いろはにほへと……という順番に並べられる言葉を枕にことわざが付けられていて、そのことわざの意味がさらに「絵」でもって理解出来るという仕組みになっているところであった。日本の子どもたちは、こういう高度なことわざの内容を、遊びながら早い時期から覚えることが出来ている。モラエスの驚きは、子どもでも覚えることが出来るような「工夫」がされているところであった。そして彼は、その四十八のことわざの一つ一つの意味を紹介し、合わせて「絵」も紹介していた。このモラエスの文章に鶴見はいたく感心し、「明治の末に書かれた「いろはだとえ——日本の歌留多遊び」は、私の知るかぎり、かるたに見られる日本人の創意を指摘したただ一つの論文である」（「かるたの話」一九五五）と褒めていた。

しかし、問題はここからなのである。そもそも「かるた」と呼称されるものは、ポルトガルから江戸時代に持ち込まれた絵札の遊び具のことを指していた。だからすでに引用した広辞苑でも、**カルタ【carta ポルトガル・歌留多・骨牌】**という見出しの下に「遊戯または博奕ばくちの具。小さい長方形の厚紙に、種々の形象または詞句・短歌などを書いたもの数十枚を数人に分け、形象・詞句・短歌に合わせて取り、その取った数によって勝負を定める」と説明していた。しかしモラエスは、西洋風の娯楽の遊びとしての絵札に興味を持ったのではなく、まさに人生の指針を教えるような「ことわざ」を文と絵札にした、西洋には見られない「かるた—ことわざ」に関心を寄せていたのである。さらにこの「かるた」には「ことわざ」以外にもう一つの特徴が見られた。それは「いろは」の順番に札が並べられていたというところである。だからこの「かるた」は「かるた」ではなく「いろはだとえ」と呼ばれていたのである。

鶴見が関心を寄せていたのは、これらの「かるた」が「記憶術」として継承されてきたところである。つまり「記憶」の仕掛けに関わっているところである。こういう側面はかるた研究者のほとんどが関心を向けていないところである。先に引用したように、子ども時代に「かるた」遊びをしたものは、七〇歳になっても「よく覚えている」というところにまず鶴見は関心を寄せていた。ところで「よく記憶できている」ということは、思い出せる「仕掛け」があるということである。では「かるた」には、どのような「仕掛け」がなされていたのか。

その記憶術に関わるのが、「いろはにほへと」と並べられる日本語の音韻の形である。なぜこの「いろはに」が記憶術に関わるのか。このことを考えるためには、日本語にはもう一つの音韻の体系「あいうえお」があることと関係させて考えてみなくてはならない。「あいうえお」は古くから成立していた日本語のわかりやすい音韻の体系である。よく考えられて成立していた「あいうえお」に対して、なぜわざわざ「いろはにほへと」というもう一つの音韻の体系を作らなくてはならなかったのか。モラエスも鶴見俊輔も、共に関心を示さざるを得なかったのは、子どもでも覚えてしまうという「いろはかるた」の特徴であり、一度覚えたらいくつになっても忘れないという「記憶」に関わる秘密の仕組みについてである。鶴見は、特に学問のことはわからない子どもや民衆のレベルで、高度な世渡りの知識がどうして遊びながら学ぶことが出来ていったのか、その庶民の「技」のあり方にどうしても注意を払いたかったのである。それは彼が「日常の思想」を考える上で避けて通れなかった主題のように見えていたのである。

## 「あいうえお」から「いろはにほへと」へ

「あいうえお」の音韻体系と「いろはにほへと」の音韻体系の違いについては、学問的にはいろいろな見解があるのだろうが、ここでは私に考えられる限りでの見解を述べておく。「あいうえお」の音韻の並べは、わかりやすくできているのだが、その「わかりやすさ」にはモデルがあることが知られている。それはサンスクリットの音韻学で、そこではすでに「あいうえお」のように並べられていたという。そこが日本語の音韻の整理のヒントにされてきたらしい。その「あいうえお」の音韻が五十音図としてまとめられていったのは室町時代だといわれている。この五十音図は「母音の確定」とそれにもとづく「子音の確定」を覚えやすいように一覧表にしたもので、日本語の発音の全体の見取り図を知るには、画期的にわかりやすい表になっていた。しかし、日本語の発音（音韻）の全体を、論理的、体系的に順序立てて、わかりやすく知るという意味では便利だとしても、それを覚えることで、何かが付加価値として認識されるというものではなかった。

しかし「いろはにほへと」という発音（音韻）の並べは、それを全部覚えると、あたかも一続きの「歌」を覚えるかのような、付加価値が付いていたのである。こんなふうにである。

いろはにほへと　ちりぬるを　わかよたれそ　つねならむ
うゐのおくやま　けふこえて　あさきゆめみし　ゑひもせす

色はにほへど　散りぬるを　我が世たれぞ　常ならむ
有為の奥山　今日越えて　浅き夢見じ　酔ひもせず

「あいうえお」の五十音図は、学問的な論理として学習されていったとすれば、「いろはにほへと」は民衆の手習い歌のようにして、遊びながら学習されていったものである。その民衆の学習を助けたのが、「色はにほへど　散りぬるを」のような和歌のリズムであり、それを元にして覚えることが、記憶術的な覚え方になっていたのである。そしてその「和歌のリズム」の下に、「ひらがな」という文字表記の成立の問題があり、その「ひらがな」の成立が、民衆の書き言葉をうんと楽なものにしてゆくことにつながっていたのである。

## 「和歌」の音数律と「ひらがな」について

一見すると私はここで鶴見俊輔の伝記とは関わりのないことを考察しているように見えているかも知れないが、そういうことはない。むしろ鶴見俊輔の課題にしていたものを継承しようとすると、ここで考察していることをしないで済ますわけにはゆかないのである。それは鶴見の「日本語を忘れる」という体験を踏まえて、「日本語」をやさしく学ぶことの問題意識が関係してきていることについてである。そしてそのことは、日本における「民衆の学習のスタイル」の追求や、「日常性の発見」の課題につながっていたのである。

このことの簡単な見取り図はこうである。日本人が「知識の豊かさ」を獲得するには、先ずは中国の言葉、つまり漢字を学ばなければならなかった。それは「外国語」を学ぶ時代である。そんな漢字中心の時代から、「ひらがな（平仮名）」を作り出し、それを公用語としても用いる時代がやってくる。中国文化から脱却し、日本固有の言葉の表記を持ち始める時代、平安時代である。このときから、日本語の表記を、中国語の学習出来ない「民衆」でも手に入れられる道が切り開かれたのである。といっても、「ひらがな」が即民衆の表記言葉になってゆくわけではない。そこにはもう一つの大きな工夫が必要であった。それは「ひらがな」で「和歌」を作るという試みである。『古今和歌集』の創造である。漢字の『万葉集』から、ひらがなの『古今和歌集』へ。この試みが成されて、はじめて日本は、日本独自のひらがな表記をもつ日本語を手に入れることができていった。そしてそれは「民衆」も手に入れられるものでなければならなかった。その新しい表記法にもとづく日本語を広げたものが「和歌」だったのである。
そこで「和歌」とは何かと問わなくてはならなくなる。学問的にいうなら山ほどのことを言わなくてはならないのだろうが、ここでは簡単な言い方で考えておきたい。それは、五七五七七の音数律にそってひらがなを組み立てるという意識の創造である。なぜこの五七五七七の音数律が特別に意識されていったのかというと、そこには日本語のもつ最も自然な「人工リズム」の意識化の問題があったのである。「最も自然な人工リズム」というのは妙な言い方に聞こえるかも知れないが、それが事実である。和歌は単なる自然のリズムでできているわけではなく、人工的なリズムを意識してできているのである。しかしその人工性は、日本語にとってとても自然な感じで受けとめられる人工性だった。その自然とは、日本語が四音と四音が組み合った八音を、耳に心地よいまとまりのあるリズムとして受けとめるという自然性である。そしてこの八音が重ねられて、一息ついて終わるのが、八音×五の四十音である。この字数が言葉のリズムとして最もまとまりのあるリズムとして受けとめられるところがあった。和歌とはこの八音×五の四十音に、緩急を付けて言葉を乗せる表現方法として生まれてきた。その言葉の緩急が、耳に心地の良い表記として意識されていったのが、五七五七七の音数律だったのである。ちなみに『古今和歌集』の九番目の紀貫之の歌をここで紹介してみる。

霞たち木の芽もはるの雪降れば花なき里も花ぞ散る

この歌は音数律に置き換えると、次のようなリズムの中にあることがわかる。●は「無音の拍」である。

かすみたち●●●／このめもはるの●／ゆきふれば●●●／はななきさとも●／はなぞちりける●／

和歌は特にこの八音×五の四十音の「最も自然な人工リズム」をベースに、五七五七七の緩急をつけて、より美的に聞こえる音数律を作り出したものであった。問題は、和歌のリズムが、日本人の誰もが「自然」になじめるものでなければならなかった。つまり「天皇」から「無名の人」まで、上下の区別なく、等しく従えるものが、この音数律のリズムに求められていたのである。ここに和歌のもつ「天皇から民衆まで」という不思議な性質が生まれることになる。民衆性の問題を考えようとしていた鶴見俊輔にとっては、その面からも和歌のもつ性質に関心を示さざるを得なくなっていったはずである。つまり和歌のもつ、八音×五の四十音の音数律を踏まえて作られていた「いろはにほへと」への関心である。ただの音韻の並べに過ぎない「いろは」がまるで和歌のように作られていったことへの関心である。それは、つぎのようにである。

いろはにほへと●／ちりぬるを●●●／わかよたれそ●／つねならむ●●●／

もちろん「いろはにほへと」は、全部で四十七字あった。しかし和歌は四十音が最大のまとまりである。もし「いろはに」を和歌のように見立てるなら、どうにかして四十音に収めなくてはならない。しかしそうすれば無理が出る。そこで工夫されたのは、はじめはゆっくり始まって、後半は休まずに一気に連続して読むような工夫である。次のように、である。

いろはにほへと●／ちりぬるをわか●／よたれそつねならむ／うゐのおくやまけふこえて／

こうして、はじめは短歌風のリズムの読み方から始まって、そのあとは四十七を四十音に納まるように、加速し、連続して読んでゆく。それで和歌風の体裁になる。そうすれば、子どもでも覚えやすく、覚えたら忘れることはないようなものとしてできあがる。そうしてできあがったのが「いろはにほへと」であった。しかし「いろはに」を連続して読むように暗記してしまうおかげで、元々は和歌風に読まれた言葉の意味が、つかめなくなる弊害ものちには出てくることになるのだが。

こういうことを考え合わせると、鶴見俊輔の関心を持っていた「かるた」の問題が、「いろはかるた」の問題にさかのぼり、「いろは」の問題が、「あいうえお」の五十音図との対比となる「いろは」の問題につながり、その五十音図との対比の問題を考えてゆくと、それが「ひらがな」の問題、つまりひらがなで表記する短歌の創出の問題（『古今和歌集』）につながることが見えてくることになる。そうなると、問いの行き着くところは、なぜ「和歌」なのかということになってゆく。なぜ日本人は中国から学んだ漢詩のようなスタイルを継承し、発展させようとしないで、万葉集から始まる独自の「和歌」の歴史を作ることに莫大なエネルギーを注いできたのかと。その『万葉集』を作ったおかげで、「万葉仮名」が生まれ、それが「ひらがな」の創出の原動力になっていった経過は、どう考えても驚異である。

『万葉集』の問題は、もちろん文字表記の問題にとどまるものではない。『万葉集』の一番大きなテーマは、天皇と詠み人知らず（一般の人々）が、上下の区別にもかかわらず歌をよむ人という同格の立場で歌集の中に登場していたところである。何が「同格」だったのか。五七五七七という音数律に、天皇も民衆も同じように従うという意味での「同格性」である。すごいルールを古代の人は作ったものである。その天皇と民衆の同格性が次の『古今和歌集』に引き継がれる。

## 「和歌」と「天皇」

そのことを考えると、「和歌」というものの創造の過程が、「天皇」を考えることと「民衆」を考えることの、両方を考えることにつながるところが見えてくる。少なくとも、天皇と民衆を「同格」につなぐ赤い糸が、この時代に生まれていることが見えてくるのである。鶴見俊輔は、戦後民衆の暮らしに思いを寄せてゆくのであるが、その民衆への関心と同じくらいに天皇への関心がでてくる。そうした「天皇」への関心は、こうした初期の「かるた」への関心から、内在的にずうっと続くものとしてあったのではないかと私には思える。

問題はこの天皇も民衆も従わざるを得なかった「和歌」の根本は何かということである。それが、五七五七七という音数律にあったことまではわかるとして、ではこの音数律とは何なのかは、もっと考えられなくてはならないのである。この音数律は和歌の音数律と言うだけではなく、天皇も民衆も自然に従うことになる、日本語のもつ根本の律動としてあったものだからである。若いときの鶴見俊輔はこのことに気がついてはいなかったが、時代を経るごとに、問題の所在がどこにあるのか、そのことはしだいに自覚されていったと私は感じている。それは「『昭和萬葉集』を読んで」（一九八五）という文章を書いた中によく現れていた。

千年このかたかわらぬ形の詩を、ひとつの社会でひろく人びとが書き継いできたということは、ヨーロッパにはない。もっと慎重に言えば、私は知らない。このことは、近代ヨーロッパ人の眼から見るとめずらしいことに見え、大切にする必要のあることに思えた。ラフカディオ・ハーンやヴェンセスラウ・モラエスはそう感じた。

しかし、近代のヨーロッパの文化に、手本を見出した日本人には、そうは思えなかった。

（中略）

短歌は奴隷のリズムであるというような説は記憶されているくせに、民族の抒情に不可欠な調べであるという弁護論ははっきりしないままである。

これは、明治以後の日本の知識人が、攻撃することを議論の主流としてきたためだろう。支配層ではこれとちがって、あまり言論にうったえずに、黙って、習慣を守る（守らせる）ことを主な仕事とした。

文学についても、習慣打破をのべる文章が評論としては主流をなしてきた。だが、革新の議論にもかかわらず、伝統詩型は守られ、大量の和歌・俳句がつくられてきた。和歌については、『昭和萬葉集』は、ひとつの証拠である。これらの和歌が全部つまらないかどうか。

敗戦にすぐつづく時代に、短歌についての論壇の評判はよくなかった。しかし、短歌はこの時代にもひろくつくられていた。その前の長い年月、短歌をつくる習慣をもっていた人びとには、今、米軍占領下に入り、新しく西洋諸国から風習が入ってきたといっても、自分が短歌をつくることをやめはしなかった。むしろ、短歌をつくることに、自分のよりどころを求めるという切実な感情が、このころにあった。

（「『昭和萬葉集』を読んで」『思想の落とし穴』岩波書店　一九八九、三四ページ）


これは鶴見俊輔が『写真図説昭和萬葉集』の「月報」に書いた一部である。ここには古代の

『万葉集』を手本に、敗戦後の日本人が『昭和万葉集』を作ることに賭けた意気込みを、冷ややかに見る知識人たちと一線を引いて見ている鶴見の姿がよく表されている。しかしここで鶴見が『昭和万葉集』に何を見て取ろうとしていたのか、私たちにはまだ明らかにされているわけではない。そして私は、この重要な問題に後に私なりの考えはどうしても示しておかなくてはならないと感じている。

ただその前に、「かるた」―「いろはかるた」―「いろは」―「あいうえお」―「和歌」―「万葉集」―「ひらがな」―「古今和歌集」とたどってきた流れの中で、これまた鶴見俊輔に関係することで、彼が独自な見解を示してきたテーマが関わっていることに、少し注意を向けておきたいと思う。それは「君が代」の問題である。

## 「和歌」と「君が代」と鶴見俊輔

「君が代」については、公立、国立の学校で、教員が強制的に「君が代」を歌わされることについて、鶴見俊輔は反対してきた。しかし、その「反対」は決して左翼の見せていた全面反対というようなものではなかった。そこには鶴見らしい、彼なりの意見を秘めた「反対」があった。でも「君が代」に一〇〇％「反対」しない鶴見の姿勢は、「君が代」反対の運動家たちからは、中途半端なものに見えていただろうと思われる。彼はこう述べていたからだ。

私個人は、「君が代」をとくに好きではないし、この文章を書きながら今うたってみると、正確にうたえるかどうかもおぼつかないが、それにしても、なつかしい感じをもっている。小さい頃から何度もきいてきたからだ。なつかしい？　では、これがひろくうたわれるのはいいではないか、学校の卒業式にテープを流して、生徒になじませよう、そのことに協力しろと言われると、それには反対したい。

「君が代」をなつかしく思うということと、この歌が日本中の学校の卒業式で、公費によって購入されたテープで流されることに賛成ということには区別がある。この区別をはっきりさせ、「君が代」強制に反対する側に私は立ちたい。私とちがって熱烈に「君が代」が好きで、自分ではこれをきくのが好きだが、学校で強制的にうたわせることには反対だという人があらわれると、さらにいいと思う。戦前、つまり大正の記憶がいくらかのこる私には、「君が代」へのなつかしさがのこっている。ここで、まるごと戦中そだちの妻に意見をきくと、自分としては「君が代」は歌としてきらいだし、ききたくないし、うたいたくない。今は「君が代」をうたうことを強制されない境遇にあることをありがたいと思っている。そういう人に「君が代」をうたわない自由を保証してほしいと言う。「君が代」という歌についての感じが私とちがうが、歌いたくないものの自由を保証してほしいという意見に、私は同意する。

（「『君が代』強制に反対するいくつかの立場」『思想の落とし穴』岩波書店　一九八九、一一〇ページ）

おそらく知識人の中で「君が代」を「なつかしく思う」などという人はいなかったのではないだろうか。思う人がいても、そういうことをあえて口にする人はいなかったように思う。しかし彼は誤解されることをおそれずに、あえて「なつかしく思う」と言っていた。そういう感情を正直に書いておかなくてはと彼は思っていたみたいである。もちろん、妻の真逆の反応も添えてのことではあるが。彼がここで言っていることは一つである。「強制的に君が代を歌わせること」には反対だということである。この歌が好きな人も嫌いな人もいるわけで、嫌いな人は歌わない自由があっても良い、という意見である。おそらく最も普通の人の意見である。

私は彼のそういう意見に何かを言うことは全く無いのだが、おそらく多くの人は気にもとめないであろうことについて少し書いておきたい。それは「君が代」の歌詞が『古今和歌集』の一首から取られているということについてである。

343　わが君は千代に八千代に細れ石の巌と成りて苔のむすまで（読人しらず）
（『新編　日本古典文学全集11・古今和歌集』小学館）

もちろん、このことは、早くに多くの研究者が指摘してきていることである。最初の「わが君は」が、歌では「君が世は」と変えられているが、あとは和歌と同じである。こういうことは、インターネットでも山ほど書き込みがなされているので、今さら私が云々することではないだろう。研究では、明治の初め、国歌を作るときに、『古今和歌集』から題材を取ったとされてきている。しかしそうだとしても、万葉集を含め、たくさんある歌の中で、なぜ『古今和歌集』のこの歌が選ばれていったのかは興味が尽きないところである。明治政府の要人の中に、この『古今和歌集』の好きな人がいて、偶然にそれが推挙されて出てきただけだということも言えるのかも知れないが、それにしても、ではなぜその要人の心にその『古今和歌集』が心に止まっていたのかということになると、いろんなことを考えなくてはならなくなるのではないかと私は思う。ただここでは、鶴見の関心を向けた「かるた」の問題を突き詰めてゆくと、『古今和歌集』にたどり着くのだということだけは、しっかりと指摘しておかなくてはならないと思っている。

## 「苔」について

しかしここでは、もう一つの、多くの人が注意を払ってこなかったことに注意を向けておきたいと思う。それはこの「君が代」の中で「苔」が歌われていることについてである。「苔」とは何か。植物学的にはどういうものか、詳しくは知らないが、植物の中でも、最も「下等」と見なされているものである。華麗な花を咲かせるわけでもなく、巨木になるわけでもない。ひたすら、平べったく、目立たないところで生息している存在である。しかし、この「苔」にはしぶとい生命力がある。普通には、栄養分の取れない石の上などに植物は生きることができないのに、「苔」はそこでも生きることができる。そんな「苔」の生きかたに古代の人も心をとめていて、「細れ石の巌と成りて苔のむすまで」と歌っていたのである。

そういう「君が代」の歌詞の中に「苔」が出ていたからなのか、それとも学校の研究課題で箱庭や盆栽を作るようなことを指示され、その結果「苔」を調べることになったからなのか、それはわからないが、鶴見俊輔に「かるた」と並んで「苔のある日記」という小文集があることに注目しておきたい。「かるた」とよく似た内容のものなのだが、後に鶴見俊輔は、これは「十五歳のころの私の日記が原型になっているが、もとのものを見ないで、何度も書き直ししているあいだに、事実からはなれた」(『鶴見俊輔集 8「著者自身による解説」』)と書いていた。

「君が代」の影響なのか、「学校の研究課題」の影響なのか、どちらにしても、十五歳のころに、

「底辺で生きる苔」に関心を持ち、その「苔」のついた題の日記を作ったというのは、「苔」のあり方に対して独特の興味を抱いていたことを示していて、そこのところはうまく理解したいところである。そこで彼は次のようなことを書いていた。

秋の日ざしを大切に自分のなかにためておこうとしている、ひかえめな苔。代議士のように、つんつん、意志表示している苔。顔を土の高さにおいて見ると、巨大なやしの林を思わせるのもあり、海底に来ているかんじをさせるものもある。手にいくすじもの糸をもち、どの糸のさきにも、一つずつ風船をつけて、ゆっくりと空をむいて風船をあげているような、おちついた苔。頭が白くなり、背をまげ、首をよせて話しあっている苔。（実在について）（言葉について）（美について）

（『鶴見俊輔著作集　5』四五七ページ）

雨の日には、木の肌に、地衣類がくっきりと浮いて見える。きゃしゃな少女のきるレイン・コートのように、ぬれて光っているきりの中ですこしぼけて、うすみどりいろに息づいている。おばけのように、まっしろけな大きい顔をしている。これらが、日の光のあるときには、表情をかえる。散文的になる。影がうすい。田舎の道端の地蔵さんについている紙つぶてのように、かさかさにかわいている。石の上に灰をひとまきしただけみたいなものもある。（変化について）

あらゆるかくれた場所から、かずしれぬ珍奇な蘇苔をあつめてこよう。自分の心にうつしうえよう。それらがこの小さなわくの中でどんなふうにそだつかを見よう。この種類にはこの四角、この種類にはこの円というふうに、それぞれの小さな領土の配分をきめよう。この蘇苔は、ここまで。だが、境界線をこえて、別の種類の苔の中にまで入りこんで、頭を出すものも、ある。（理想について）（同、四五八ページ）

確かに「底辺で生きる苔」なのに、目を近づけると、大きな林のようにも見えてくる。この遠目から見える苔と、近づいて見える苔の間には、不思議な差があった。おそらく十五歳の時に、こういう「差」について思いを寄せることの裏には、「貴種としての暮らし」と「貴種でない人々の暮らし」との「差」への感受性が育ってきていたからかもしれない。この「貴種の暮らし」については「苔のある日記」の最初に書かれた文章でよくわかる。

十月十五日（日）家から送られてきたものを食べながら、かんがえたこと。私の家は他の家よりもものわかりがよく、私のためになんでもしてくれる。子供のときから今まで、両親の愛については、当然のことと考えて来た。いつ預金したということもないのに、いくらでも金をひきだせる銀行。この銀行のあることが、私の考えのすべての背景だ。（絶対者について）

親だけでなく、接する人の多くが、おなじ種類の銀行、あるいは銀行の取引先にあたっている。いまかんがえてみると、思いあたることが、つぎつぎに出てくる。この取引先のくさりの外に出て、私は何かしたことがあったのか。（社会について）

もちろん「君が代」の歌詞に出てくる「苔」と、鶴見俊輔が十五歳の時に書いた「苔」には、なんの関係も無く、単なる偶然なのかも知れない。そして古今和歌集の、この元の和歌で「苔」に触れているのも、深い意味は無いのかも知れない。それはそうかも知れないのだが、それにしても、「かるた」―「いろはかるた」―「いろは」―「あいうえお」―「和歌」―「万葉集」―「ひらがな」―「古今和歌集」ときて「君が代」―「苔」となり、鶴見俊輔の「苔のある日記」につながるのを偶然としてうち捨ててしまうのは、何かしらもったいないような気がするではないか。私はそこに「貴種」と「底辺」の間の、その隔絶性と地続き性の二面性を見ている鶴見俊輔を指摘して、ただの偶然にしない道を残しておきたいと思う。

## 「反転」とことわざ――「いろはだとえ」のもう一つの問題

こうして鶴見俊輔の初期の「かるた」という論考のもつ意外な広がりについて見てきたわけであるが、ここまで触れずに残してきた課題について触れておきたい。それは「たとえ話」つまり「ことわざ」の問題である。すでに、「いろはかるた」が「いろはだとえ」として作られていたことは見てきた。そして「いろはかるた」の研究者は「たとえ」の部分、つまり「ことわざ」の部分の解釈をすることで、何かしら「いろはかるた」の説明が済むかのように見なしてきたところもあった。モラエスの「いろはだとえ――日本のカルタ遊び」もそうであったし、鶴見自身が注目していた島崎藤村の『いろはかるた』(『再読』)もそうであった。そういう論考では、個々のことわざの意味は説明できていても、では「ことわざ」とは何であったのか、ということを問うたり、その説明をすることはなされてこなかったのである。

そもそも「ことわざ」とは、人生に「反転」があることを教える知恵であった。まさに人生は反転に次ぐ反転である。「七転び八起き」「人生塞翁が馬」というのはそういう「人生の反転」をしっかり伝えるものであった。そういう「反転」が「いろはだとえ」の「い」から伝えられているのかどうか、見ておきたい。

い　一寸先は闇（先はわからない）

ろ　論より証拠（事実を見せろ）

は　針の穴から天のぞく（小さな視野からは大きなものが見えない）

に　二階から目薬（二階からでは膏薬が届かない――手当てはそばでしなさいな）

ほ　仏の顔も三度（がまんにもほどがある）

へ　下手の横好き（できないくせに何にでも手を出しやりたがる）

と　豆腐にかすがい（柔らかいものを硬いもので繋げると思うなよ）

どれも、味わい深いものばかりである。それぞれに人生固有の「反転」が見つめられている。「今」の後に「別の今」が来る。そこに人生固有の反転がある。人生や、世間や、人間関係の中で出会うさまざまな困難や災難は、状況が暗転することの結果である。暗転はしかし又反転し、好転にもなる。こうした「反転」を教える「ことわざ」の戒めや忠告は、似た場面に対して応用が利く。そこがとても大事であり、庶民にとって重宝されたところである。

「ことわざ」には、一見すると「反転」のようには見えないものがあるかもしれない。たとえば「論より証拠」。これは「事実」を見せたら、机上のりっぱな論も、空論に反転する、というものだ。「下手の横好き」にも「反転」がある。何事にも「上手」であることには限界があるもので、野球の上手なものがサッカーが上手というわけにはゆかない。野球からサッカーへは「反転」があるのだ。なのに「反転」を理解しないで、野球にもサッカーにもラグビーにも手を出すというのはどうなんだという戒めだ。「豆腐にかすがい」もそうだ。ここにも「柔らかいもの（豆腐）」の反転として「硬いもの（かすがい）」が対比されている。「反転」するものを見誤る愚かさ。「柔らかいもの」を「硬いもの」で結びつけることはできない。そんなことをすれば災いが起こる。人生の困難や災難は、すべて、状況の「反転」するところで生まれてくる。「ことわざ」は、そういう災難を、あらかじめ予防したり回避する知恵を教えている。そして災難に遭っても、またそれが反転する事を教えてくれている。ことわざは、そういうさまざまなタイプの「反転」の類型を、人々にわかりやすく伝えてくれていたのである。大事な事は、そういう人生を渡る知恵を、遊びながら、子どもでも覚えられるような仕掛けの中で、教えてきたところである。「いろはたとえ」の「かるた」としての魅力は、その民衆のおもしろがる記憶術の仕掛けとともにあったのである。

# 第八章　最も大事な思想——「日常性」の発見へ

## 「反転」と「日常性」

こうしてみてくると、「反転」という現象が、実はとても奥深い現象であることに気がつかないわけにはゆかない。そして鶴見俊輔が生涯にわたって追求してきた「日常性の問題」が、この「反転の問題」と深く関わっていることにも、思いをよせないわけにはゆかなくなる。そしてここに来て、改めて「日常性とは何か」という問いを考えることになる。

鶴見俊輔には『日常的思想の可能性』（一九六七）や『日常生活の思想』（一九九二）というふうに「日常」をつけた題の本がある。そしてたぶん、人々に最も読まれてきたのは、この方向性をもつ本だったのではないかと私は思う。一九六〇年代は安保反対の運動から始まる政治の季節であり、社会変革を求める人たちにとっては、社会主義やマルクス主義のような、「変化」「変革」を指示してくれる思想に深く共鳴していったものである。にもかかわらず、変化や変革を指示しない「日常」というようなものを見つめる論（例えば、吉本隆明の「大衆の原像」を強調するような論）にも、実は人々は、何かしら大事な事を訴えている予感がしていたのである。だから、社会変革の運動をにらみながらも、鶴見の本を読もうとする人たちがいたのである。しかしその『日常的思想の可能性』と題された「日常性」とは何かは、十分に確かめられないままに、時代は過ぎていったように私には思われる。ちなみに『日常的思想の可能性』の目次の中核に置かれたのは、以下の五つの文章である。

「日本思想の可能性」「字引について」「言葉のお守り的使用について」「かるたの話」「日本思想の言語——小泉八雲論」

これらの文章の訴えていることの大事さは、すでにくり返して私は取り上げて説明してきた。そしてこれらの論文をひとまとめにするようにして「日常的思想の可能性」という表題が付けられてきたのである。しかし実際には、この本の中の他の論考も含めて「日常性」をテーマにした論考は見あたらないのである。鶴見にとっては、絶対に大事であったはずのこの「日常性」については、彼自身直接に取りだし言及することはなかったのである。『日常生活の思想』と題された本についても同じである。なぜか本の題としてのみ、この「日常」や「日常性」は取り上げられているだけなのである。なぜなのか。それは、この「日常」や「日常性」というものが、取り上げるに難しい問題を孕んでいたからである。私は鶴見の論じた問題で、継承すべき最も大事な考え方に、この「日常の思想」があると考えてきたので、ここでは私なりの視点からこのテーマに迫って、彼の問題意識を継承する試みをしたいと思う。

普通に考えると、「日常性」の「日常」とは、毎日の暮らしの中で、相も変わらず、同じようにくり返して続いていているようなものに対して言われてきた言葉である。常日頃の「常」という言葉が、相も変わらずという状態をよく示している。この「つね（常）」は、だから「つな（綱）」

や「つながり（繫がり）」のような、「長く続くもの」のイメージの言葉とどこかでつながっていた。この、日々くり返して起こりながらつながっているもの、それが「日常」であり「日常性」の基本的なイメージであるとしたら、「変革」を望む人たちにとっては、この「日常」「日常性」という言葉ほど陳腐に感じられるものはなかったはずである。日常には、「常」があるだけで「変化」が見られないと。「陳腐な日常性の打破」などというスローガンは、かつての一九六〇年、七〇年代の学生運動でよく掲げられたものであった。しかし、多くの知識人たちにはその「日常性」の意味が見えていなかった。当時の学生運動の中にいた海老坂武はこう言っていた。

長い間私は、日常という言葉がきらいだった。生活という言葉もきらいだった。日常生活と二つ並ぶとこれはもう、灰色、単調さ、保守のイメージしか湧いてこない。一つには、こうした言葉をささやく人間がだいたいは、どぶねずみの服をまとい、頭の中に常套句を詰め込み、冗談までもがステレオタイプ化された秩序の思想の持主だったということがある。

（「鶴見俊輔を読むこと」『雑種文化のアイデンティティ』みすず書房　一九八六、一二七ページ）

そんな六〇、七〇年代の政治運動の中で、おそらく鶴見は一人「日常性の思想」を訴えていたと私は思う。彼はこの「日常性」を、通常の意味での「同じ事のくり返し」の意味ではなく、「かるた」の考察で気づいていたような「反転」の仕組みとしてとらえようとしていたのである。そこのところをしっかりと見ておかなくてはならない。「反転」としてある「日常性」とは何か。

それは「高低」が入れ替わり、反転する「波」のような「周期性」のあり方である。

そもそも「波」は「周期性」であり、「交替するもの」であり、くり返されるものである。その周期性の波によって「日常性」が支えられている。それが日常性の根本にある。

そうした周期性や交替性をもつ「波」に支えられて持続している「日常性」について思いを巡らせてゆくと、実は、「日常は波」であるどころか、「世界は波」「宇宙は波」である事の理解が求められることにもなってゆく。インターネットの波ももちろん視野に入ってくる。

## 日常性――「周期性の波」と「相互性の波」の発見と利用

「波」は図に示すと、誰もがよく知っている単純な「波形」でイメージされるだろう。しかし「波形」にするだけでは、大事な所が見過ごされる。「波」は確かに、周期性や交替性や交互性として現れる。昼と夜、夏と冬、満月と新月、目覚めと眠り、満腹と空腹、息を吸うことと吐くこと、摂食と排泄……。そして「日常性」の波としてみれば、そこにはさらに大事な事がたくさん見えてくる。男と女、親と子、爺婆と孫、世代のつなぎ、生と死、近所の人とのやりとり、共同体の暦、都市の時間割や時刻表、それらはすべて周期性を元に作られている。田舎であれば年中行事が進行している。盆と正月、夏祭り、秋祭り、冬の祭り。もっと身近なところで言えば、右足左足の歩行、右手左手の交応、心の裏と表、ＤＮＡの二重ラセン、などなどである。これらはまさに「波」として交互に入れ替わり、繋がり、存続しているものである。

この入れ替わり、反転する周期性は、ひたすら交互に続くので、いかにも変化がないようにみられてしまう。平凡とすら見られてしまい、「進歩」を良しとする人たちにとっては「進歩のないもの」のように見られてきた。しかしその「反転する交替性」「反転する波性」にこそ、「生活」を支える最も大事な「活力」があったのである。その「活力」となる深い反転の交替性は、だから単純な「波の図」として思い描くだけでは不十分である。「日常性の持つ波」は、人々の間の「相互性」としても、息づいていたからである。波風を立てると言えば、人間関係をこじらせることである。人々の間は、「相互性の波」でできているからである。そういう意味で、「日常性」とは「周期性の波」と「相互性の波」の深く組み合わさったものとして形成されてきていた。だから葛飾北斎の富嶽三十六景「神奈川沖浪裏」は、「波の絵」として、誇張して描かれているように見えていても、その図形に託された円環性、周期性、浮遊する船（人々との相互性）などには、実に複雑で、壮大で、深淵なものが象徴させられていたのである。

古代の縄文土器や、弥生時代の銅鐸に刻まれた「文様」をみても、この「波状」の模様がいかに多様に用いられていたか、驚かされる。そもそも「縄文」と名付けられたものは、「ひも」を粘土に押し当てた文様のことを言ってきたのだが、この「ひも」とは、繊維を「波状」に織り込んだものである。この「波状」に織り込まれた「ひも」をさらに縦横の波状に織り込んだものが「布」であり、私たちはこの「布」を「服」として利用してきた。そういう意味で言えば「服」を着るというのは「波」を着ていたのである。

さらに言えば、この「波状」に織り込まれた繊維は、大木を生んできた。その木を使い、「ひも」で括り、家や舟にし、住み家や交易に当ててきた。「波」はそういう意味で、日々の体や衣食住の根幹を守り支えてきたものなのである。

織物としての「服」を発明できなかった頃は、動物の「皮」を着ていたのだと小学校の教科書でならうのだが、この「皮」という漢字と「波」という漢字には、同じ形象が使われていることとに注意すべきである。生命体を作る「皮」というものも、「波状」に作られていたからである。胃の粘膜が波状に織り込まれた襞《ひだ》で出来ていることは、誰もが知っているところであるが、脳の織り込まれ波打つ仕組みも含めて、生体そのものが「波状のもの」で出来ていることは明かなのである。その「波状」の仕組みをもつ「ひだ」に注目して『襞』と題する本を書いたのはドゥルーズだった。しかし、その波＝襞が、日常性と宇宙の核心につながっているというような、壮大なことまでドゥルーズから読み取れるかというと、そういうことはない。彼には「日常性」を主題にする視点がないからだ。

「波」—「織り／折り」—「皮」—「糸」—「ひも」—「布」—「服」—「文様」—「木」—「家」—「舟」……、と続く連鎖は、壮大である。「日常の思想」とは、実はこの「壮大な波」を暮らしに取り込む思想のことだったのである（ついでに言っておくと、芥川龍之介の『蜘蛛の糸』は、なぜ「糸」なのかという視点で問われなくてはならないが、もう一つなぜ「蜘蛛」がそんな「糸」を出すことができるのかも問われなくてはならないのである。というのも、科学者は、この蜘蛛の出す不思議な糸について、新たな解明を目指しているからである。当然である。生き物のもつ波性＝糸はもっと深く研究される必要がある。映画『スパイダーマン』の大ヒットは、「糸」の不思議さを視覚化させて成功したものである）。

「波」そのものの問題は広大な領域に及んでいる。科学雑誌でも「波のサイエンス——音、光、電磁波、地震波……」などと題されて、身のまわりにあふれる波、空気の波、水面の波、津波、電気と磁気の波、電子の波、波動の物理学、光と音を感じる仕組み、視覚と聴覚、紫外線や超音波を感じる生き物、音楽と数学の不思議な波……などを取り上げていて興味が尽きない。こういう大衆向けの啓蒙科学雑誌を見ているだけでも、「波」が平凡なイメージに納まらないことが感じ取られて楽しい。

こうした宇宙や自然のもつ「波性」は、太陽の周りを回る惑星の「周期性」と連動していて、その「宇宙の波」が人間の手によって「暦」として視覚化され、文明の基礎に据えられてきた。そういう意味で、人類の大きな文明は、天体の動き、四季の動きを元に、暦や年間行事や冠婚葬祭の周期を創造してきていたのであるが、そこに「日常性」を築く基盤もあった。そうした文明の創造の基本の「かたち」が「波」と呼ぶ形象にあり、その「波」を基盤にして「日常性」も作られてきたからである。「日常性」とは、そういう意味においては「宇宙性」のことをいっており、「宇宙との相互性」を作る場のことだったのである。

そのことを踏まえて、「いろはかるた」の考察全体を振り返ってみると、そこに和歌の音数律が「波」として利用されていたことにも納得がいくことになる。その和歌の音数律とは、まさに言葉の持つ波＝周期性＝反転を意識的に利用したものだったからである。特に日本語の周期性の意識化が問題だった。人々は、そこに日本語が八音の拍数でひとまとまりになるような「波」を感じ取っていた。八音が、「呼吸の波」の息継ぎが反転する一つの目安になっていたからである。その八音とその五倍の四十音は、言葉のまとまりが反転するさらに大きな節目になり、その八音や四十音の言葉の波＝律動を意識して、和歌の五七五七七の音数律が人々に共有されていったのである。言葉が波＝律動としてあるからこそ、四十音にただ機械的に言葉を載せるのではなく、五七五七七の緩急を付けた言葉の波＝音数律の美意識を、日本人は育てていったのである。そしてその高度な音数律の美意識に沿って、「いろはにほへと」が生まれ、その「いろはに」のリズム（波）に載せて、反転の知恵を満載させた「ことわざ」が日常の遊びとして子どもたちに伝授されていった。明治にこの「いろはだとえ」に接したモラエスが感心したのには、やはり大きな理由があったのである。

## なぜ『家の神』を書いたのか

鶴見俊輔に『家の神』（淡交社　一九七二）と題された本がある。元の本は写真集である。その写真集に付けられた文章だけが、今では「家の神」として著作集に取り込まれている。おそらく、この本が出た一九七二年は、まだ大学紛争の熱気が止まない頃であり、そんな頃に「家の神」などといった「神」の名の付く本を、左翼だと思われていた鶴見俊輔が出すなんて、いったいどういうことなのだと思っていた人もいるのではないか。『日常的思想の可能性』ならまだわかるのだが、『家の神』となると、それはもうとんでもない右翼の思考なのではないかと。読みもしないでそういうことを思った人たちはたくさんいたのではないか。いったいなぜ鶴見はそんな本を書いていたのか。

もともとこの本は「家の会」という小さなサークルに鶴見が十年ほど関わっていて、あるときに安達浩の『合掌造り』という写真集に出会って興味を引かれたところから始まっていた。その後、新たに安達浩が「家のしきたり」を写真に収め、それに鶴見が連想したものを書き付けるというふうにして、この『家の神』は出来上がっていた。だから、本来は写真を見ないといけないのだが、著作集に収められた『家の神』は写真も、写真に付けられた写真解説も省かれている。だから著作集で文章だけを読んでも、鶴見の伝えたかったことがうまく伝わらないのではないかと私は感じる。

私はこの本の丁寧な説明はしないでおくが、大事な事だけは言っておきたいと思う。それは、写真家・安達浩も鶴見俊輔も、「家」と呼ばれてきたものにまつわるさまざまなものを映像として記録し、文章に収めているということである。左翼の人なら、とんでもない古い時代の名残りにしか見えないであろう田舎の風習やしきたりが、繊細な写真になり、丁寧な文章になっている。

そういう村々に残されてきた習俗は、まさに村々の長い歴史を年中行事という周期性に取り込み、その周期性の波を大事に生きてきたものだったのである。

本の真ん中に「折り目」と題された章がある。そこではこどもの「誕生」から「成人式」「成年」「結婚」「葬式」までが丁寧に見つめられている。写真の多くはこの、人生の節目の祝いの光景を写している。「折り目」とは人生が「反転」する場所である。このように人生に「節目」「折り目」「反転」を読み取り、そこに冠婚葬祭や年中行事の「仕掛け」を作るというのは、人生やそれを支える日常の暮らしが、基本的に「周期性」としてある仕組みを生かすためである。あるいは「宇宙の周期性」を日常に取り込むためである。その「周期性」によって、村の四季の暮らしが支えられ、人々に恵みがもたらされ、さらに子孫の繁栄が支えられていたからである。

そうした、暮らしの総体を守るものを、古代から人々は「神」と呼んできたのであるが、その「神」の実態は、安達と鶴見によって記録されているように、「自然のもつ大きな周期性（波）」なのである。その宇宙や自然の周期性（波）が、自分たちの暮らしの日常性を支えているのだという認識、そういうふうに日常性を見つめるところに、実は日常性の根本の思想があったのである。彼は「神」について次のように書いていた。

家とは何か。その中心にあるのは、生命の連続性だろう。ひとりの肉体と精神をもつ個人から、もうひとりの肉体と精神をもつ個人への生命のつながり、別の言葉でいえば婚姻と育児、それが、家の中心にあるものだ。生命の連続性を守るさまざまの象徴が、家の神である。家の神は、生命の連続性の保護者であると言ってよい。（『家の神』淡交社　一九七二、八五ページ）

冠婚葬祭とたばねて呼ばれる通過儀礼は、自分というものの意識の発達史にとって大切な折り目をなしている。自分ははじめ家の中でつくられ、（というよりは家という社会の中でつくられ）、やがて家をはなれて社会へのはたらきかけの中で確立するので、自我の発達史上のこれらの折り目は、はじめは主として家の内部のできごとであり、青年期以後は社会の中での家のできごとという性格をおびる。（同、一〇二ページ）

家が束縛となるのは、親子、シウトメヨメ、男女、長幼の序列が、家人の生命を守るために必要な限度をこえてわずらわしく、きびしく守られている時のことだ。（同、一三九ページ）

鶴見はいかにも古くさい冠婚葬祭などを賛美しているなどと勘違いしてはいけない。また「家」を重視しすぎて、家を持たない者を軽んじていると思ってもいけない。彼はちゃんと「家のない人」や「家出」のこと、「欠損家庭」についても思いを寄せている。

正常な家庭について一つの固定した型を考えることは、いつの時代にも、他人にたいするおしつけを含んでおり、その型に自分をあてはめることのできない多くの人びとを傷つける。「不自然もまた自然」というのが哲学者狩野亨吉が人に書いてあたえた格言だそうだが、家の神もまた、それだけの器量をもってしかるべきである。社会はさまざまの人をつくった。戦争ひとつとってみても、欠損家庭としてしか生きられない人がいる。人それぞれの要求に応じて、いろいろの家があっていいだろう。（同、一九〇ページ）

鶴見は確かに「日常性とは何か」というような論文を書き残しはしなかったのだが、この『家の神』は彼の「日常」を見つめるまなざしの深さを十分に見せてくれている。しかしそういう宇宙や大自然の仕組みと交応する仕掛けとして日常性があるのだということに思いを寄せられない人は、この『家の神』の写真や文章を見ても、ただの古くさい時代の記録にしかみえてこないように私には思われる。

家とは、個人の立場から見れば、あたたかさの記憶である。それはうまれた時に自分をうけとってくれる場所であり、人びとである。ひとりで生きてゆく力のない自分が無条件によりかかれる人びとのいる場所である。

よりかかるというのは、かならずしも、人であることを必要としない。（中略）むしろ、無条件のあたたかさ（物質的環境、地理の条件）、無力な自分が生きるのを助けてくれる他者（人間でなくともいい）の感覚、自分が生きてゆくことをよしとして助けてくれる生命の連続性の象徴が、家の観念の中心にあるもので、家の神だということができよう。（中略）家の神への信頼は、権力の原理、弱肉強食の原理、理想社会についての普遍的原理のあらわしやすい酷薄な側面に対抗する力として、われわれの中におかれているものと理解できるのではないか。少なくとも、そういう理解への道がひらけていると、私は思う。しかしそういう理解は、家の神が、ほんの小さな範囲にしか通用しないという、その不足分の自覚をともなわなくてはなるまい。家の神は、自分が偶然にあるところにうまれてしたしくつきあうことになった人びとに対する一つの作法の原則にすぎない。

（同、二〇五ページ）

おそらく鶴見俊輔にしか書けないような叙述である。「あたたかさ」とは「波打つものの」根源にあるものだ。そして、そこに「家の神」が居るという時のその「家の神」とは、まさに宇宙と人々の相互性をぎゅっとにぎり飯のように濃縮したようなものなのであろう。私たちはここに、「ベーシック・インカム」と呼ばれてきている制度の考え方を組み合わせれば、実質的な日常性が誰にでも確保される道が開けると私は感じている。「ベーシック・インカム（基本・所得）」の考えとは、人が最低限の日常生活を送るための給付を、年齢、所得、資産、勤労の意志などに関係なく保障するという制度の考え方のことである。鶴見俊輔の「日常性の思想」を現実的なものにするには、この「ベーシック・インカム」の考え方と相互性を築くことが必要である。

# Ⅳ 六〇年代の思考

第九章

# プラグマティズム――「相互主義」の自覚へ

## 「プラグマティズム」という用語のわからなさ

「かるた」への関心は、鶴見俊輔を「民衆の思考」へ、「日常の思考」へ、誘うものとしてあった。ひょっとしたらその逆で、「民衆の思考」への関心が「かるた」への関心を深めていったのかもしれない。どちらにしても、大事な事は、「かるた」への関心の原型が、見てきたように思春期から始まっていて、留学という日本語を忘れる体験を挟み、日本に戻り、日本の哲学用語のわからなさにぶつかり、そこを何とかしなくてはと考える道筋の中で、日本の伝統や日本の民衆の思考法への関心が深まっていた。

ではそうなると、彼がアメリカ留学で学んできた「プラグマティズム」はどういうふうに彼の思考法に影響を与えていたのかが気になる。彼は日本に戻り、最初の『哲学の反省』を出版した四年後に『アメリカ哲学』（世界評論社　一九五〇）を出版していた。二十八歳の時である。そしてこの頃は、「かるた」の小品集を書いていた時期でもあった。アメリカの哲学への関心と、日本の伝統の思考法への関心。この関係はどうなっていたのだろうか。少し年譜をたどっておくと次のようになる。

一九四六（二十四歳）　二月『哲学の反省』（先駆社）、五月『思想の科学』創刊。
一九四八（二十六歳）　十一月京都大学の嘱託講師。
一九五〇（二十八歳）　『アメリカ哲学』（世界評論社）
一九五一（二十九歳）　「かるた」（『文藝』六月号）
一九五三（三十一歳）　『哲学論』（創文社）
一九五四（三十二歳）　『大衆芸術』（河出新書）
一九五五（三十三歳）　『プラグマティズム』（河出文庫）
一九五八（三十六歳）　『アメリカ思想から何を学ぶか』（中央公論社）
一九五九（三十七歳）　『プラグマティズム入門』（現代教養文庫）
一九七一（四十九歳）　『新版アメリカ哲学』（社会思想社）
二〇〇七（八十五歳）　『たまたま、この世界に生まれて——半世紀後の『アメリカ哲学』講義』（編集グループＳＵＲＥ）

「プラグマティズム」という言葉は、本当にわかりにくい言葉である。「実存主義」とか、「マルクス主義」というのなら、漢字や名前が入っているので、間違ったイメージにしろ、いくらかの像を呼び起こすのに比べて、「プラグマティズム」というのは、ほとんど何の像も呼び起こさない。「説明」をしこたま聞いてからでないと、「わかった」ような感じにはならないが、その「わかった感じ」もすぐに薄れていって、「プラグマティズム」って何でしたっけという感じになる。不思議な感じである。しかし私がもっと不思議に思うのは、日本語の哲学用語のわからなさに、あれほど批判をすることからはじめた鶴見俊輔が、こういうカタカナで書かれた用語には、ほとんど批判がましいことを言わないで使っているところである。『アメリカ哲学』には、一ページにどれだけ「プラグマティズム」というカタカナが出てくることだろう。まるで呪文のように並べられている。「お守り言葉」のようにというべきか。とにかくすっかりわかったもののように、自信たっぷりに「プラグマティズム」という言葉が使い続けられる。

おそらく、留学の時点で、日本語を失う体験をしていた頃に、その「反転」として「英語」で考えることが「確実性」を帯びていた。そうした「確実性の体験」として「英語」を学んでしまったがために、体験できていたのである。英語で考えることなら「確実」にわかることがたくさん英語で学んだ「プラグマティズム」に感じた確実性を手放すことが出来なかったのではないか。もう一つは、日本語のわからなさと、日本の哲学用語のわからなさに悩んでいると、英語で書かれたアメリカの哲学用語が、説明の必要がないくらいにわかりやすく感じられていて、ついついそれをカタカナで書いても自分はよくわかると感じていたのではないか。さらにもう一つ言えば、アメリカへの留学生として、アメリカの優れた研究者にじかにアメリカ哲学を学んだということで、そんな日本人は他にいないという自覚の下に、「プラグマティズム」の紹介が自分の独壇場であることがよくわかっていて、その自信と優越感の下に「確実なもの」も感じ取れていたのではないかということ、そういうことが考えられる。

確かにこの三つは、考えられそうに思うし、無視はできないと思うが、しかし、そういう見方をしても、彼が「お守り言葉」のように連発して使っていた「プラグマティズム」の中身には迫れないことも感じる。その中身を知るにはもっと別な視点が必要なのではないかと。それは、辞書や字引に書いてあるような「プラグマティズム」の説明ではない、説明の仕方からである。

鶴見は『アメリカ哲学』で「プラグマティズム」の説明を「言葉の源と思想の源」という見出しの下に次のように整理していた。

> 「プラグマティズム」という言葉の語源であるが、これはカントから取られたものだ。パースの友人は、この思想には、「プラクティカリズム」（実際主義）という名の方が良いと忠告したが、カントを通して哲学に入門し、カントの用語に頼って哲学を展開することになれていたパースにとっては、「プラクティカリズム」という言葉はうけいれ難かった。カント哲学においては、「プラクティカル」（プラクティッシュ praktisch）という言葉は、いわゆる「実践理性」の領野、すなわち道徳や神や霊魂のさまよう領野にかぶせられるもので、そこは、実験科学者の居住すべき領域でない。
>
> しかし「プラグマティック」（プラグマティッシュ pragmatisch）という言葉は、人間の思想が人間の行為の目的と密接な関係をもつことを表現するために用いられている。そしてパースの「プラグマティズム」の目的とするところは、人間の合理的思索と人間の合理的目的との関係を明らかにすることなのだから、これは正に、カントの「プラグマティッシュ」という概念の発展なのである。（中略）
>
> かくてプラグマティズムの思想の源流は、カントに、またベインに、バークリーの『視覚

論』に、ロックの『人間悟性論』にまでさかのぼり得る。さらに古くまで追求するならば、スピノザ、アリストテレス、ソクラテスにまで、たどって行くことができる。「プラグマティズム」の語源は、ギリシア語の「プラグマ」に由来し、これは「行為」を意味する。

ここで鶴見が紹介していることは、パースが一九〇五年に書いた「プラグマティズムとはなにか」（『世界の名著59』中央公論社　一九八〇、『プラグマティズム古典集成』作品社　二〇一四に収録）に書いていたことである。この説明に基づけば、プラグマティズムとは、「行為主義」とか「実用主義」「実際主義」と訳されてもよかったはずなのであるが、とうとうどういう訳にも訳されずにカタカナのままできている。さらにやっかいなのは、カントの原文のどこをどうパースが引き継ぎ、鶴見がそのどこをもって「カントとパースがつながっている」と判断したのか、鶴見の書いたものだけからでは、かいもくわからないのである。なのでわたしは、ブレントの『パースの生涯』（新書館　二〇〇四）から、当該箇所を推測し、私なりの説明を加えておきたいと思う。

## パースはカントのどこを学んでいたのか

パースがカントの研究を始めるのは、ブレント『パースの生涯』によると一八五五年の十六歳の時である。こんなに若くしてカントに魅せられるというのも不思議であるが、ただ彼の若い頃の研究の中身と、後に論理学のカントのカテゴリーの研究に没頭するのとは、次元が違うように思われるので、注意が必要だと思う。それは若き鶴見俊輔が、パースを「おもしろい」と直感したのと、勉強してもよくわからないと感じていたことと、一緒くたにしないことにも関わっている。ともあれ、パースがカントのどこに注目したのか知りたいと思う。

ブレント『パースの生涯』によると、必ずしもここだという決定的な箇所は指摘できないような感じもする。ただ「メタフィジカル・クラブ」と呼ばれていた集まりで、一八七七年に発表した「信念の確定」という論文が、カントの著作と関わりがあると書かれている（五一二ページ）ので、その「信念」の問題とカントの著作を結びつけて調べると、『純粋理性批判』の最後の最後に「臆見・知・信念」という見出しの文章があるのがわかる。その中に通し番号で964と番号が付されている部分が「実用的な信念」と題されている。この「実用的な信念」が「プラグマティックな信念」といわれてきたものである。その箇所にはこう書かれていた。

> ある医者が、重篤になった患者に何らかの処置を施さなければならなくなったと考えよう。しかしその医者は〔それまで治療していなかったので〕まだその患者の病気がどのようなものか知らないとしよう。そこで医者は患者の症状を観察して、ほかに判断のしようがないので、結核と診断したとしよう。この〈信念〉は、医者自身の判断においてもたんに偶然的なものにすぎない。他の医者であれば、もっと適切な診断を下したかもしれないのである。それでもこれは、ある行動を実行するための手段として実際に利用される信念であり、わたしはこのような偶然的な信念を、実用的な信念と呼ぶ。
>
> （カント『純粋理性批判　7』中山元訳　光文社　二〇一二、二一〇ページ）

説明の必要がないくらいわかりやすいことが書かれている。要点はこうである。どういう病気なのかわからない病状の悪い患者を前にした医者が、放置しておけば死に至るので、持てるだけの知識を動員して、仮に「結核」という判断して、治療することになったとして見ると、そういう「判断」はどう考えたらいいのかという問題である。カントは、その「判断」は、その医者の信念に基づいて成されたわけであり、その信念はそれまでの多くの治療的実践にもとづく信念なので、「プラグマティックな信念」と呼ぶべきものであるというのである。どういうことかというと、カントが気にしているのは、この医師の下す「結核」という判断が「マチガイ」である可能性があることについてである。その可能性が残されているのであるが、ここでは何らかの仮の判断をして進まなければならず、その仮の判断は一種の「賭け」のようなものである。しかし、それまでの「経験」を総動員してくだされる判断である以上は、認めなくてはならない判断である。そして現実というのは、そういうマチガイの可能性を含んだ仮の判断をしながら、向かい合うものとの「やりとり」を踏まえて先に進むしかないものとして存在しているのではないか。だからそういうマチガイを含むかもしれない仮の判断を、単なる「独断の判断」と区別して「実用的（プラグマティック）な信念」とカントは呼ぼうとしていたのである。パースがこういう箇所の影響を受けたという事であるなら、それはとてもよくわかるはずである。

パースは、こうしたマチガイを含む最初の仮の判断を、それはそれで進めながら、相手や周りの出来事との「やりとり」の中で、その判断が間違っていなかったかどうかを推理し、検討する時間を持つことになると考えた。そして周りとの「やりとり」の中で、最初の仮の判断が明らかに間違っていれば修正し、正しい判断を発見してゆくことになるだろう。パースはそういう、マチガイから、推理、修正して、正しい判断を発見する道筋こそ、現実の多くの人が実践している思考方法ではないかと考えていった。パースはこの「仮説―修正―発見」と続く過程を「アブダクション」と呼んで、特に大事な思考法であることを強調していたのである。では鶴見自身は、こうした「アブダクション（仮説―修正―発見の論理）」をどう見ていたのかということになる。そこに有名になった鶴見の「マチガイ主義」の紹介が出てくることになる。このことについては、後に触れたいと思う。ここでは「マチガイ主義」を支える「やりとり」というものについて、先にしっかりと理解しておきたい。この「やりとり」は、今まででもくり返して出てきた「相互性」と呼ばれる重要な考え方のことである。

## カントの最も大事な部分

以上のことを踏まえて、ここで私は、パースとカントの両方に関わることで、私が最も大事な考え方だと理解したことを以下に紹介しておきたい。その核心の考え方についてカントは『純粋理性批判』の「因果関係」（第一部、第二部門第二編第三節）を論じるところで、まず次のような見出しを付けた文章を書いている。

「すべての実体は、空間において同時に存在するものとして知覚できるかぎりで完全な相互作用のうちにある」（『純粋理性批判　3』中山元訳　光文社　一六一ページ）

ここに「完全な相互作用」という最も重要な言葉が出てくる。翻訳者によっては、ここは「一貫した相互作用」と訳す人が多いが、私は中山元の訳に従っておく。この文章に出てくる「同時に存在するもの」とか「知覚」という言い方が気になるかもしれないが、あまり気にしなくてもいい。本文ではその後説明されているので、気になる人は読まれたら良いが、大事なことは「相互作用」の意味の理解である。カントは、少し後で、次のように書いていた。たぶんこの部分が、カントの核心部分であり、さらにカントとパースを結びつける部分であると私は考えるので、少し長いけれど引用したい。

299　相互性の意味

ところでわたしたちは自分の経験から、すぐに次のことを確認することができる。まずわたしたちの感覚能力がある対象から別の対象へと知覚を移行させることができるのは、空間のあらゆる場所で連続的な影響が与えられる場合にかぎられる。わたしたちの眼と空の天体のあいだに戯れる光が、わたしたちとこれらの天体のあいだの間接的な相互作用を作りだすのであり、わたしたちと天体が同時に存在することを証明するのである。さらにわたしたちが場所を移動することを経験できるためには、そしてこの移動を変化として知覚することができるためには、空間のうちにある種の物質が遍在していて、それによってわたしたちが自分の位置を知覚できる必要がある。これを知覚することができるのは、この物質の相互的な影響のためであり、それにより、これらの場所の同時存在が示されるのである。わたしたちはこの影響によってこそ、きわめて遠い場所に存在する対象にいたるまで、これらの対象の共存を（たとえ間接的にせよ）示すことができるのである。

この相互性がなければ、すべての知覚は、すなわち空間における現象の知覚は、他の知覚から遮断されてしまうだろうし、わたしたちが心のうちで経験的に思い描く像の連鎖、すなわち経験そのものは、新しい客体にであうたびに、最初から始められることになり、それをそれ以前の経験と結びつけることも、時間のうちで関係づけることもできないだろう。だからといってわたしは空虚な空間が存在することを否定するものではない。空虚な空間は存在するかもしれない。しかしわたしたちの知覚はそこまで届くことがないのであり、そうした空虚な空間では同時存在について、経験的に認識することはありえない。だとすると、空虚な空間は、わたしたちのいかなる可能的な経験にとっての客体でも、ありえないことになる。

（『純粋理性批判　3』中山元訳　光文社　一六七ページ）

カントは、私たちの存在の仕方が「相互作用」の上に成り立っているという、ごく当たり前のことをここで述べている。しかし彼が注目している最も大事なところは、「相互性がなければ、すべての知覚は、すなわち空間における現象の知覚は、他の知覚から遮断されてしまうだろうし、わたしたちが心のうちで経験的に思い描く像の連鎖、すなわち経験そのものは、新しい客体にであうたびに、最初から始められることになり、それをそれ以前の経験と結びつけることも、時間のうちで関係づけることもできないだろう」と指摘しているところである。「知覚」が相互作用としてあるという考えがまずもって何よりも大事なことであるが、その知覚の結果得たものも、次の相互作用の影響を受けないと、過去の知覚にとどまってしまうという指摘がなされていると ころである。例えば、新幹線から富士山を見たとする。それは富士山の知覚である。そういう知覚は、新幹線の中にいる私と、窓の外に広がる富士のたたずまいとの相互作用の結果生まれているものであるが、家に帰って家族のものに、「富士山が見えたよ」と話をするのは、すでに過去の知覚で終わっているはずの「富士山」を、後から呼び出し、働きかけ、それを言葉で家族に

「見せよう」としているわけで、そういう「過去の富士」も、私の後からの「相互作用」によって「現在」に結びつけられる（カントの言い方を借りれば、現在と連続したもの、あるいは現在と同時存在になる）のである。そういう意味において、私たちの頭の中でいろんなものが、ぶつ切れにならないでつながっているように感じさせるのは、そこで私がさまざまに「相互作用」を働かせているからだ、ということになる。カントがここで言わんとしていることはそういうことである。

ある意味ではごくごく当たり前のことをカントは言っているのである。しかしもし、カントのいうことが「正しい」のだとしたら、おそらく一切のものは私の「相互作用」として出現してきているのではないかという、恐ろしい疑問が生まれてくる。そして事実、カントは、この「相互作用」に気がついてから、世界は相互作用でできていると考えるようになる。それがカントの「コペルニクス的転回」と呼ばれる考え方の「転回」につながってゆくのである。カントは、これまで、多くの研究者が、私たちの「認識」は「対象」の反映というか「対象」から生まれているかのように考えてきたが、そうではなくて、「認識」と思われてきたものは、実は「対象」からではなく、私たちの「主観」の働きかけからも生まれてきているのだと、考え方を逆転させたのである。この「認識」についての考え方の転回を、コペルニクスによる天動説から地動説への転回にたとえて、「コペルニクス的転回」と呼んだのであるが、こういう「コペルニクス的転回」の考え方が形成されたのは、「認識」が「相互作用」として生まれていることに思いを寄せていったからである。つまり「相互作用」について徹底して考えたことが、そういう「コペルニクス的転回」の考え方を作り出したのである。

## 「マチガイ主義」としてのプラグマティズム

鶴見俊輔が日本で紹介してきた「マチガイ主義としてのプラグマティズム」というキャッチフレーズは、「わかりやすさ」も含めてとても有名になったものだ。時には「マチガイのススメ」のようなことを鶴見が言っていると思われて、そんなふうに「プラグマティズム」を卑小化していいのかという批判もあったと思うが、そういう反応も含めて、この文句は誤解され一人歩きしてきたきらいがある。しかし、「マチガイ主義」は「マチガイのススメ」というようなことを言っている文言ではなく、「プラグマティズム」の本質を突いた説明にもなっていたのである。

彼は「マチガイ主義」を、『アメリカ哲学』の中でこう説明していた。

> マチガイ主義（fallibilism）
>
> 絶対的な確かさ、絶対的な精密さ、絶対的な普遍性、これらは、われわれの経験的知識の達し得ない所にある。われわれの知識は、マチガイを何度も重ねながら、マチガイの度合の少ない方向に向かって進む。マチガイこそは、われわれの知識の向上のために、最も良い機会である。したがって、われわれが思索に際して仮説を選ぶ場合には、それがマチガイであったなら最もやさしく論破できるような仮説をこそ採用すべきだ。（これは、もはやプラグマティズムの原理と同一である。）次の四種の習慣は、マチガイ主義に反するものであり、知識の進歩をさまたげる。
>
> (a) 何かの事柄を絶対的に断言する事。

(b)ある種の事柄が知り得ない事だと言い切る事。
(c)ある意見または命題が、知識の基礎になるものであり、究極的なものであり、それより下にもぐりこんで吟味する事のできぬものであると主張する事。
(d)ある法則または真理が、最終的かつ完全に定式化されたと断言する事。
以上四種の習慣は一般人、哲学者、科学者の間に広く行なわれているが、これらは、人類の思索の道をふさぐ障害物である。
(『鶴見俊輔著作集 1』筑摩書房 一一八ページ)

鶴見俊輔は、ここで執拗に「確実性」が「主観」によって一方的に決定されるようなことに批判を浴びせている。なぜそのようなことが言えるのか。言われていることはただ一つである。「確か」なものを「主観性」のような一極で決定させてはいけない。「確か」なものは「相互性」の中に求めないといけないということについてである。

だから私がAさんを「好き」だと思うだけで、Aさんも私のことが「好き」だと「決める」のはマチガイなのだと鶴見は言うわけである。そういうことは、私の方で一方的に決められるものではなく、Aさんの意向も聞かないとわからないことなのだと。当たり前のことである。だから「一人の主観」で判断してしまうものはたいていが間違っていることがある。国と国の関係でもそういうことが当てはまる。しかし、間違うことが問題なのではなく、相互性のない主観は間違うのだと考えることが大事なのである。そしてそのマチガイを相互性でもって修正してゆくところに、より実際の現実の姿が見えてくることになる。それは相互性をさらに深めることであるが、そこを鶴見俊輔は「われわれの知識は、マチガイを何度も重ねながら、マチガイの度合の少ない方向に向かって進む」と書いたのである。

ここでの「マチガイ主義」を「間違っても当然」などと開き直る主義のことを言っているわけではないことはわかるであろう。説明の仕方として彼はここで一度も「相互性」という言葉を使っていないが、この「マチガイ」を正すのは「マチガイを何度も重ねながら」でいいのだというう意味に取られてはいけない。マチガイとは、いつでも、相手があってのマチガイなので、その相手との相互性を深めることでマチガイを正してゆけるのである。そのことをもっと鶴見は強調して書いておくべきだったと思われる。それは自転車乗りの練習を思い起こせばよくわかるだろう。自転車にうまく乗れないのは、乗り方を間違えているからであるが、そのマチガイをただ自己流でくり返していても上手にはならない。というのも、マチガイは、乗り手一人の中で起こっているのではなく、乗り手と自転車と大地との相互関係の中で起こっていたからである。だからマチガイの修正は、乗り手と自転車のやりとり（相互性）の中でなされ、最後は大地との安定した関係（相互性）が実感できて終了となるわけである。

そういう意味で、何事も「相互性」が物事を決めてゆくのである。鶴見はそういう相互性でもって物事を決め直してゆく考え方をマチガイ主義と呼び、そこに「プラグマティズム」の本質を見ようとしていたのである。ちなみに「プラグマティズム」を論じた結論の部分で彼はこう書いていた。

プラグマティズムとは、われわれの思想の意味が、ある可能性に存するると考えるもので、可能性が実在するものであるという含蓄を持つ。もし可能性が外界に実在しないならば、われわれの考えるいかなる真理も、その対応物を外界に持たないわけであり、真理でないわけであり、何の意味をも持たないわけなのだ。ところが、その可能性なるものは、個々の事物ではなくして、事物が事物に対して持つ関係を通してしかつかまえられない。したがって、可能性をより所とするプラグマティズムなる方法論は、世界観において可能性の実在を認めるスコラ的実在論に発展せざるを得ない。

（『鶴見俊輔集 1』三二ページ）

ここで鶴見は「可能性」が実在するといっているのだが、その意味は、相互性の中で事態は常にやりとりされているわけで、たとえ相手が今は「嫌い」と言っていても、その後のおつきあいの中で「好き」に転じる可能性もあるわけで、事態を「相互性」において見る人は、そこにあるのは「可能性」だというしかないのである。そしてその後、鶴見は決定的なことを書いていた。「その可能性なるものは、個々の事物ではなくして、事物が事物に対して持つ関係を通してしかつかまえられない」と。「関係を通してしか」というのは、「相互性を踏まえてしか」という意味である。そのことを見れば、彼の考える「プラグマティズム」が限りなく「相互主義」に近いものであることがわかるのではないだろうか。しかし彼は「相互主義」という日本語はとうとう使わなかったし、常にあいまいにしか受けとめられないカタカナの「プラグマティズム」という言葉を使い続けていったのである。

## 折衷主義としてのプラグマティズム

「マチガイ主義としてのプラグマティズム」という言い方と共に、もう一つ「折衷《せっちゅう》主義としてのプラグマティズム」という言い方も鶴見はしている。言い方だけを見れば、違った定義をしているように見えるかもしれないが、同じことを別な言い方で言っているに過ぎない。文字で見る限り、「折衷」とは「真ん中を取る」という意味である。「中を取る」といってもいいし、「半々」とか「五分五分」とか「割り勘」とか「痛み分け」「ケンカ両成敗」というふうな発想に近いものである。大事なことは、「立場の違うもの」のぶつかりに際して、どちらかを優位に、優先的に持ち上げるのではなく、それぞれの立場を考慮して、引き下がるところと認めてもらうところを、公平に、バランスの良いところで決定するというあり方である。鶴見はそういう「折衷」としてのあり方としてプラグマティズムがあると説明するときがあったのである。「折衷主義の哲学としてのプラグマティズムの方法」では次のように鶴見は書いていた。

いくつもの観点によじのぼってはおりて、それらのあいだをつかい走りする、お茶坊主のようなものとして、プラグマティズムを理解することが、適切であろう。サヤばかりとってあまり働かぬお茶坊主もいるし、こまめによくうごくお茶坊主もいるし、ある観点にひどくひいきしてそこの近くでだけ用をたすお茶坊主もいるし、その反対の観点のひいきだけするお茶坊主もいるというふうで、それが、現代のプラグマティズムをいくつもの型に分ける。

（『折衷主義の立場』筑摩書房　一九六一、一八五ページ）

現代人にとって共通の思想的遺産となるべきプラグマティズムは、イデオロギーとしてでなく、方法として把握されねばならぬ。プラグマティズムの方法とは、意味をあきらかにする方法である。そして、プラグマティズムのもつお茶坊主性は、それぞれの思想流派の意味をあきらかに把握する手続きの中で、それぞれの思想的強み、弱みをはっきりさせ、それらのつぎあわせを計るという、独自の折衷方法である。もしプラグマティズムが独自の思想体系としてなりたつとするならば、その体系としての独自性は、その折衷の仕方の独自性に由来する以外にないと思う。

プラグマティズムの存在理由は、その折衷的方法にあり、その折衷的方法は、意味をあきらかにさせるプロセスの中で違った説の熔接を計るという方法である。（同、一八六ページ）

わかりやすい説明である。要するに立場の異なる主張に出会っても、力づくでどちらかの主張を通すのではなく、それぞれの立場の「いいとこ取り」をしようとするプロセスを大事にする方法としてプラグマティズムを考えるというのである。わかりやすいけれど、そういうふうに規定してしまうと、例えば、戦争遂行の立場と、戦争反対の立場がぶつかったときに、少しずつ相手の言い分を認め合うということになると、少しは戦争を認め、少しは戦争反対を認める、ということにもなりかねない。何でも「折衷」がいいというわけではないが、鶴見の言う「折衷主義」とは「相互主義」の別名になっていることは明らかである。

## 晩年の鶴見自身による「プラグマティズム」の弱点の指摘

晩年の鶴見俊輔のインタビュー集『たまたま、この世界に生まれて――半世紀後の『アメリカ哲学』講義』（編集グループＳＵＲＥ）で、彼はひどくあいまいな「プラグマティズム」の話をしている。ある時はアカデミズムの哲学史の中で、日本の研究者がうまくプラグマティズムを理解できていないと言ったり、日本にはプラグマティズムが根付いたという感じがまったくない、などというような言い方をして、プラグマティズムを高尚な学問の上の方に引っ張り上げたりしている。カタカナのプラグマティズムしか使ってこなかった自らの責任は棚に上げて。もちろん、インタビュアーが、プラグマティズムをアカデミズムの中に位置づけて聞こうとしているので、鶴見の反応も当然それに見合った「高尚」なものになっていたのかもしれない。「日常の思想」を追求してきた鶴見俊輔の位置を踏まえずに質問すれば、プラグマティズムがアカデミズムの中で、どういう位置になるのかは気になるのだろう。

そんな受け答えの中で、彼が中国に呼ばれてプラグマティズムの話をした時のことを語っているのが興味深い。その講演の後で、山口一郎という人から「別にプラグマティズムと呼ぶ必要はない思想ではありませんか?」という質問をされていた（二〇〇ページ）。それに対して鶴見は「この質問は核心をついている」と思ったと語っていた。なにも「プラグマティズム」などとカタカナで言う必要のないところで、彼は「お守り言葉」のようにそれを使い続けるところがあったからである。そして最後に「プラグマティズムの弱点」について聞かれて、次のように答えていた。

野口（良平――村瀬注）さんの質問に帰るとね、弱点はある。プラグマティックな思想を受け入れる人は妥協しやすいし、立場を売るっていうことを非常にしやすい。それは確かだ。自分の立場を撤回して向こう側に行きます。そういう人に対してプラグマティズムは道を開いている。だから、それに対する自制心がなきゃいけないんじゃないかな。逆風が吹いているとき、プラグマティズムの側は、それに対する抵抗を貫くことが難しい。それは確かだ。それが弱点なんだ。

（『たまたま、この世に生まれて』二三五ページ）

こうした答え方をすることの裏には、かつてプラグマティストと呼ばれていた父・祐輔のことが念頭にあったのであろう。事実、対談の終わりの方で、「プラグマティズムの精神に近いのは親父だ」といっていた。晩年の鶴見俊輔の頭の中にはプラグマティズム＝親父のような図式があって、結局、「転向者としての親父」が許せなかった分、プラグマティズムも「立場の変更」をたやすくしてしまう、だらしない主義主張のように見えるときがあったのだと思われる。

しかしプラグマティズムを「相互主義」と考えれば、「立場の変更」などは当然あるべきものであって、そういう側面をプラグマティズムの弱点だというのなら、いったい彼の「マチガイ」を踏まえて進むと考えていたプラグマティズムの研究は何だったのかと言わなくてはならないだろう。父・祐輔のような政治家の生きる世界と、日常の生活者の生きる世界は同じではない。「相互主義としてのプラグマティズム」と私が言うときの、プラグマティズムは、「日常の暮らしの中の相互性を大事にする方法」である。政治家や知識人の「立場の変更」を論じるのは、それに見合った思考法でなされるべきである。その方法については「転向論」のところで顧みたいと思う。

## プラグマティズムの二つの分野——記号論批判

もしプラグマティズムが相互性を考える方法なのだとしたら、その相互性には基本的には二つの分野があることがわかる。一つは、生命体が相互性を生きている、という意味での相互性を考える分野である。そこには「日常の思想」への視点が欠かせない。しかし、もう一方で、日常の暮らしとはかけ離れたところで展開される相互性の分野がある。ある意味では、人々の暮らしなど、何も考慮しなくても展開される相互性の分野である。今日のプラグマティズムのわかりにくさは、おそらくこの二つの分野の混合からきているように私には思える。

たとえば蒸気機関車というようなものを考えてみる。これは巨大な大小の歯車が連動して動くものである。そうした機関車の動きを理解するためには、さまざまな歯車が相互に影響し合う相互性の理解が欠かせない。相互性と言わないのなら、相関関係と言ってもいいだろう。そういう蒸気機関車を成り立たせている相互性、相関関係をつきつめてゆくのに、人々の暮らしを計算に入れる必要はないのである。事実、そういう機関車の動きは、数式でしか理解できない面もあり、そうなると、そこに求められるのは複雑な「関数」の世界である。「関数」とは、関係する現象の相互性をことごとく数式に置き換えて解く世界のことである。これも「相互性の学問」であるといえばいえる。

実はパースは、プラグマティズムを発想し得たときにこうした数学のもつ相互性に深く思いを寄せていたのである。そういう分野は、ほとんど「日常の思想」などという発想から無縁なところで展開出来るものであった。そういう分野でのプラグマティズム＝相互主義を仮に「数学的なプラグマティズム（相互主義）」と呼んでおく。すると、それらは、「日常の暮らし」の中で人々が作り上げてきたプラグマティズムとはずいぶんと違っているのがわかる。後者を「日常のプラグマティズム」と呼べば、鶴見俊輔が、取り出そうと試みてきたのは、この「日常の相互性」「日常のプラグマティズム」の方であった。しかし、パース自身は、「数学的なプラグマティズム」の方により関心を広げていたので、鶴見俊輔もしばしばそちらの方にも引き寄せられて、インタビューの中では、どっちつかずのひどくあいまいな説明をしてしまうことにもなっていたのである。

パースは、世界の根本に「相互性」があることを発見しながら、鶴見俊輔のような「日常の相互性」の探究には向かわなかった。向かわなかったのではなく、向かえなかったという方が当たっているだろう。というのも、彼の伝記を見るとわかるように、パースは社会性のない非常識な生き方しかできていなかった人なのである。彼には「天才の病理」とでも呼ばれうるような、人々の倫理的生活を逸脱して生きる側面があった。だから、とうてい「日常性」などといったものを考察できる位置にはいなかったのである。そうであったからこそ、「数学的な相互性」「数学的なプラグマティズム」への関心が深まるわけで、その方向での研究が、初期のコンピュータの発想に大きな貢献を与えていったのである。

パースの貢献は、もう一つあった。それは「記号論」への貢献である。世界を記号と見なす学問の分野への着目である。「記号と見なす」という言い方は正確ではないだろう。世界を「記号の相互性」「記号の相関性」としてみるという考え方である。この発想はコンピュータの発想と根本を同じくするものであるが、こういう分野への関心の広げは、日常性や倫理性の稀薄なところで発揮されるものである。そういう意味では、日常性や倫理性に疎いパースであったからこそ発見できていった分野だろうと私には思われる。

そう考えると、「日常のプラグマティズム」と「数学的なプラグマティズム」が、かみ合わない面を持っていることがわかってくる。にもかかわらず鶴見俊輔は「日常のプラグマティズム」を求めながら、「記号論的なプラグマティズム」にも、ひどく関心を示してゆくことになる。それは特に「芸術論」の分野で主張されていった。私はこの「記号論＝関数としてのプラグマティズム」に関心を寄せすぎる鶴見を次の章で考察し、批判をしてゆきたいと思う。というのも、後で見るように、鶴見の関心の中心は、「大衆芸術」への考察から始まっていたわけで、大衆芸術は良きにつけ悪しきにつけ倫理的なものであった。そして鶴見自身が大衆のもつ日常性とその倫理性について思いを深めてゆくことになるはずなのに、そこでパースの創り出した、倫理性の稀薄な記号論に乗っかって、芸術を説明しようとすることにもなってゆくのである。そういう視点に問題があることを、この時点で先に指摘しておくことにする。

# 第十章　『限界芸術論』考

## 「限界芸術」という用語のわかりにくさ

鶴見俊輔が「芸術」を論じることになるのは、子どもの頃から「大衆」の読み物などに救われてきた切実な体験があったからである。そんな子どもの頃に救われてきたものが、大人になると通俗的とか、娯楽的か、低級なものとみなされて、いわゆる高級な「芸術」と区別されるのがわかってきた。なぜそのような区別が立てられてきたのか。そもそも高級な「芸術」と、低級な「大衆もの」の間に線が引けるものなのか、そういう問題意識をもって、彼は「芸術」と「大衆もの」を橋渡しできるような見方を作ってみようと考えていった。最初はだから「大衆もの」を取り上げるところから考察を始めていた。その考察が、最後に『限界芸術論』という本に集約されてゆくのだが、その経過については知っておく方がいいと思う。一気に『限界芸術論』ができたのではなく、いろいろ思案しながら、この本にたどり着くことになるのである。出版の経過は次のようになっている。

『大衆芸術』（河出書房（新書）一九五四）（三十二歳）

『講座・現代芸術　第一巻』（共著　勁草書房　一九六〇）（三十八歳）
『日本の大衆芸術』（共著　現代教養文庫　一九六二）（四十歳）
『限界芸術論』（勁草書房　一九六七）（四十五歳）
『鶴見俊輔著作集　4　芸術』（筑摩書房　一九七五）（五十歳）
『限界芸術』（講談社学術文庫　一九七六）（五十二歳）
『大衆文学論』（六興出版　一九八五）（六十三歳）
『鶴見俊輔集　6　限界芸術論』（筑摩書房　一九九一）（六十八歳）
『限界芸術論』（ちくま学芸文庫　一九九九）（七十七歳）

この経過を追うと、はじめは「大衆芸術」として論じていたのに、途中で「限界芸術」という言葉がひらめき、それを導入してゆく過程が出てきていたことがわかる。その「限界芸術」という言葉がはじめて活字にされたのは、長谷川幸延、福田定良との座談「文化と大衆のこころ」（日本読書新聞、一九五六年一月一日号）だった、と彼は文庫の解説で書いていた。三十四歳の頃である。そして、その思いが「芸術の発展」として文章化されるのは、『講座・現代芸術　第一巻』（勁草書房　一九六〇）である。そして、その論考と、それまで描いていた別の論考とが組みあわされて『限界芸術論』（勁草書房　一九六七）ができあがるのである。彼が四十五歳の時である。本の装幀は田村義也で、印象的な心に残る装幀になっていた。

『限界芸術論』は、ある意味での鶴見俊輔の代表作のようにもみなされてきた。しかしこの本の題は、「わかりにくい」。彼は日本の哲学を指して「わかりにくい」と言い続けてきた。だから、彼の書くものはほとんどがわかりやすく書こうとされてきた。この「わかりやすさ」を大事にするところにこそ、彼の残してきた大事な遺産があるのだが、彼の代表作のように見なされてきた『限界芸術論』は、実はそのようになっていない。「わかりにくい」のは、『限界芸術論』の全体ではなく、最初に置かれた「芸術の発展」の中で論じられる「限界芸術」という用語である。この用語でもって「芸術」が説明されるのであるが、その論はとても「わかりにくい」のである。その「わかりにくさ」は、大事なところなので、どうしても取り上げておかなくてはならない。

そもそも「限界芸術」という言葉は「Marginal Art（マージナル　アート）」という英語に由来していた。彼には英語で考える方がわかりやすいところがあって、先に英語を思い浮かべ、それを日本語にしたら「限界芸術」となったようなのだ。本人にしたら、きっと「わかりにくく」書いたつもりはなく、むしろ中学生くらいになれば誰でも知っている「限界」という言葉を使って、「芸術」を説明したつもりでいると思われるが、でもこの「限界」という言葉と「芸術」という言葉を結びつけた「限界芸術」という造語は、とてもわかりにくいものなのである。まず彼の「説明」を聞いておくとこうである。

われわれの毎日のもつ美的経験の大部分は、芸術作品とは無関係にもたれるものと言ってよい。部屋の中を見るとか、町並を見るとか、空を見るとかによって生じる美的経験のほうが、展覧会に行って純粋に芸術作品と呼ばれる絵を見ることで生じる美的経験よりも大きい部分を占める。（中略）

「芸術」という言葉は、今わたしたちのつかっている日本語では、日比谷公会堂でコーガンによるベートーヴェンの作品の演奏会というような仕方でとらえられる。つまり、西欧文明の歴史のうえで権威づけられた作品の系列（権威の問題）を、先進国の名人によって複製してもらって（模倣性と受動性の問題）、日本の中心的都市である東京で少数の文化人がきく（地方文化にたいする東京中心文化の問題）、という三重の事柄の系列をふくんでいる。（中略）

このような「芸術」のとらえかたに、多くの利点があったことは明らかである。明治以後の百年間における急速な近代化が、感受性そのものの西欧化から出発しようとしたことは善いものを含んでいた。だが、このやり方は、悪いものをも多く含んでいた。その悪いものが何かを「芸術」という言葉の意味を手がかりとして、考えてゆくことができる。

今日の用語法で「芸術」とよばれている作品を、「純粋芸術」（Pure Art）とよびかえることとし、この純粋芸術にくらべると俗悪なもの、非芸術的なもの、ニセモノ芸術と考えられている作品を「大衆芸術」（Popular Art）と呼ぶこととし、両者よりもさらに広大な領域で芸術と生活との境界線にあたる作品を「限界芸術」（Marginal Art）と呼ぶことにして見よう。

純粋芸術は、専門的芸術家によってつくられ、それぞれの専門種目の作品の系列にたいして親しみをもつ専門的享受者をもつ。大衆芸術は、これもまた専門的芸術家によってつくられはするが、制作過程はむしろ企業家と専門的芸術家の合作の形をとり、その享受者としては大衆をもつ。限界芸術は、非専門的芸術家によってつくられ、非専門的享受者によって享受される。

（『限界芸術論』ちくま学芸文庫　一一一ページ）

最初に一般の暮らしの中では「芸術」とは関係のないところで営まれているというニュアンスのことが書かれている。「芸術」という言葉自体が、ちょっとお高くとまった言い方に聞こえ、日常の暮らしには、そぐわないのである。「日常の暮らし」を大事にしようと考えていた鶴見にとっては、そんな日常の暮らしになじまない言葉を、ことさら高く祭り上げるのは気に入らなかったのである。かといって、では日常の暮らしは「芸術的なもの」とは無縁なのかというと、そうでもないところが見えてくる。日常の暮らしのあちこちに、工夫された美的なものがたくさんあったからである。そこで鶴見は、学問的に「芸術」と呼ばれてきたものとは別に、普段の暮らしの中で人々が培ってきた「芸術っぽいもの」をなんとかと取りだして、学問の「芸術」とつきあわせて論じてみたいと考えた。その動機はよくわかるし、共感もできる。しかし、結果的にかれが分類して見せたのは、あれほど彼が非日常的だと嫌っていたはずの「芸術」という言葉を使った分類だったのである。

彼が「限界芸術」という言葉を使って説明していることをまとめると次のようになる。まず芸術と生活を対比させている視点がある。これ自体に無理があるのだが、その芸術に三つの領域があると彼は考える。最も高級な芸術としての「純粋芸術」と、低級だとされてきた「大衆芸術」、しかし鶴見俊輔はそれとは異なる領域として「限界芸術」という分野を設定し、それは「生活」に関わるものだというのである。

しかしなぜこうしてまで「芸術」を区分けしたがるのだろうか。分類や区分をしたいという「哲学者の性癖」があるのかもしれないが、「限界」という言葉は、本当に芸術という言葉になじまない。というのも、日常語で「限界」というのは、どんな辞書にもある通り、もう我慢の限界だというふうに使われるような、「物事の、これ以上はないというぎりぎりの境」をいうのである。それはマスコミで使われる「限界集落」のようなものを連想させる。だから「限界芸術」などというような言葉をつくると、本人がいくらこうですよと定義しても、「限界にある芸術」とか「限界にきている芸術」というふうなイメージを想起せざるを得なくなる。つまり「追い詰められて限界にきている芸術」というようなイメージである。だから鶴見がよかれと思って定義しているような意味にはどうしても受け取れないのである。

先にあげた「定義」の箇所だけを読むと、ああそうかと了解できるところがあっても、本文の中で当たり前のように「限界芸術」が使われると、その意味を即座に読み取ることはとても難しい。例を挙げると次のような文章がそうである。

芸術の発展を考えるにさいして、まず限界芸術を考えることは、二重の意味で重要である。第一には、系統発生的に見て、芸術の根源が人間の歴史よりははるかに前からある遊びに発するものと考えることから、地上にあらわれた芸術の最初の形は、純粋芸術・大衆芸術を生む力をもつものとしての限界芸術であったと考えられるからである。第二には、個体発生的に見て、われわれ今日の人間が芸術に接近する道も、最初には新聞紙でつくったカブトだとか、奴ダコやコマ、あめ屋の色どったしんこ細工などのような限界芸術の諸ジャンルにあるからだ。

（同、一五ページ）

## 「限界芸術」と呼ばなくても

言われていることは、それまでの文脈からわからないわけではないが、そもそも、太古の時代には、純粋芸術・大衆芸術が生じていないのであるから、その間の「限界芸術」も生まれようがないわけで、でも彼は「地上にあらわれた芸術の最初の形は、純粋芸術・大衆芸術を生む力をもつものとしての限界芸術であった」というのである。言葉の使われ方が不自然である。さらに「新聞紙でつくったカブト」をわざわざ「限界芸術」と呼ぶのも、とってつけたようで、いかにも大袈裟である。もちろん「奴ダコやコマ」あるいは「あめ屋の色どったしんこ細工」などには、民芸として「高度」な技術が必要であることはわかるとしても、それをわざわざ「限界芸術」などと呼ぶ必要があるのかどうか、ピンとこないのである。あえて呼びたいのなら「大衆芸術」とか「大衆芸能」「伝統芸能」「民衆芸能」と呼んだってかまわないはずであるし、その方がはるかにわかりやすい。にもかかわらず、彼は、「純粋芸術」でも「大衆芸術」でもない領域を想定し、その領域をなんとかして別な言葉で呼ぼうとするのである。そこは英語ではスンナリと「Marginal Art」と感じるのに、それを日本語にしようとすると、なんとも奇妙な「限界芸術」という日本語を与えてしまっていたのである。その言い方は、彼がさんざん批判しようとしてきた知識人好みのペダンチック（学者ぶるさま。学識をひけらかすさま）な用語に聞こえる。

「Marginal」とは「境界」とか「周辺」という意味である。もし普通に「Marginal Art」を日本語に置き換えれば「端《はし》っこの芸術」とか「周辺の芸術」「境界の芸術」となるだろう。しかし鶴見俊輔の見つめていた「境界（マージナル）」とは、芸術と生活の間に広がる分野のことである。だから、そんな生活と芸術の間をわざわざ「境界」と呼ぶのも「周辺」と呼ぶのもそぐわない感じがして、鶴見俊輔はあえて「限界」という言葉を採用したのだと思われる。しかし鶴見の思いに寄り添えば「マージナル　アート」は「暮らしの美学」「日常の美学」というふうにいう方がはるかに近いし、美学などという言葉が不似合いと感じられるなら「暮らしの工夫」「日常の工夫」でもかまわないのである。私はそういう分野をひっくるめていうのなら「暮らしの文化」「日常の文化」で十分だと思う。

でも彼はこの「限界芸術」なる用語を次のような図（『限界芸術論』ちくま学芸文庫、一八八ページ）の中で考えるのである。

この図で彼が、民謡や宴会歌、盆踊り歌などと分類するものは、すでに「芸能」という呼び方でなじんできたものであり、特別に「限界芸術」などという言い方で呼び替えなくてもといいものである。さらには、なぞなぞ、ことわざ、などというものも、暮らしの言葉の「工夫」や「知恵」である。笑い方、泣き方、なども「暮らしの文化」である。そんなものに「限界芸術」などという言い方を与えて「芸術」の仲間入りをさせる必要などは全く無いのである。彼自身こうも言っていたのではなかったか。

「限界芸術の諸様式は、芸術としてのもっとも目だたぬ様式であり、芸術であるよりはむしろ他の活動様式にぞくしている」（三八ページ）と。つまり彼自身、自分が「限界芸術」と呼んでいる「諸様式」は、「芸術であるよりは他の活動様式」に属していると思っているわけで、だからあえて「芸術」などと呼ばなくてもよかったのである。

こんなふうに彼の「限界芸術論」を紹介すると、なにやら全面否定をしているように聞こえるかもしれない。私がここでこだわっているのは、用語としての「限界芸術」という造語についてなのである。彼がこのペダンチックな学者風の用語でもって指し示したかった分野は、およそ、こういう用語の高尚性とは正反対のものであったはずなので、私はそこにこだわっているのであ

芸術の体系

| 行動の種類＼芸術のレヴェル | 限界芸術 | 大衆芸術 | 純粋芸術 |
|---|---|---|---|
| 身体を動かす→みずからのうごきを感じる | 日常生活の身ぶり、労働のリズム、出ぞめ式、木やり、遊び、求愛行為、拍手、盆おどり、阿波おどり、竹馬、まりつき、すもう、獅子舞 | 東おどり、京おどり、ロカビリー、トゥイスト、チャンバラのタテ | バレエ、カブキ、能 |
| 建てる→住む、使う、見る | 家、町並、箱庭、盆栽、かざり、はなお、水中花、結び方、積木、生花、茶の湯、まゆだま、墓 | 都市計画、公園、インダストリアル・デザイン | 庭師のつくる庭園、彫刻 |
| かなでる、しゃべる→きく | 労働の合の手、エンヤコラの歌、ふしことば、早口言葉、替え歌、鼻唄、アダナ、どどいつ、漫才、声色 | 流行歌、歌ごえ、講談、浪花節、落語、ラジオ・ドラマ | 交響楽、電子音楽、謡曲 |
| えがく→みる | らくがき、絵馬、羽子板、しんこざいく、凧絵、年賀状、流灯 | 紙芝居、ポスター、錦絵 | 絵画 |
| 書く→読む | 手紙、ゴシップ、月並俳句、書道、タナバタ | 大衆小説、俳句、和歌 | 詩 |
| 演じる→見る、参加する | 祭、葬式、見合、会議、家族アルバム、記録映画、いろはカルタ、百人一首、双六、福引、宝船、門火、墓まいり、デモ | 時代物映画 | 文楽、人形芝居、前衛映画 |

る。つまり指し示したかった分野と、その分野を指し示す用語が真逆になっているのではないかということを指摘したいのである。そしてこの指摘自体はとても大事なところだと私は感じている。というのも、そういう分類よりもっと大事なことがあるようにおもえるからだ。それは鶴見

が「限界芸術」と呼んだ分野の多様性を支える基盤のことを、鶴見俊輔と違った基準で考えることである。

## 「大衆芸術」と呼ばれる「相互性」について――漫才・流行歌・大衆小説

鶴見俊輔のような英才が、なんで「大衆文化」のようなものに関心をもつのか、というような、皮肉とも批判とも取れるようなことを言っている人たちがいた。何かしら、本職ではないようなことに手を出して論じているように思われていたのである。確かに戦後は、時代の流れが急速に大衆化に向かっていて、そういう「大衆化」を研究しようという動きが鶴見俊輔の周囲で起こっていたことも事実である。彼は一九五〇年に、桑原武夫、多田道太郎、樋口謹一らと「大衆文化研究会」を立ち上げていた。のちには『現代人の思想7　大衆の時代』（平凡社　一九六九）の編集・解説もするくらいになっていたので、そういう大衆の時代の風潮に迎合して、大衆文化を論じていると見なされるところもあった。しかしそれは、全くの誤解だった。

鶴見俊輔がなぜ「大衆文化」に関心を持っていたのかは、すでに言及してきたように、自分の出自の「貴種」から自由になるためである。そういう意味では、彼が大衆文化に向かう動機は誰よりも切実なものがあった。例えば彼は『限界芸術論』（勁草書房　一九六七）に「漫才の思想」という短いエッセイを収録していた。あまりにも短すぎて「思想」などという題の付け方が役に立っていない読み物である。しかしこのエッセイは、『大衆芸術』（河出新書　一九五四）、『鶴見俊輔集　4　芸術』（筑摩書房　一九七五）、『鶴見俊輔集　6　限界芸術論』（筑摩書房　一九九一）、『限界芸術論』（ちくま学芸文庫　一九九九）と変遷する本の中に残されてきたものである（ただし講談社学術文庫版〈一九七六〉にはこのエッセイは入っていないが、「まえがき」で「漫才」に熱中することで「限界芸術」という考え方に大きな影響を受けたことが書かれている）。それだけ愛着のあるエッセイだった。そしてこのエッセイのことを理解しようとすると、この文章の背後に『太夫才蔵伝――漫才をつらぬくもの』（平凡社　一九七九）という大きな書き物があるのに気がつく。さらにこの本の最初に置かれている文章が「漫才の思想」で使われているエピソードと同じであることもわかる。

彼は『太夫才蔵伝――漫才をつらぬくもの』の中で、東京から京都に移り、ひとりで下宿する中で、下宿のおばさんに誘われて初めて寄席に行き漫才を見たことを書いていた。そしてその漫才に魅せられて一日中座って聞いていることがあったというのである。彼はこう書いていた。「どんなところが私をひきつけたかと言うと、それは、失敗に対する態度だったと思う」と。

鶴見俊輔は客を引きつける漫才のネタをいろいろ紹介しているのだが、共通しているのは、二人のどちらかが「笑いものになる」という設定なのである。「ひとに笑われる」ということ、それを鶴見は「失敗」と呼んでいるのだが、要するに、ひとに笑われ恥をかくところを、みんなに見てもらうというのが、漫才だったというのである。それが二人のやりとりを通して行なわれる。

漫才はそういう意味で、二人の人物の「相互性」でもって成立している「芸能」だった。鶴見俊輔は、この漫才に改めて大衆文化のやりとりのおもしろさ、相互性のおもしろさを味わうことになる。ふだんの鶴見に欠けていたのがこの人と人とのやりとりだったので、彼はたまらなく漫才を面白がったのである。

漫才は掛け合い漫才と言われるように、二人の掛け合い＝やりとり＝相互性の波を味わう芸能である。鶴見俊輔はこういう芸能の波を味わうことで、一方通行で終わるものから自分を解放しようとしていた。そういう意味において、彼の大衆文化への関心は、知識人の片手間の趣味のようなものではなかったのである。彼は「落語」についても、次のような「説明」を使っていた。

落語てえものは、落とし咄《ばなし》で、高いところにものをあげときまして、それが落ちるというのが落語でございまして……

（『定義集』ちくま哲学の森別巻　筑摩書房　一九九〇）

落語はひとりでやる芸能ではあるが、そこには常に二人の人物が現れ、やりとりをして客を笑わせている。そこに相手を上げたり下げたりして面白がるネタがあり、その相互性の「波」が人を心地よく笑わせるのである。さらに「波」といえば「歌」があり、歌の「リズム」がある。歌には人々を引きつけ交わらせる不思議な魅力がある。小鳥の「歌」が、求愛のための行動だというのも納得できる。当然、鶴見も、大衆文化としての流行歌に深い関心を寄せていた。「流行歌の歴史」（『日本の大衆芸術』共著　現代教養文庫　一九六二）では、歌の歴史というよりか、主に「替え歌」の歴史について論じていて興味深い。明治維新の時歌われた「宮さん宮さん」の歌から、「軍歌」「メーデーの歌」植木等の「スーダラ節」までを振り返りながら、そこで注目するのは「替え歌」だった。なぜ彼が「替え歌」に注目したかというと、すでにできているものを、少しずらして再利用するという、元手を掛けない「生活の知恵」が働いていたからである。確かに替え歌は、子どもの間でも使われていた。「カラスなぜなくの、カラスの勝手でしょ」などと歌われたのは、その有名な例である。鶴見はこういう替え歌の持つ、お手軽さと、それでもって、その当時の世相を皮肉る歌詞に、人々が「力あるものに」面と向かって出せない思いをぶつける歴史を見て取っていたのである（ちなみにいうと、この「流行歌の歴史」には、数年前にひらめいた「限界芸術」という用語が文章のあちこちで使われており、そのなじめない、こなれていない言葉が文章の通読を妨げているのが印象的である）。鶴見はこう書いていた。

日本のメーデー歌が、一高寮歌ならびに陸軍軍歌の替え歌だったということは、日本人のあいだに、メロディーの創作力が低かったことにも由来する。日本人は、詩のほうだと、国民みんなが俳句や和歌をつくるように、気軽につくる。だがふしのほうは、専門家がつくってくれたものをつい借りてしまう。こうしてすでにみんなの知っている歌のメロディーにあわせて、いくつもの替え歌がつくられていった。替え歌が多くつくられる時は、権力に対して正面からの攻撃がかけにくくなった時である。

（「流行歌の歴史」、加太こうじ・佃実夫編『流行歌の秘密』文和書房　一九七九に再録、七二ページ）

戦争の中でつくられた替え歌は、学生のつくった替え歌とはさらにちがう性格のものとなる。私が軍隊でおぼえている替え歌の中では、「ひとつとや……」というかぞえ歌のしかたで上官のむざんなあつかいを歌うものがもっとも一般的だった。そのつぎには、「柳芽をふくクリークの……。ほんとにほんとに御苦労さん」といって、戦争における兵隊の労苦をねぎらう流行歌が、「女はのせない戦さ船」という、軍隊における女人禁制を呪う替え歌にかえられ、これまたいたるところで歌われて、むしろ本歌のほうが忘れられてしまうほどになった。もう一つ

「九段の母」の替え歌がよくうたわれた。「上野駅から九段まで……」という、老母が戦死した息子の霊をとむらいに、田舎から上京してくるさまを歌った言葉をずらして、「××（兵舎のあるところ）から××（慰安所のあるところ）まで」と歌いかえていた。つまり、国家主義信仰を慰安所の女性讃美にかえたものである。「さらばラバウルよ、また来る日までは」という歌も、港の名前がかえられて、その港で自分が出あった娼妓の名前が織りこまれ、最後が〝両手をあわせてありがとう〟という句にかえられた。港を出た軍艦や輸送船は、いつ沈むかしれない。その港で会って、自分に性的快楽を与えてくれた女性は、自分にとって、両手をあわせておがむほどにありがたいという意味をこめた歌で、これが船の上で歌われると、実感がこもっていた。

（同、七三ページ）

私自身、戦争に行った親戚の人たちが宴会で歌っていた次のようなズンドコ節の替え歌は今でもよく覚えている。「嫌じゃありませんか軍隊は、金の茶碗に、金の箸、仏様でもあるまいに、一膳飯とは情けなや　トコズンドコズンドコ」。

## なぜ「記号」なのか――『限界芸術論』の一つの批判

鶴見俊輔は、大衆の暮らしに寄り添うように作り出されていったさまざまな「芸能」や「大衆文化」に関心を寄せ、広くは断片やがらくたにまで注目したいという優れた着想を持っていたにもかかわらず、そういう「大衆文化」の広がりを「記号論」のような用語で説明しようとしているところがあった。なぜ「記号」というような、日常の暮らしではめったに使わない用語でもって、「芸術」を説明しようとしたのかは、パースの影響があることはすでに指摘してきたところである。例えば彼は『限界芸術論』の「一、限界芸術」の出だしを次のように始めていた。

芸術とは、たのしい記号と言ってよいだろう。それに接することがそのままたのしい経験となるような記号が芸術なのである。もう少しむずかしく言いかえるならば、芸術とは、美的経験を直接的につくり出す記号であると言えよう。

（『限界芸術論』ちくま学芸文庫　一〇ページ）

この数行には鼻持ちならない言い回しが詰め込まれている。そもそもこの「記号」という「外来語」がくせ者である。普通に話をする人びとが、「芸術が楽しい記号」だなどという言い方をするかとまず思うからだ。「記号」と「芸術」を簡単にむすびつけて平気な感性はどうなんだとも思う。そして、そのことを「説明」するのに、ふつうなら「やさしく言いかえると」というふうになるのに、ここで鶴見は「もう少しむずかしく言いかえるなら」などと言い出すのである。なぜここで難しく言いかえる必要があるのか。彼は「やさしい哲学」を求めていたはずではなかったのかと。ここに「日常の文化」をわざとむずかしく「限界芸術」と言いかえるような「貴種性」が顔を覗かせているのを感じて興ざめする。鶴見自身が心の底から希求してきている本来の狙い（日常性の復権）を、自分で裏切っているのを感じるからだ。

そして、なぜそんなところで「記号」などという言い方を使わなくてはならないのかと思う。もちろんこの「芸術」と「記号」を結びつける発想は、鶴見の考え出したことではなく、すでに指摘しているようにパースから延々と続く「記号論」の流れを引き継いだものであって、一時の日本の業界は、右を見ても左を見ても「記号論」のオンパレードの時があったものだ。だから、彼の論だけを批判することは意味が無いのだが、だからといってここで、「芸術とは、たのしい記号と言ってよいだろう」という説明を笑って受け入れることはできない。

「記号」の問題を、世界を構成する根本の現象と見なしたのは確かにパースである。先に見たように、パースは世界を「相互性」の仕組みとして読み取ることを提案して、そういう認識の方法をプラグマティズムと呼んだのであるが、その「世界の相互性」には二つの分野があることを私は指摘してきた。人間の暮らしに関わらない「数学的、関数的な相互性の世界」と、人間同士の関わる「日常の暮らしの相互性の世界」である。前者を「数学的な相互性」と考えれば、後者は「倫理的な相互性」ということができる、と私は指摘してきた。そんな中でパースが主に注目したのは、この「数学的な相互性の世界」であり、その相互性を読み解くキーワードとして「記号」という概念を持ち込んでいたのである。

デジタル化される世界はまさに、情報を数字列（デジタル）で表現する世界であり、それはまさにデジタル記号の世界である。世界のすべてがデジタル化される今日では、まさに世界は記号でできていると言いたくなる様相を見せている。そうなれば、当然芸術の世界もデジタル化されるわけで、それは芸術を記号と見なすことにつながってゆく。そう考えると、鶴見俊輔の見解は、デジタル化の世界を先取りするかのような見解に見えてくる。そして確かに一九八〇年代に入ると「記号論」が世界中に花開くことになっていたのである。日本でも「講座・記号論」と名乗ったシリーズが出され『言語学から記号論へ』『記号を哲学する』『記号としての芸術』『日常と行動の記号論』などと題された本が、広がり始めていた。

そういう意味では鶴見は記号論の先駆者なのであるが、世界の何もかもが「記号」として説明されてゆく風潮に、彼の理解では対抗できないのである。本当はそういう理解に対抗できるのは「日常の相互性」を持って来るしかないのである。しかし鶴見は「日常的思考の可能性」を追求しながらも、一方で「数式化」「デジタル化」される意味での「記号論」にやすやすと手を差し伸べていたのである。理由はただ一つ、パースが「記号論」を創造していたからである。しかしパースのもつ二つの次元、非倫理的次元の世界と、倫理的な世界を、鶴見はもっとよく見極めなくてはならなかったはずである。庶民の感覚を大事にする鶴見は、次のようにも言っていたからである。

われわれの毎日のもつ美的経験の大部分は、芸術作品とは無関係にもたれるものと言ってよい。部屋の中を見るとか、町並を見るとか、空を見るとかによって生じる美的経験のほうが、展覧会に行って純粋に芸術作品と呼ばれる絵を見ることで生じる美的経験よりも大きい部分を占める。日本の家の構造ではラジオの流行歌やドラマがひっきりなしに入ってくるから、これらの大衆芸術作品による美的経験はかなり大きい部分を占めるとしても、やはり友人や同僚の声、家族の人の話などのほうがより大きな美的経験であろう。これらの美的経験を思うままに自分のものにするためには、芸術よりもはるかにひろいさまざまの手段が必要である。テレビ搭とか、蓄音機とか、それらをもつことのできる資力とか。こういう他の手段と芸術とがちがう点は、芸術が、それがつくろうとする美的経験を直接によびさます記号だということである。他の手段がくわわることを待ってはじめて美的経験が実現するというのとちがって、その記号そのものが直接的に（鑑賞者にとっての）美的経験となる。

最初の一行は大事である。「われわれの毎日のもつ美的経験の大部分は、芸術作品とは無関係にもたれるものと言ってよい」。この一文はそのとおりである。くり返して指摘すれば、「毎日のもつ美的経験」とは毎日の「暮らしの文化」に乗っ取っているものであって、いわゆる「芸術作品」などというものと比較されるものではないからだ。「毎日のもつ美的経験」と鶴見が言うものと、「芸術作品」に感じる「美的経験」を一緒くたにしてはいけないのである。その大事なことを指摘した後で、彼はそのあとでひどくわかりにくい説明をしている。

（同、一一一ページ）

鶴見の言いたいことは、「部屋の中を見るとか、町並を見るとか、空を見るとかによって生じる美的経験のほうが、展覧会に行って純粋に芸術作品と呼ばれる絵を見ることで生じる美的経験よりも大きい部分を占める」というところである。その指摘はその通りだと思う。しかし「町並み」や「空を見る」ということと、「展覧会で絵を見る」ことを、なぜ「美的経験」の大小で説明しようとするのか、が問題である。それは、「芸術とは、たのしい記号」だということを「説明」するためなのである。そしてこの最後に述べられている「記号」が、最初に述べられていた「芸術とは、たのしい記号と言ってよいだろう。それに接することがそのままたのしい経験となるような記号が芸術なのである」という一文に対応しているのである。

私はここで、大事にされるべき日常の美的感覚が、「記号」というような庶民になじまない用語を持ち出して説明されることで、本来の鶴見俊輔が求めようとしてきたものとは違ったものになっていることを、どうしても指摘しておきたいのである。

## 第十一章　天皇制・転向・戦争責任の問題へ

### 「戦争体験」が「天皇体験」としてあったことについて

日本人の戦争体験を語ることの本当の難しさは、戦争体験が同時に「天皇体験」としてあったところによる。そこが、ドイツ人の戦争体験やアメリカ人の戦争体験と、簡単に比較できないところである。通常、戦争体験を語るというときには、兵士としての残虐性や恐怖体験、空襲や疎開のつらさの体験などが語られてきた。そういう側面では、他の国の兵士や民間人の体験と共有できるものが無数にある。しかし、兵士であれ民間人であれ、日本人はそういう「戦争体験」を、同時に「天皇体験」としても実行していた。そこが他国の人々の戦争体験と決定的に違っている。この日本人が体験した「天皇体験」を語ることが、兵士にとっても民間人にとっても、とても難しいものであった。「天皇体験」というのは、一人ひとりの国民が、良きにつけ悪しきにつけ自分の中でひしひしと実感して受けとめていたもので、戦後の知識人が、「天皇制」と呼んで問題にしようとしてきた客観的な制度的な認識の問題とはずいぶん違っている。それはまさに生々しい「天皇と呼ばれるものの体験」としてあったものである。つまり「体験としての天皇」の問題である。

その「天皇体験」の基本は、恐怖や畏敬の感情を呼び起こすもので、その原因は誰もがわかっているように、「天皇」が「現人神《あらひとがみ》」という、神とも人とも思えないようなところに祭り上げられていたところから生じていたものである。今となれば、「なぜ人を神のように感じていたのか」と思われるのだろうが、事情は「わからない」ままに、体験されてゆくことが起こっていた。その結果、兵士や民間人の行動が、そのことに深く支配され拘束され奮起させられるものになっていた。この「現人神」の体験は、当時の同じような全体主義の国家であったドイツを支配していた「ヒトラー体験」とは違っている。「ヒトラー」は人々から「英雄」のように崇拝されてゆくのであるが、「現人神」は「英雄」ではない。英雄などという人間くさいものではなく、それを超越した「貴種」として感じ取られていたものである。この「貴種の体験」として「天皇体験」のあったところが、のちに戦争が終わり、自分たちが何をしてきたかを「語る」時に、どうしてもうまく語ることの出来ないものとして残されてきたのである。

戦争中の日本は、「大東亜共栄圏」の理念をかかげ、アジアの解放のために日本は戦うのだという「正義」を兵士たちに教えていたが、同時に、そういう「軍の教え」の中で、自分たちの軍隊が「皇軍」でもあることも教えていた。この「皇軍の兵士」たちは、自分たちを「貴種の兵士」として思うように仕向けられていて、その意識は同時に、アジアの現地の人々を「土人」と呼び、「格下の人間」のように意識させるところがあった。そういう皇軍の国の人間と、それ以外の人間のイメージは明白に区別されると、残虐な殺戮や殺害が、自責の念を持たずに実行されることが起っていたように思われる。

敗戦後の戦争責任の問題が、どうしてもうまく問われずに空回りしてゆくように見えるのは、日本人の側にあの戦争が「皇軍による戦争」であって、「私利私欲による戦争」ではなく「義のある戦争」「正義の戦争」であったという受け止めがなされるところからきているところがある。だから「謝罪」や「反省」を求めると言われても、多くの日本人にとっては、あの戦争に「義」や「正義」の観念を感じることがあっても、「謝罪」や「反省」の持って行きどころが見つけにくいのである。そこは「英雄ヒトラー」に扇動され、彼の支持に回り、戦争を全ヨーロッパに広げた責任を、ドイツ人が感じるというあり方とはずいぶん違っていた。

日本人の体験していたのは、悲惨で残虐な「戦争体験」と同時に、それを「貴種体験」「天皇体験」として体験していたところなのである。それを軍部によって仕組まれたものだというのはたやすいが、それにしても一人ひとりの国民の中で共有されていた「天皇」と呼ばれてきたものの存在を、「軍部」に転化するだけでは理解できないものがある。というのも、「軍部が作り上げた天皇」ということであるなら「軍部によって作られたヒトラー」もそうであり、そうなれば「天皇」と「ヒトラー」は同じだということになる。もちろん「同じだ」という人もいるだろう。しかし日本人の戦争体験の中に、多くの人が軍部とは別に、「貴種としての天皇」を感じていたことを、どう説明すればいいのかわからないのである。

最も大事なことは、「天皇」を「貴種」として意識する中で、日本という国全体が他の国に比べて「貴種の国」であるかのように感知されていったところである。「貴種としての国土」「貴種としての日本人」。そういう発想がなければ、あれほどの朝鮮人差別、中国人差別、その他のアジア人差別は起こらなかったと思う。そのことを考えると、ここでもヒトラーによるドイツ人の

「優生思想」とよく似ていると思われるかも知れない。「優生思想」と「貴種思想」の異同性。そのことに答えが見いだせるかわからないが、考察してゆきたい。

そういう特殊な戦争体験を持った日本人を、鶴見俊輔も「天皇体験」を抜きには語れないと考えていた。それで、敗戦後、「質問」というスタイルを取りながら、人々に「天皇のイメージ」を聞く試みをしていた。こういう試みは他の知識人はほとんどやらなかったことである。多くの知識人は「天皇制は」という言い方で、制度の問題として論じることが多く、人々が、ひとりひとり感じていた天皇像を聞くというような試みはなされてこなかったと思う。そんな中で、特異な方法で、戦時下の民衆と天皇の関係を調べようとした鶴見俊輔がいたのである。

すでに見てきたように、終戦後、日本に戻り、最も早く書いたのが「言葉のお守り的使用について」であり、ここでは軍国主義を支えていた言葉の数々を「お守り言葉」として分析していた。当然この軍国主義の背景には天皇制があるのだが、鶴見は、直接に「天皇」のことに触れるのではなく、天皇制や軍部を支える「言葉」を中心に調べていた。二十四歳という若さで、言葉の使用法からではあるにしろ、天皇制を射程に入れて戦争中の問題を掘り起こそうとしたところは見ておかなくてはならない。そして「質問」を使っての「天皇」の考察が始まる。「日本思想の特色と天皇制」である。その論考の位置を年譜的に並べておく。

一九四六年　二十四歳　五月「言葉のお守り的使用について」
一九五一年　二十九歳　七月「追放解除の真理」
一九五二年　三十歳　五月「見事な占領の終りに」、六月「日本思想の特色と天皇制」、七月「らくがきと綴り方」、十二月「戦後日本の思想的状況」

一九五六年　三十三歳　一月「知識人の戦争責任」、十一月『現代日本の思想』
一九五九年　三十七歳　一月「戦争責任の問題」

## 一人ひとりの「天皇体験」を聞く

鶴見は「日本思想の特色と天皇制」のはじめの方で、質問のしかたを次のように説明していた。

ぼくたちは、八個ないし十個の同一的な問題を、人びとに問うて、その一つ一つをイトグチとして、こんどは対症療法的に不同一的なこたえ方をたぐって行く方法をとる。この方法で、東京都下のある村の人びと四十名および、伊豆の小都市の子供たち六十名と、かなりながい会話をこころみ、その記録をつくることができた。（中略）ここでは、日本人の道徳的思想を全体として考えることをせず、天皇についての正当化のしかたとあいわたっている限りにおいて、日本人の道徳的思想を問題にすることとする。

（『鶴見俊輔著作集 3　思想Ⅱ』筑摩書房　一九七五、六三ページ）

実際には人々はいろんなふうに天皇のイメージを語るわけであるが、答え手は質問者の質問に誘発されて答えるわけなので、最終的には質問者の聞きたい発言は集められているかもしれないが、人々のふだん思っていることや感じていることが、表に出ているとは限らない。アンケートや質問などの集計の短所は、その質問の範囲でしか「回答」が得られないというところにある。さらに、答える相手が「知識人」の場合と、庶民や子どもでは、答え方が違っている。そこのところも鶴見は気をつけて区別していた。ともあれ、「天皇についての正当化の仕方」について、「知識人」からの答え方を先に一つ紹介しておく。

歴史的にみても、英国がぼう大な力で東洋を侵略した。その地盤へもって来て次にロシヤが北から攻めて来た。そこで英国は日本を東洋の番犬として利用してロシヤをたたいたわけですね。ところが、今度は日本の力が強くなって来たので、逆に日本をとっちめてやろうというところじゃないですか。この戦争はある面からいえば、アジア民族全体の白人勢力の圧迫にたいする総反撃でもあったわけですよ。いいとか悪いとかは結局、立場がかわればちがうものでね。とにかく、じぶんたち（白人勢力＝村瀬・注）は侵略してやろう、われわれ（日本＝村瀬・注）がそれはやってはいけないなんていうのは不当ですよ。結局、日本のやったことは、むかし、地主の独占にたいして、そいつを解放させて行くのとおなじことですよ。国内でくえないんだから、領土をくれといえば、それはいかんと言う。大きな目から見れば矛盾している。アメリカは不在地主も同様だよ。

（「日本思想の特色と天皇制」『鶴見俊輔著作集　3　思想Ⅱ』筑摩書房　一九七五、六六ページ）

確かに、戦時中の軍部の「正義」はそういう「説明」の中にあり、そのことを理解していた知識人たちは、おおよそ右のような歴史観を共有していたし、今でももっているのではないかと私は思う。こうした知識人の受け答えと違って、一般庶民の「天皇についての正当化の仕方」についての答え方はもっと断片的で、主観的で、受け売り的なものであるのだが、それを鶴見は次の七つのパターンにまとめている。以下は村瀬が少し省略した（年齢に「貧農」とか「地主」とか追加しているのをはぶいた）ものである。

①比喩（として天皇を説明する人々）

「国の建物だんべえ」（五十三歳）。「なにか中心がなくちゃあ、なにか柱がなくちゃあ」（七十一歳）。「国旗と同じように、国の姿として」（十二歳）。「日の丸の旗と同じように」（十五歳）。「一家を見ても、お父さんがいなくては、明るい家は、できないですよ」（五十三歳）。「まあ、一家に親父があるのと同じですねえ。まあ、小さくたてれば、親父だねえ。戦争に負けたから馬鹿にしてるけど、やっぱり親父だもんねえ」（五十歳）。「やっぱり国民のお父さん」（十六歳）。

②私的感情（として天皇を説明する人々）

「われわれはやっぱりですね。むかしの教育を受けたので、陛下を中心として行きたいと思いますね」（三十六歳）。「何となく、日本の国に安定がつくような気がするんです」（十五歳）。「いろいろの点から捨てきれないんですね」（四十二歳）。

③国民的感情（として天皇を説明する人々）

「国民的感情じゃないんでしょうか」（三十九歳）。「象徴としてあったほうがいい。象徴という形式にとらわれているようですが、天皇が地方にまわられたとき、何千万という人に信頼されているありさまをふくませて象徴といっているのです」（十六歳）。

④発生的理由（として天皇を説明する人々）

「ずっと昔からの点で……」（七十一歳）。「昔の教育をうけたので」「昔から天皇が主になってはじめて来たのですから」(十六歳)。「そして系図とか何とかで、馬鹿でも何でもではないけれども、御一族のなかから選ばれるのがいいでしょう」(三十九歳)。「伝統にあったものだから」(十五歳)。「日本は昔からの古い歴史をもっていますから」(十三歳)。

⑤効用(として天皇を説明する人々)

「つまり、美濃部博士じゃないが、天皇機関説ですよ」(三十九歳)。「天皇機関説なんて美濃部博士がだいぶ言いましたが、機関説なんかでやって行ったほうがいいですね」(六十八歳)。「天皇陛下がなかったら、みんな乱れて行くような気がします」(十九歳)。「自然な道であり、便宜な道であると思いますが」(四十二歳)。「国内で種々な事があった時、それを統一するために必要だと思います」(二十五歳)。「天皇がいないと、日本が開けない」(十歳)。「外国に降参するとき、天皇が一番前にたって、天皇がしてくれるから」(十歳)。「大臣なんかに悪い人がいると、それをやめさせて、良い人をすすめるから」(十二歳)。「国をおさめる人がいなくなると、強い人が腕力をふるう」(十二歳)。

⑥権威(として天皇を説明する人々)

「お父さんが、天皇が日本で一番えらいって言ったから」(十歳)。「国民としてここに生をうけた以上は陛下をあがめて行きたいと思います」(五十九歳)。

⑦超自然的力(として天皇を説明する人々)

「それが神様の後裔であると思うんです」(四十二歳)。「神様でないといっても、あの人は別として居るんだから、神様と思うより仕方がないねえ」(五十歳)。「天皇がいないと、外国人が日本にあまりえらい人がいないと思い、攻めてくる」(十歳)。「日本にえらい人がいないとへんだから、いたほうがいい気がする」（十歳）。「国に天皇がいると、ほかの国よりえらそうに見える」（十二歳）。

（『鶴見俊輔著作集３　思想Ⅱ』筑摩書房　一九七五、六七ページ）

回答者の年齢はバラバラである。それにサンプルは圧倒的に少ない。これで民衆の中の「天皇」のイメージを拾い上げたとはとうてい言えないが、それでも、こういう質問を公にすること自体はとても新しい試みであったはずである。そして、これを読むと、戦後間もない人々の思いの一端はうかがえて興味深い。共通しているのは、「よく分からないが、天皇はいた方が良い」という感想である。こういうことが言えるのは、この質問が「天皇についての正当化の仕方」ということを目的にしているので、それに見合った答えが取り出されているわけで、この質問がもし「天皇への不満をお聞きしたいのですが」というようなものであれば、違った答えをそこから取り出すことになるだろう。ここではともあれ「天皇」を肯定する理由が、庶民ならではの感覚で答えられているところを見ておくことにする。

この「正当化される天皇」のことは、「比喩」でもってしか答えられない面があり、「比喩」で語るにしても、どこかで「天皇の発生の歴史」の長さが意識され、そこに「天皇」ならではの「効用」があると感じられ、それは戦後「象徴」として残されてもいいのでは、という筋道で考えられているところがうかがえる。鶴見自身は、こうした回答の解析をした結果に対して次のようにまとめていた。

ここで見たかぎりでの天皇制の正当化にしても、天皇制は日本人の美的比喩による正当化、私的・国民的感情による正当化とじつにしっくりとむすびついている。こういう正当化が、いけないといってすますことは、簡単であるが、無責任である。（中略）

すでに見たように、効用による正当化は、日本人のあいだで極めて高い通用度をもつ。天皇制よりも、現実に効用あるもの、〔たとえばマッカーサー制〕のようなものを見せれば、きわめてすみやかに、その新しいものに移り行くことは考えうる。ぼくたちが、天皇制を悪いとすれば、この効用のルートを通して、知識人自身が、天皇制によらない、天皇制的なもののすくない、自発的な組織をつくって明るいくらしをしていることが大切だ。（同、七一ページ）

彼はこの文中の最後で、「効用のルートによっても、ぼくたちの活動が本当の意味で反天皇制的なものかどうかはぎもんである」と書いて、「反天皇制的なもの」を目指そうとしているのは確かなのであるが、しかし、論文の主旨である「天皇制的なもの」がいかなるものであるのかが、そんなにはっきりしない中で「反天皇制的なもの」をめざすようなことをいうのも、奇妙な話であることは言っておかなくてはならない。

## 「らくがき」にできない「天皇」

先に示したように、年譜的に言えば、一九五二年（三十歳）の五月に「見事な占領の終りに」、六月に「日本思想の特色と天皇制」、七月に「らくがきと綴り方」、十二月に「戦後日本の思想的状況」が書かれている。実際はどのように書かれたのかはわからないが、発表順に書かれたとして、六月「日本思想の特色と天皇制」と七月「らくがきと綴り方」を比べてみるのは興味深い。

というのも、「日本思想の特色と天皇制」は見てきたように、人々の「天皇の正当化の仕方」を調べようとするものであったのだが、「らくがきと綴り方」では「天皇の悪口」について調べようという意図になっていたからである。

「らくがきと綴り方」(一九五二)は奇妙な位置をもっている。表向きは「らくがき」や「綴り方」について書いているように見せかけて、じつは「天皇」について書いているからである。表題からは誰も気がつかない。要点はこうである。先の戦争では、多くの犠牲者が出て、街も焼け野原になっている。だから誰もが戦争に対して恨み辛みを持っているはずである。特に戦争を指揮した天皇には、強い恨み辛みを持っていると思われるのに、なぜか、その恨み辛みが聞こえてこない。表だって言えないということもあるだろうが、だからといって、トイレの落書きのようなものなら、誰に知られることもなく恨み辛みが書けたりするはずなのに、そういう所にも天皇への「悪口」は書かれない。いったいどういうことなのか。人々には、天皇への恨み辛みはないのか。いったい人々は天皇に対して、どのように思っているのか。そういう疑問を元に書いたのが「らくがき」のことなのである。おそらく、「天皇」と「らくがき」を結びつけて書こうとした人は、そんなにいないのではないだろうか。

『きけわだつみのこえ』のように、学生たちが自分の本志に反して天皇のための戦争にかり出された場合、アメリカなどならば、天皇に関するのろいの言葉にみちたらくがきをいっぱい書くだろうけれど、その痕跡がない。ぼくが自分で兵隊からきいたのろいの言葉も、学徒兵をふくめて、性器と排泄物と仏教に関するものだけだった。現実には、天皇・祖先神・神道などの名の下になりたつ天皇制によってぎりぎりにしぼられていたのであるが、そのいかりのはけぐちは、性器と排泄物と仏教にむけられる。死においやられたときでさえ、「天皇陛下万歳」、「お母さん」と言って死んだ。（「らくがきと綴り方」『限界芸術論』ちくま学芸文庫　九九ページ）

人々が怒るとき、たいていは「くそ（糞）ぉ」とか「くそったれ」とか、「ムカつく〜」とか「ちくしょ（畜生）〜」というわけで、かつて有名な女優さんも、嫌なことがあると、自分で車を運転しながら卑猥な言葉を連発すると言っていた。ところが天皇に対して、そういう排泄物の言葉や卑猥な言葉を投げかけたり、天皇という言葉を呪いの言葉として使う人がいないと鶴見はいうのである。そのことについて、彼は続けてこう書いていた。

天皇制にむかって怒りがむくように、民衆の思想表白の言語が、成長していないということ、それがこの場合には問題となる。（同、九九ページ）

三十歳の鶴見俊輔らしい書き方であるが、「民衆の思想表白の言語が成長していない」などという言い方は、いかにも知識人らしい書き方である。愚かで成長していない民衆のイメージがそこにある。でもピントがずれている。民衆が天皇に「怒り」を示さないとすれば、「思想表白の言語」が未熟だからではなく、もっと別なところに原因があったと考えられるからである。

というのも、学徒出陣した学生が無念の死を前にして、「天皇陛下万歳」と言うときには、言葉としては「天皇」という言葉を使っているけれど、実際にはそこに「祖国」や「家族」をイメージして、それらを守る守護神のように「天皇」という言葉を使っていただけかも知れず、「天皇陛下万歳」の中身は決して言葉だけでは見えてこないのである。もし「天皇」を呪うような言葉を使えば、それは「祖国」や「家族」を呪うような言い方をすることにもなりかねず、それはできなかったのかもしれない。戦争映画の中で敵の戦艦に体当たりする特攻隊の兵士が「ちくしょう、ちくしょう」と言っている場面は記憶に残っている。この「ちくしょう（畜生）」という仏教用語は、相手の敵に対する侮蔑語であって、「仏」や「天皇」に向けられたものではなかった。そういう戦争の状況を振り返る時に、そこで「天皇制にむかって怒りがむくように、民衆の思想表白の言語が、成長していない」というようなことが鶴見の中で、どうして想起できるのか不思議な気がする。

アメリカ人なら神を呪うだろうと考えるのも不自然である。砲弾の飛び交う映画の中で、兵士たちがポケットの十字架を握りしめたりするのは、自分や祖国を守る守護神としてキリスト教の神を感じているわけで、そんな状況下で「守護神」を呪うようなことをすれば、自分を危険に追いやってしまうからである。鶴見はこうも書いていた。

のろいの言葉から、はなれて、もう一度、戦争のときのことにかえろう。戦争の末にあった異常な状態。反抗の声ひとつあげずに、一億と称せられる国民が死地にさらされている。これは、すぐに出て来たものでないし、すぐに消えるものでもない。ああいう状態が、おこりえたということとは、日本の歴史について、ぼくらが新しい眼で見ることをしいているし、敗戦後の日本の行きかたについても見張りの眼をゆるめぬことを要求している。ぼくらは、戦争末期の状態をくりかえし思いうかべてみては、それに転じうるものとして、ぼくらの今日の現実を理解しなければ、またまだまされる。今の状態では、天皇のもちうる力は、別の皮の下にかくれているから、そのすごさは、想像力を働かさなくては分らない。

（同、一〇〇ページ）

鶴見俊輔は、本当にあの戦争を、民衆は「だまされていた」と考えていたのだろうか。鶴見が自称するプラグマティストであるなら、「世界は相互性で成り立っている」という「相互性の哲学」の考えをここでも適応するべきで、一方的に「だまされていた」というような一方通行的な発想をしないことである。鶴見自身が認めるような戦争末期の異常な状況の中で、誰もが「神頼み」のようになっていたのを、ただ「だまされた」と見なすわけにはゆかないのである。

## 「国土拡張」を歓迎する民衆――「国土としての天皇」と「絶対命令者としての天皇」

おそらく「戦争の末にあった異常な状態」と鶴見が言うときの、その「異常な状態」は、複眼で顧みなければならないだろう。戦争下に民衆は一方的に「だまされていた」のではなく、どこかに戦争で「利するもの」があると思って戦争を支持していたところもあったからだ。その最も大きな理由に、明治、大正、昭和とまたいで遂行されてきた戦争の歴史が、実は国土拡張の歴史でもあったことがあげられる。つまり、明治、大正、昭和と続く人々の意識の中に、「国土」というものが確定しているものではなく、取ったり取られたりする意識の中で揺れ動いているということがあった。欧米の植民地政策や帝国主義は、まさに「国土はとったり取られたりするものだ」という意識の中で動いていたからだ。そんな近代の「国土拡張」の時代の中、国土を失うアジア諸国の中で、唯一「国土」を失わず、さらに戦争によって「国土」を広げていった日本は、アジアの中でも特別な国だという意識が民衆の中に芽ばえていた。そこに軍部が「天皇」を引き寄せ、日本が特別な国であるのは、「天皇」によって守られる「皇国」だからだという意識を広げていた。他国から不可侵の国を支えてきたのは「天皇」なのだという意識付けである。そういう意味では、戦争中の「天皇」を考えると、天皇が日本の領土を特別な領土として守り、さらに領土を広げるための守護神のように意識されてきたことは不思議ではない。

人々は悲惨な戦争を歓迎しているところもあったわけではないが、しかし人口の増える日本で、「国土」が増えることは民衆のためにいいと思っていたのである。そんな中で、「国土拡張」と「天皇」が結びつくと、その国土に生きる民衆や家族は、国土を思うこと、家族を思うことと、天皇を思うことが、一つにさせられてゆくのである。そんな状況下で、天皇を呪ったり、天皇の悪口をいったり、天皇に反抗する思想的言葉をどうやって創り出せたというのだろうか。

大事なことは、「国土」という暮らしに直結するもののイメージは、暦、年中行事、冠婚葬祭、神社の祭りなど、日常の暮らしを大事にすることのなかから生まれてきていた。それは、「国土」のもつ「周期性」を大事にすることであった。そのことは、鶴見の求める「日常生活」の根幹に関わることでもあった。そしてこの「国土＝周期性」を、宮廷儀式の中に取り込むようにして「天皇」の暮らしが続いてきていたのである。ここに人々が庶民感情として「天皇」を否定できない側面があった。

こうした「国土」の山河は、古代から神々と結びつけられてきたので、どこかで人々が「天皇」を神々と結びつける回路も残されてきていたのである。そのことを考えると、「戦時中の天皇」の問題というのは、二つのルートがあった。

①「国土としての天皇」――春夏秋冬、周期性、稲作、年間行事、冠婚葬祭、祭り、神々、と続くイメージの中の天皇

②「国土拡張を命令する天皇」――軍部の台頭、政府の国土拡張政策、国民の統治者としての軍人たちの上に立つ絶対の元帥・命令者としての天皇

前者を「国土としての天皇」と呼べば、後者は「絶対命令者としての天皇」と呼ぶことができる。そして、明治・大正・昭和と続く政治の中で、人々はこの二つの天皇を、政治的な情報操作の中で、あたかも一つのものであるかのように結びつけて意識させられてきた。ここに「天皇」が独特な「貴種」として認知される基盤ができ上がるのである。

先に鶴見が人々への質問で答えてもらっていて、その答え方の中には見えていなかったものが、この二つの天皇像の違いにあったはずである。そして、鶴見が、なぜ人々が天皇に反抗できなかったのか、なぜ天皇を呪うことができなかったのか、と問うて、明白な答えを得られなかった理由も、ここにあることが見えてくる。確かに、戦争の体験の中で、人々の怒りは、戦争の悲惨さに向けられ、その戦争を命令していた天皇に向けられることはしばしばあったと思われる。しかしそれは「絶対命令者としての天皇」への怒りである。そういう気持ちも持ちながら、一般の庶民は、同時に「国土としての天皇」を、自分たちの守護神のように感じていたところもあったので、単純に、あからさまに、非難することができなかったのである。もしそこで、鶴見の言うように「天皇への批判」ができる人がいたとしたら、自分の中ではっきりとこの二つの天皇が区別できている人であったろうと思われる。そしてその人は、「国土」というような古代性に生き

ないで、都会の命令社会で生きる近代の都市生活者であったように思われる。

ドイツのヒトラーと日本の天皇が比較できないのは、こういうところに理由があり、戦後の戦争責任を問うときに、天皇のもつこういう二面性が問題にされていったのは当然であった。そして実は鶴見自身がそのことに気がついていたはずなのである。

## 戦争責任の問題点

戦争責任があるとすれば、当然戦争を命令指揮したものである。戦争は当然、A国とB国が戦うわけであり、その両方に戦争を命令指揮した者がいるはずであるが、通常の戦争責任は、先に戦争を起こしたものであったり、国際ルールに違反した戦争を仕掛けたりしたものであったりするのだが、日本はその中でも、「連合国への敗戦国」であることによって、「戦争責任」を問われることになった。軍事施設があるわけでもない民間の街に原子爆弾を投下するというような国があっても、そういう国への戦争責任は問われずに、「敗戦国」のみの「戦争責任」が問われることになった。そうして、その国での戦争責任者が問題になった。そうなると、戦争責任は、戦争を直接命令指揮したものと、直接命令はしなかったが、近くで戦争を賛美し、人々に戦争を支持するようにあおり、間接的に戦争に向かうように工作したものの「責任」が問われることになる。

そこから、まずは天皇と軍の司令部に属する者たちが「問題」にされた。軍の司令部に属する者たちは、すぐに「戦犯」として目に見える「裁判」の形で、戦争責任を問われた。しかし、天皇はそういう責任を問われなかった。この戦争責任を問われない者がいるということが、戦後「問題」になるが、実際には公には「問題」にされることはなかった。なぜ天皇は戦争責任を問われなかったのか。共産主義に対抗したいアメリカを中心とした資本主義陣営の思惑と、日本の側からの思惑の二つがからまりあって、天皇の戦争責任は回避されたのだが、アメリカは天皇をヒトラーのような軍部的指導者のようにはみなさず、日本人の国土（国民性や文化性）に深く関わっていることをよく理解していたのである。こういう位置にいる天皇を、いったん裁判にかけると無罪にするわけにはゆかず、もし有罪になって日本の「国土」全体が動揺し、アメリカに反抗的になれば、その隙にソビエト、中国の共産圏の日本への進出を許してしまうことになりかねない。日本を資本主義陣営のままで残さないと、アメリカが困ることになる。おそらくそういう思惑で、アメリカは天皇を裁判にかけることを避けたはずである。

結果として、日本がドイツのように東西に分割されずに済んだことは、不幸中の幸いであったというしかないのだが、それは天皇の戦争責任の問題を、無かったことにしたわけではなく、公にしなかっただけである。日本の側としては、天皇が裁判にかけられなかったことはよかったとしても、それで天皇の戦争責任が無くなると考えたかどうか、人々の胸の内はわからない。というのも、多くの日本人は、天皇の名の下に戦争を支持し、戦い、亡くなっていったのであるから。「裁判」という形でなくてもいいから、軍部と共に戦争を指揮した責任を、どこかの時点で表明して欲しかったと、感じていた人も多くいたからである。

何度も指摘してきたように、天皇には①「国土としての天皇」と②「国土拡張を指揮命令する天皇」の二面性があった。①の天皇を感じる面では、天皇を裁判にかけるなどとはとんでもないことだと感じられていたであろう。しかし②の面の天皇のあり方は、誰の目にも「事実」として刻み込まれていたはずで、口に出して言うか言わないかは別にして、命令した以上は責任があるのではないかと素朴に感じるところがあったのではないか。そして、戦後「人間宣言」をした天皇に対して、軍部に導かれてであったにしろ、戦争を遂行した「責任」への思いは語る機会があってもよかったのではないか、と感じていた人たちはいただろうと思う。そうでないと、その後出てくる民間人の「戦争責任」という「問題」が、何かしら決定的なものを不問にしたままでなされているような感じが残ったからである。

そして事実、終戦と共に、人々の中で、①の天皇像が復活してゆく中で、②の天皇像があったこと自体が稀薄になり、命令者としての天皇の責任を問う視座も失われてゆくことになる。そうなると、最高の命令者を問うことは横へ置いておいて、知識人の戦争責任だけを問う声が広がってゆくことになる。それは、「直接命令はしなかったが、近くで戦争を賛美し、人々に戦争を支持するようにあおり、間接的に戦争に向かうように工作した」者たちの責任の追及である。そういう知識人たちは、戦争が終わると、自分たちは戦争を謳歌してきたにもかかわらず、戦後は平和主義者のように立ち振る舞っていたので、鶴見俊輔は、そこに手のひらを返すように簡単に主義主張を換える人々を見て取り、そこに「転向」の問題と「戦争責任」の問題があるのではないかと考えていった。

## 「転向」の問題への二つの動機

先取りして言うと誤解が生じるのだが、よく知られていることで、鶴見自身が、至る所でくり返し言ってきていることなので、先に触れておかなくてはならない。それは「転向研究」が、父・祐輔への批判として始まったという「動機」についてである。

親父のことを書きたくなかったから、あそこで永井柳太郎（政治家）と近衛文麿について書いたんですよ。私はずるいんだよ。（中略）『転向』三巻は、じつは私の親父についての感想なんだ。共産党の転向は私のおもな研究対象ではない。ただ『共同研究　転向』の下巻に略伝としては親父を入れています。それは私が書いた。

（『期待と回想』朝日文庫　二〇〇八、二三五ページ）

実は、私の日本の知識人の研究というのは、まったく私の親父（祐輔）がモデルなんです。つまり、モデルは一つしかないんですね。ですから、「知識人」というと、私は親父を思い出すんです。

（『同時代を生きて』岩波書店　二〇〇四、一七三ページ）

転向して戦争を支持した知識人を総ざらいしてやろうということは、戦争中から私が考えていたことだったんだけど、その筆頭が親父だったんだ。

（『戦争が遺したもの』新曜社　二〇〇四、二四二ページ）

私のおやじは最後の明治人だけど、これはダメなんだよ。日露戦争以後の日本国の航路どおりに生きた。私が自分の生涯の大作と思っている『共同研究　転向』を手がけた動機はおやじにある。それが私のおやじに対する答えなんだ。

（『言い残しておくこと』作品社　二〇〇九、三六ページ）

こういう個人的な動機で始まったものが、時代の課題と重なっていったところが興味深いところである。もし彼の言うように、父親を批判するために「転向」研究を始めたのだとしたら、精神分析が興味を持ちそうな、「父親殺し」「エディプスコンプレックス」が問題になるだろうと思われる。そこでは「偉大な父親」の存在が問題になる。しかし、鶴見の場合には事情は違っていた。彼が、父への批判として転向研究を始めたのだと言えば、その鶴見の言い分だけが受けとめられて、いったい父・祐輔のどこを批判の対象にしたのかは、ほとんど問題にされることはなかったのである。というのも、父・祐輔の書いたものはたくさんあるのに、今ではほとんど手に入れることができないし、簡単に読むことができないからだ（ようやく藤原書店から上田和馬『広報外交の先駆者　鶴見祐輔 *1885-1973*』（二〇一一）が出たが、祐輔自身の著作は依然読めないままである）。そんな鶴見俊輔の父への批判という時の「父」とは、いつも二つのパターンで示されてきた。

①自分が思春期の時、父から聞かされる説教が、決まって「東大出」しかダメだという話になっていたこと。

②自由主義者として評価されている父が、戦中に軍部の海外膨張策を支持し、戦後その責任を取ることなく生きていたこと。

①については心底根深い恨み辛みがあるのだろうと思われる。彼はこう言っていた。

私のほうは附属小学校から七年制に進んで、以降二度学校から放り出されるわけですが、放り出されるごとに、おやじが説教するんです。おやじは雄弁家だから、説教の型が決まっている。どこから始まるかというと、「日本は英国とは違う」。これが演説の始まりなんだ。英国でそこそこの家に生まれれば、オックスフォード、ケンブリッジに行って外務省ぐらい入れるが、日本では、東京帝国大学を出ていなければ外務省に入れない、と。一高から東京帝大、そして外務省というコースが一番だと思っているおやじにとって、私のような存在は恐怖なんです。

（同、三四ページ）

鶴見俊輔が生涯にわたって「一番病」を批判し続けるのは、この思春期の体験がトラウマになっているからであるが、逆に言えば、この「一番病」を生きた父親の「偉さ」が、彼の「エディプスコンプレックス」を形成していったと分析されることにもなるのである。しかし、鶴見がひしひしと感じていたこの個人的な方向を詰めていっても、時代の「転向」の問題に繋げられるわけではない。もしそこに「父親殺し」や「エディプスコンプレックス」のテーマがあったとしても、「父・祐輔」の実像の掘り下げと、「子・俊輔」の当時の状況とが、もっと丁寧につきあわされて理解されなくては、実態はわからないのである。あまりにも、「子・俊輔」の言い分だけが読書家の間で通用しすぎているように思える。

そして問題はなんと言っても②の方向である。

戦争中に親父は翼賛議会で旗を振った。彼はもう軍隊に召集なんかされない年齢で、しかも偉いところにいるから、勝手なことを言えるし、自分の言ったことをひっくり返すこともできる。そういう人が追放解除になって、軍隊の末端で残酷なことをさせられた人間だけが、戦犯として追及されるというのは変だと思った。（中略）
私は戦犯裁判には協力しなかったけれど、親父は追放されるべきだったと思っている。それは撤回しない。そういうところは、和子と私じゃ分かれちゃうんだ。和子は「父の娘」ですからね。親父をできるだけいい方に解釈して一生懸命に動いちゃうんだよ。私は逆回りだ。
（『戦争が遺したもの』新曜社　二〇〇四、二四一ページ）

結果的に父・鶴見祐輔のしたことは、息子・俊輔にはそのようにしか見えなかったのかもしれないが、上品和馬『広報外交の先駆者　鶴見祐輔 *1885-1973*』には、戦時中の祐輔の違った像が書き込まれていた。大きな尺度で見れば、父・祐輔は日本の「海外膨張策」を支持していったわけであるが、たくさんな国際会議に出席して、日本の立場を説明し、誤解を受けている面を懸命に正そうとしていた。それは表向きの会議の場だけではなく、会議の合間をぬったロビーでの雑談を通してでも、精力的に、山積みされる日本の課題について話し込んでいたのである。英語の発音には日本人固有の課題があったにしろ、彼の話しぶりにはユーモアがあり、会場がどっと沸くこともしばしばあったとされている。祐輔自身「国交とユーモア」（『鶴見祐輔著作集3』日本図書センター　二〇一〇）というエッセイを書いているので、「笑い」を生み出すことには相当努力していたのだと思う。そうした鶴見祐輔の姿を、「広報外交の先駆者」として上品和馬は丁寧に資料を掘り起こし、「事実」にスポットライトを当てる研究を残してくれた。しかし、息子俊輔には、そういう民間外交も、日本の侵略の弁護や擁護のために行っていたという側面しか見えず「彼の民間外交は失敗に終わった」と言い切っている。息子・俊輔はそんな上品和馬の労作に「父の仕事」という序文を寄稿していたが、そこでは、父が、留学をへて本場の英語を学んできた息子や娘に、自分の英語の発音を直してくれと頼んでいたエピソードを書いていた。留学できる家柄でもなく、独力で英語をマスターしていった父親にとって、ネイティブの発音をする子どもたちは、うらやましくもあり、誇りでもあったのだろうが、鶴見はそういう父親のエピソードを、「一番病」の父が、かつてはダメ扱いをしていた子どもに教えを請うているようなニュアンスの書き方をしていた。ひどい息子である。

## 鶴見俊輔はいったい父親のどこが許せなかったのか

では鶴見俊輔は、いったい父親のどこが許せなかったのか。彼の言い方でいうところの、「自由主義者」のような立場を取りながら「戦争を支持した」というところなのか。それとも「戦争を支持した」にもかかわらず、戦後になって、その反省の弁を取ることもなく、あたかも「平和主義者」のように暮らしていたところなのか。戦争に積極的に関わったさまざまな分野の人が、戦後「公職追放」され、その後「追放解除」されたその中に父・祐輔もいたからなのか。

一九四六年一月、連合国最高司令官覚書「公務従事に適しない者の公職からの除去に関する件」を元に、「戦争犯罪人」「陸海軍の職業軍人」「超国家主義団体等の有力分子」「大政翼賛会等の政治団体の有力指導者」「海外の金融機関や開発組織の役員」「満州・台湾・朝鮮等の占領地の行政長官」「その他の軍国主義者・超国家主義者」などが「公職に適せざる者」として追放され、一九五〇年に第一次追放解除が行われた（『ＧＨＱ日本占領史 6 公職追放』日本図書センター一九九六)。それらを全部ひっくるめてのことなのか。わかるようでわからないところがある。精神分析でいう「父親殺し」が問題なのだと言えば、済んでしまうような問題でもないのだ。

私が気になるのは、「膨張主義」で動いていた西洋に対して、日本も明治以降、西洋の価値観を学び「膨張主義」を国の方針にしていったところである。この「国土を広げる」ことを西洋が認められているのなら日本も認められると考えていったところである。そういう日本の指導部の理屈に、いったい反対できるのはどういう理屈からなのかという疑問である。西洋はイギリスもフランスも、ドイツも「国土拡張」「膨張主義」を良しとして、大航海時代から歴史を作ってきた。日本もそういう西洋の価値観を学ぶようにして国作りをしてきた。そういう「国土拡張」「膨張主義」に根本の誤りがあるのなら、それを批判する考えをどこかで学ばなければならないはずであるが、いかんせん西洋の近代文明は「国土拡張」「膨張主義」と共に発展してきたのであるから、西洋文明の学習において、どうして「国土拡張」「膨張主義」に反対したり、批判したりする機会を持つことができたのか、そこがうまく理解できないのである。だから鶴見俊輔が父親批判にかこつけて、戦争中の知識人が、軍部の「国土拡張」になぜ反対しなかったのか、あるいはできなかったのかと問う、その根拠が今ひとつ見えてこないのである。

つまり西洋の近代文明の発展は、「国土拡張」とセットで進行していたのであるから、その近代文明を学ぶ日本人が、「国土拡張」をマイナスに考えるということがどうしてできるのだろうという素朴な疑問である。

## 石橋湛山の「小日本論」のもつ位置

私の疑問にはきっと、鶴見俊輔は石橋湛山を持ち出してくるだろう。戦時下でも、日本の植民地主義を批判する人がいたではないかと。確かに『石橋湛山評論集』（岩波文庫　一九八四）に収められた論考は驚異の論考である。戦争の最中に、これだけはっきりと日本の国土拡張主義に異を唱えた人はいないと思われるからだ。私たちは、こういう人が現実にいたのであるから、なぜ他にもっと石橋湛山のような人が出てこなかったのかと不思議に思うかもしれない。しかし「国土拡張」の考えに対して、「国土縮小」の考えを作るには、そもそも西洋の近代文明に反対する考えが必要になるのである。もちろん国土拡張主義＝帝国主義を批判したレーニンの『帝国主義論』があるじゃないかといってみても、ソビエトもりっぱな「国土拡張」主義を進めたことは誰もが知っているところである。どのみち、西洋の近代文明を引き継ぐ先進国で、「国土拡張」を進めない国はなかったはずなのである。そんなときに、唯一例外的に石橋湛山がいるということで、彼を引き合いに出す人たちはたくさんいる。鶴見俊輔も石橋湛山については、あちこちで語っているが、まとまった批評としては次のようなものがある。

批評が政治の専門家に向けられるとき、彼は日本の政治家が日清・日露戦争以後の帝国主義の大勢に足をとられることを早くから警告し、日本の拡大を政党が一致して支持するのでなく小国日本の充実を唱える政党が反対党として現われる必要を説いた。第一次世界大戦にさいしては、日本がこの帝国主義戦争の分けまえ争いに加わってドイツに宣戦してはいけないと説き、ドイツ支配下の青島《チンタオ》を日本支配下に移そうなどとしてはいけないと説き、むしろ日本が進んで満洲での既得権益を捨てるべきだと説いた。

「かくて我が国の青島割取は実に不抜の怨恨を支那人に結び、欧米列強には危険視せられ決して東洋の平和を増進する所以にあらずして、却って形勢を切迫に導くものにあらずや。」（「青島は断じて領有すべからず」『東洋経済新報』一九一四年十一月十五日号）

その後の三十年はまさに彼の警告したとおりになった。

石橋の哲学は、日本の学者・学生が明治以来一貫して軽んじてきた経験主義の系譜に属する。彼は福沢諭吉、田中王堂のような日本の先人を通して、さらにアメリカのジェイムス、イギリスのミル、ヒューム、ロックにつらなる。しかし、そこには初めから、欧米の経験主義の学習に還元できない、仏教的な直観が経験を統一する価値意識として働いている。それは究極においては彼《かれ》に対して我《われ》をたてないで「宇宙万象悉《ことごと》く我《われ》の中にひたして融《と》いて、何物何事に対しても、深い深い心を以て接する」ことである。（「兵卒手簿より」『大崎学報』一九一〇年九月十五日）

彼が著述家としての出発当初からもっていたのびやかな文体と思考とは、日常経験の底に保たれたこの彼の直観に根ざすものだろう。（東洋経済新報社、一九七一年）

（「『石橋湛山全集』第一巻」『鶴見俊輔著作集5』三三〇ページ）

しかしこの批評も奇妙である。ここでは石橋湛山の発想の一つの基盤が「アメリカのジェイムス、イギリスのミル、ヒューム、ロック」につらなる「経験主義」にあるとしているが、では日本にも、西洋にもごまんといるであろう「アメリカのジェイムス、イギリスのミル、ヒューム、ロック」の研究者たちが、石橋湛山のように「国土拡張」主義に反対する論を展開していたかというと、そんなことはなかったのである。鶴見俊輔もそれはわかっていて、すぐに「しかし、そこには初めから、欧米の経験主義の学習に還元できない、仏教的な直観が経験を統一する価値意識として働いている」と付け足している。つまり西洋の経験主義を学んだだけでは「国土拡張」主義を批判する視座が自動的に得られるわけではないことは鶴見にもわかっていて、そこに「仏教的な直観」を持ち込まないと、石橋湛山のような発想は形成されないというのである。もしそうだとしたら、石橋湛山の「小日本主義」は、きわめて独創的な比類を見ないものとしてあったと考えるしかないのではないか。

そうなると、戦争中に軍部の「国土拡張」路線には、西洋の近代文明だけを学んできたものには、「賛同」はすれど「反対する」根拠が見つからないのではないかと思われる。しかし鶴見は戦争中に、なぜ知識人は戦争に反対できなかったのかと疑問を突きつける。だが見てきたように、西洋文明だけを手本にしてきた知識人に「国土拡張」を頭から否定できる根拠は誰も持てていなかったのではないか。そして一般の人々も、「戦争」という「殺し合い」には出兵したくないけれど、「国土拡張」は自分たち国民を潤すものがあり、嫌だけど賛成だという思いがあって、それで表だって戦争反対ができなかったのではないか、できないどころか賛成すらもしてきたのではなかったか、と思えるのである。

そういう国民の意識は、日露戦争に表向きは勝ったことになったとき、戦勝国がもらえるとばかり思っていた「国土拡張」が得られないことがわかり、政府批判の暴動にまで発展した事件を思い起こせばよくわかるだろう。国民は、日露戦争に勝ったので、賠償金五十億円、遼東半島の権利、旅順―ハルピン間の鉄道権利の譲渡、樺太全土の譲渡、はては東のロシア帝国領土割譲までもを手に入れられると勝手に思い込まされていた面もあり、いったんそうでないことがわかると、政府を批判する「日比谷焼打事件《ひびややきうちじけん》」を一九〇五年九月に引き起こしていた。つまり戦争にかり出されるのは嫌だが、勝てば戦利品として「国土拡張」があると思うから戦争に反対をしない面もあったのである。

そのことを踏まえて、鶴見のなぜ戦争中に戦争に反対しなかったのか、という疑問は、「反対できなかった」という側面だけではなく、「(嫌々ながらも)戦争を支持していた」側面と共に、顧みられなくてはならないのではないかと思われる。ではそうだとしても、石橋湛山がいたではないかと、さらに鶴見は言いそうな気がする。石橋湛山のことは、ではどう考えたらいいのだろうか。

## 石橋湛山と鶴見祐輔

石橋湛山の「小日本主義」の発想の一つの源に「ウィルソン大統領の構想――十四ヶ条提案」があったとされるのであるが、もしそうなのだとしたら、このウィルソン大統領を最も深く敬愛して止まなかった人に、父・鶴見祐輔がいたことも見のがすわけにはゆかない。そして石橋湛山(一八八四～一九七三)と鶴見祐輔(一八八五～一九七三)はほぼ同い年であり、同時期に亡くなっていた人なのである。同じようにウィルソンを学んだものが、かたや「植民地放棄」を唱え、かたや「国土拡張」を唱えるとなると、戦後の鶴見俊輔から見れば、当然石橋湛山が「立派」に見え、父、祐輔が「愚か」に見えるのは、避けられなかったであろう。しかし、このことの問題を追求するには、もっと多くの研究と努力が必要になる。ここで私の指摘できるのは、一見正反対に見える石橋湛山と鶴見祐輔の立場が、どこかでつながっているのではないかという予感である。というのも、石橋湛山は、一般に思われているほど「植民地放棄」が貫けていたわけではないからである（上田美和『石橋湛山論』〈吉川弘文館　二〇一二〉が、公平に湛山の満州追認や戦中戦後の立場の連続性を調べている）。これは石橋湛山の批判として言っているのではない。ウィルソン自身が唱えた植民地批判の政策そのものが、実現されず挫折したことを思えば、その理想を少しでも実現させようとした同時代の日本人に食い違いが出てくるのは避けられなかったはずである。父・祐輔のウィルソン賛歌は『鶴見祐輔人物論選集』〈ダイヤモンド社　一九六八〉に収録されている。ここで大事なのは、実現できそうにもない、理想の政策をウィルソン大統領が掲げていたことに問題があるわけではないということである。

くり返し私が言うように、西洋の近代文明自体が「国土拡張」の上に築かれていて、その文明の歯車が動いている中で、たとえばアメリカの一国だけが「国土拡張」に反対し、その動きにブレーキをかけることには、無理があったのである。理念としての考え方には賛同できても、現実にアメリカの友好国が、「国土拡張」を進める国に侵略されてゆくのをアメリカは黙って見過ごすわけにもゆかなかったからである。事実アメリカは「州」と呼ばれる国土を拡張することで成立していったわけで、かつてのイギリスやフランスのように露骨な植民地政策はとらなかったものの、友好国を増やすことで、実質的にその国をアメリカの「国土拡張」のような位置に置いてきたのである。さらにアメリカは、見かけの非植民地政策を採っているかのように装っても、国内に黒人の奴隷制度を長く存続させてきたわけで、そういう意味では、アメリカという国の内部に植民地を持っていたようなものだった。そんな矛盾を抱えたアメリカの中で「植民地の放棄」

などと言えば、アメリカ自ら抱える「州の拡張」「黒人問題」を「解決」しなくてはならなかったのである。ウィルソン自身が実現できない政策を、日本で石橋湛山ができたというのなら、変な話になってくる。というのも、「国土拡張」を経ないで「近代文明」を遂行しようということになっていたからである。そこにはジェファーソン大統領が、黒人奴隷を解放する宣言を作りながら、自らの屋敷の黒人奴隷を解放できなかったし、また女性の黒人奴隷に自分の子どもを産ませ、そういう子どもたちを奴隷にしていたアメリカの現実に通じるものがあるはずだからである。

鶴見俊輔は父・鶴見祐輔を翼賛主義者と一刀両断に切って捨てるけれど、祐輔は、他国の自立は尊重すべきだとくり返し述べていた。まさしくウィルソンの教え通りにである。ただその他国に自立する力ない場合には、日本が代わって警察官のようにその国を守り、助け、育てるのだという言い方をしていたのである。結果的にはそれは侵略を肯定する詭弁に映るのかもしれないが、鶴見祐輔は大真面目にそういうことを考えていたのである。そこは息子・俊輔の批判を鵜呑みにしないで、丁寧に研究される必要がある。

## 「転向論」へ

こうしてみれば、鶴見俊輔が父を批判するために「転向論」を構想したという時の、その視座の正当性が問われることになるのではないか。「戦争責任」と対になって思索されてきた「転向」の問題を、新たな視野で再考察される必要があるのではないか、と私は思う。というのも、そもそも「国土拡張」は、すべての近代の文明国が進んできた道であり、それが「侵略主義」「植民地主義」として批判されるのは当然であるとしても、その近代文明の恩恵の受けた部分までを、その言い方で帳消しにすることはできないからである。それは、「侵略主義」「植民地主義」を肯定するというようなこととは話が違っている。そのことを踏まえて、鶴見俊輔の問題意識を振り返ると、そこにはなぜ戦時中の知識人は醜悪な戦争に反対できなかったのか、あるいは、侵略戦争に反対できなかったのかと問いかける、その問いの問題点が見えてくる。

知識人も、一般民衆も、戦争への強烈な恐怖や嫌悪、戦争観はあったのに、そういう人々の間には「国土拡張」によって、閉塞する暮らしを打破できるのではないかという「希望」も同時にあり、そういう「国土」観が、「天皇の国土」として人々に意識させられる以上は、進んでその国土を増やすことを良しとせざるを得なくなっていたところがあったはずなのである。だから、恐怖する戦争にも、兵士として出征することが人々の「願い」にすらなっていた。自分の親兄弟が出征させられるのはなんとしても免れたいが、国が戦争をして誰かが国土を広げてくれることには賛成するのである。民衆には、そういう意味での「戦争恐怖」の側面と「国土拡張」を歓迎する面の二面性があった。

知識人にも、その二面性があった。西洋文明を学んできた知識人に「国土拡張」を一〇〇％悪と退けられる理屈は作れかったはずだからだ。そもそも西洋文明にとっての「国土」とは「国土拡張」の何ものでもなかったはずである。そして戦後になって、この「国土拡張」が、「侵略」であり、「植民地化」であり、「帝国主義」という言い方で呼び換えられると、この方向で動いてきた国家や指導者を、当時の知識人が反対できて当たり前ではないのか、それがなぜできなかったのか、と批判する論調が現れてきた。それが「戦争責任論」として取りあげられ、その責任を果たさないままで、戦後を生きようとしたあり方を「転向」と呼んで問題にしようとしたのである。

しかし私はふと思うのである。あれだけ「国土拡張」で動いてきた、イギリスや、フランスで、そういう戦争に反対しなかったということで知識人が責任を追及されたり、戦後になってやおら「国土拡張反対」を表明することで「転向」のようなことを問題にされた話をあまり聞かないのである。そういう動きが日本には紹介されなかっただけなのかもしれないが、何かしら日本特有の要因がそこに働いていたような気がする。鶴見俊輔の「戦争責任論」と「転向論」が、今ひとつ文明の大きな流れの中で、事態を見ようとしていないように見えるのは私だけなのだろうか。

かつて吉本隆明は「転向」の問題を、次のような有名な言い方で説明していた。

わたしの欲求からは、転向とはなにを意味するかは、明瞭である。それは、日本の近代社会の構造を、総体のヴィジョンとしてつかまえそこなったために、インテリゲンチャの間におこった思考変換をさしている。したがって、日本の社会の劣悪な条件にたいする思想的な妥協、屈服、屈折のほかに、優性遺伝の総体である伝統にたいする思想的無関心と屈服は、もちろん転向問題のたいせつな核心の一つとなってくる。

（『吉本隆明著作集13　政治思想評論集』勁草書房　一九六九、六ページ）

わかりやすい説明ではないが、ここでいわれる「総体のヴィジョン」というのをさらに大きく見積もって、「国土拡張を柱にしてきた近代ヨーロッパ文明」とすれば、文明を支持することは「国土拡張を支持すること」で、文明に賛同しないことは「国土不拡張」を主張することになっていた。どちらに転んでも、リスクはあるのだが、そういう総体のビジョンの中で生きていることを自覚しているかいないかでは、事態を見失うのではないかと、考えることも出来るように私は思う。

このことは二〇一一年三月十一日に起こった福島原発事故の時の知識人の動きによく似ているように思われた。西洋の近代文明は電気の動力源を原発に求めて動き出したときに、もちろん二つの道はあり得たのである。「原発拡張」の道と、「原発否定」の道と。しかし、多くの知識人は、原発の事故の起こるまでは、電力不足を補う原発に反対を示さず、むしろ賛成もしながら、「原発拡張」の道を支持してきたのである。そして原発事故が起こった後で、なぜ原発に反対しなかったのか、というようなことが問題にされだした。吉本隆明はそこでも、原発の技術を作りだした近代の文化に背を向けて日本が歩めたわけはなく、その道を歩んでしまった日本の近代国家としての総体のビジョンを見ることを忘れていけないのではないかと主張していたように私は感じている。

そういう意味で、戦後始められた鶴見俊輔の「戦争責任論」や「転向論」は、そのまま延長し続けていっても、実りのある議論にはならなかったのではないかと思えてならないのである。事実彼は、後に次のようにも言っていたのだから。

転向も非転向も、おなじように不毛（ダメな思想）だとした吉本隆明の直観は、的を射ている。偉大な毛沢東も、戦後の経営にすぐれていたとは言えない。戦時の天皇制絶対主義に屈しなかった非転向の共産党員は、ソヴィエトの政策をうのみにしたという批判をのがれられないが、十五年にわたる戦争の中で戦争反対をつらぬいたという点で偉大である。しかし、自他ともに認めるその偉大さが、彼らの戦後の運動への足かせとなった。非転向も、重荷を負うことから逃れられない。

転向を、近代国家としての日本の出現以降の進歩に並行する事実として記述することは、日本文化の強さにつきまとう弱さを知る上で大切である。戦後のすでに五十五年におよぶ、国家の強制を感じさせない形ですすむ転向を見すえることは、ひとつの課題である。しかし、これはむずかしい。研究者の胸中に今すすんでいる転向を見すえる動機がないからだ。（中略）

その後、転向研究の論文は数多くあるが、それをはぐくむ動機にとぼしい。

学問の動機にとぼしい社会が、日本にあらわれた。

もともと転向研究は、憎悪と自己嫌悪を動機とする。その動機は資料読みとりのゆがみをつくりだす。そのゆがみを軌道修正する中立的な実証の手続きが必要となる。しかし、もとの動機のない中立的実証からどのような転向研究が生まれるだろう。

（『転向再論』平凡社　二〇〇一、二一六ページ）

# V　人生の「折り返し」から

第十二章

# 四十五歳からの「母」の語り

## ——改めて鶴見俊輔の「二人の母」を考える

### くりかえされる「母の語り」

次の発言は二〇〇八年だから鶴見俊輔が八十六歳の時である。いつものように定番化された「母の悪口」を言った後で、インタビュアーにこう呆れられる場面がある。

**黒川創** それにしても、鶴見さんみたいに、何度も何度も、まるで初めて話すようにお母さんの愚痴を話し続けられるのもすごいと思います（笑い）。

**鶴見** それだけひどい目にあったんだよ（笑い）。おふくろのことは毎日しゃべってもつきることがない。

（『不逞老人』八五ページ）

八十六歳近くになってまだ、「母の悪口」を言い続けるというのは、尋常ではないと私は思う。フェミニズムが期待しているような、「暴力装置としての母」のようなものが少年期にあったにしては、その母は鶴見俊輔が三十四歳（一九五六年）の時に亡くなっているのである。母が亡くなって五十年以上も経つのに、まるで昨日の出来事のように「母のひどい行動」のことを語るというのは、尋常ではない。仮に「犯罪」があっても五十年もたてば、「情状酌量」もあるし、「時効」もあるし、「罪の許し」や「寛容」というようなこともあり得るだろう。特に「いつも新しい思想家」などと呼ばれてきた鶴見俊輔なら、なおさらそういうことが起こっても良いはずなのに、そういうことはなされない。「母」への「容赦」は無いようなのだ。

ということは、ここには「母への悪口」や「悪態」として片付けるには、やはり尋常ではないものを感じ取るべきではないか、と私は思う。鶴見には、それを言い続けなければならない何かしら「巨大で不気味な問題」が潜んでいたのではないかと。ここには何かしらの「謎」があるはずなのだ。そもそも良識のある人が聞けば、鶴見俊輔のこの「母の悪口」はあまりにも「変」に聞こえるはずだからである。その辺を察してか、上坂冬子は彼（八十七歳）との対談の中で、こう率直に話していた。

**上坂**　私ね、先生のご本にはお母さんがぶったの殴ったのと、ことごとく母親批判的な文言を並べて書いてあるけれど、そこに自画像を見る思いがするわ。
**鶴見**　自画像？
**上坂**　たぶん私が子どもを持っていたら、同じ扱いをしたと思う。息子の成績が二番だったら、眉を逆立てて、どうしてお前は一番が取れなかったの？　と責め立てるだろうし。息子にはやっぱり悲願を込めますからね。親は少しでも息子をよく育てようと一所懸命なのよ。私には、鶴見さんだってそうは言いながらも、母上を恋い慕っていらっしゃる様子が手に取るようにわかります。もうずいぶん前のことですけど、母上が亡くなる時に鶴見さんは枕辺で「僕はいまのままでいいんだね」って母上に念を押したら、母上が「うん」とうなづかれたという話をお聞きしたことがあります。あの時、ああ許されたと感じたとおっしゃったじゃないですか。私は親子の真情を感じましたよ。何のかの言っても、先生もお母様を慕っていらっしゃったのよ。亡くなる前に、すがるようにお母さんの了承を取りたいと思われたんですもの、かけがえのない親子関係じゃないですか。親も子も立派だと思います。お元気な時に、殴る蹴るの緊張感があったというのは、母親としての愛情以外の何ものでもない。それはともかく、よかったですね。途中から勉強ができるようになって。

**鶴見**　途中からじゃない。もともとできるんだ（笑）。それがわからなかったんだ、お袋には。

**上坂**　私はお母さんの気持ちがよくわかります。

**鶴見**　上坂さんに育てられなくて、まだしもましだったよ（笑）。

（『対談・異色昭和史』ＰＨＰ新書　二〇〇九、三二一ページ）

鶴見俊輔の「子どもっぽい」対応がよく現れている対談である。さらに言うと、上坂冬子との対談で、自分の名前が、伊藤博文の幼名と同じで、父が総理大臣にしたくてこういう名前をつけたので、それが嫌でしようがなかったということを語ると、上坂は、痛快にこう切って捨てていた。

**上坂**　どこの家にもある話ですよ。息子に将来強い兵士になって勝ってほしければ、「勝利」

とつけるだろうし。
**鶴見**　でも私の親父は自分が首相になりたいと思って、息子の私につけたんだから罪が深い。
**上坂**　よくある話なのに、子どもがそこまで嫌がるのは異例ですね。私は父上に罪はないと思う。子どもに憧れの人の名前をつけるのは親の望みじゃありませんか。それくらいの許容もなしで、よく今日まで人間社会を生きてきましたね（笑）。第一、女々しい。（同、一二八ページ）

「女々しい」と切って捨てられているのに、このあと性懲りも無く彼は「私は親のつけた名前が一因で鬱病に苦しんだ」とか語っていた。ばかばかしい屁理屈にしか聞こえないような発言である。この時の上坂冬子の立場に立てば、いい年をして、この期に及んで何を母や父の悪口を言い続ける必要があるのか、「女々しい」としか思えないのである。しかし、私がここで考えたいのは、鶴見は本当に「生身の母」に対してそんなふうに「悪口」を言い続けていたのかという疑問である。もしそうだったのだとしたら、上坂冬子のように、いい年をして「女々しい」と切って捨ててもいいだろう。しかし私が不思議に思い「謎」を感じるのは、鶴見が意気揚々と「悪口」を言う相手が、どうも「生身の母」ではないように思えるからだ。特に聞き捨てならないのは、彼が「母」をスターリン呼ばわりするくだりである。

こうして八十五年生きてみて、私はおふくろに大変感謝してるんだ。おふくろは私が生まれたときから、ぶったり、踏んだり、蹴ったりして、私を育てたんです。人道倫理からいえば、生まれた子どもにそんなにひどく当たるというのは、残虐で不当ですよ。

（中略）

私のおふくろというのはほんとに愚かな女なんだけれど、思想の芯があった。その芯は何かというと、当時のプロレタリア小説の芯、つまり、細田民樹の『生活線ＡＢＣ』などで描かれる、でかい家、裕福な家の子どもは必ず悪人になるというテーゼなんですよ。

（中略）

で、私は麻布のいまの中国大使館のあるところで生まれたんですけど、この家がでかいんですね。だから、生まれたばかりの私がどういう人間になるかわからないにもかかわらず、お前は悪い子だ、悪い人間だといって、ぶったり蹴ったりする。

（中略）

私にとって、おふくろはスターリンなんですよ。彼女が正義も道徳もすべて独占している。だから、こっちは命を賭して戦うしかないんです。たとえば、おふくろは、飯を食うたびに、箸の持ち方が悪いといって叱るんです。こっちは、どういうふうに箸を持つかはわかっている。でも絶対その通りにはしない。教わった通りにはしないというのが、私の抵抗の所作なんです。

（中略）

ともかく、私はゼロ歳のときから、おふくろに殴られながら、「おまえは悪い人間だ」といわれつづけた。だから、自分は悪い人間だ、というのが私のなかに生じた最初の考えなんです。これは、親鸞のいう「悪人正機説」とも通じるのだけれども、親鸞を読むのはそれから十年以上経ってからだから、この考えは親鸞に植えつけられたんじゃなくて、私の心の先住民であるおふくろに植えつけられたものなんですね。

当時私はまだ言葉をもってないから、おふくろに言い返せない。そこで行動的に抵抗するんだよ。つまり悪い人間として生きる。この流儀は、八十五年の間通していて、全然ブレない。それが、私の信仰といえば信仰でしょう。（『言い残しておくこと』作品社　二〇〇九、一一ページ）

こういう「母の悪口」だけを引用しても、大部のものになるし、それこそ引用する方も嫌になる。「死者にむち打つ」ということわざも、思い出される。それが「実の母」のことだったとしたらなおさらである。しかし、「実の母」のことでないのだとしたら話は違ってくる。

## いつから「母の悪口」を言いはじめたのか

まず考えたいことは、鶴見俊輔はいつからこのような「母の悪口」を言い始めたのかという疑問についてである。というのも、これだけ「母」の記憶が嫌なものとしてあり続けていたのなら、きっと思春期、青年期と、ずっと「悪口」を言い続けていたのだろうと、つい思ってしまう。しかし、そうではないのだ。彼は少年期、思春期、青年期を通してずうっと「母」の「悪口」を、つまり「母」への「恨み辛み」をしゃべり続けてきているわけではなかった。彼が「母」のことを語るのは、よく知られているように「私の母」というエッセイを通してである。このエッセイは一九六八年の雑誌『母の友』に掲載されたもので、鶴見俊輔が四十五歳の時のものである。大事なことだからくり返していうことになるが、鶴見俊輔の母がなくなったのは一九五八年五月であり、俊輔が三十六歳の時である。ということは、彼は母が亡くなって十年間は母のことを語っていなかったのである。問題はだから、十年立って、彼が四十五歳になって、急に堰を切ったように「母の悪口」を口にするようになったのである。それはなぜなのかということである。この経過を踏まえた問いを立てないで、彼がずっと「母の悪口」を言い続けてきたのだと漠然と考えるのは間違っているのである。かれは満を持して四十五歳を境目にして「母の悪口」を言うようになった。その「満を持して」ということの意味が問われなくてはならないのである。

そのことを問うためには「私の母」（一九六八年十二月）が本当に「母の悪口」を書いた最初のエッセイかということを問わなくてはならない。というのも、鶴見俊輔のことをよく知っている人は、「私の母」の前に「母の悪口」を書いたエッセイのあることを知っているからだ。それは「退行計画」（一九六八年三月）である。「私の母」の九ヶ月ほど前に書かれたこの奇妙な題のエッセイに、確かに「母」の「悪口」は書かれていたのである。しかしこのエッセイは、とてもわかりにくく書かれている。それでも、読めば読むほど重要なエッセイであることがわかってくる。事実彼は二〇〇八年に出された『道の手帖　鶴見俊輔』の中の自選アンソロジー5篇の一つにこの古い「退行計画」を入れていた。そのことからも、このエッセイの重要性は鶴見自身によっても自覚されていたのである。そういう意味では、「私の母」よりはるかに重要なエッセイである。「私の母」は、わかりやすく「母の悪口」を語っているだけで、このエッセイから読み手は、ただ「母の悪口」の情報を得るだけにしかならない。しかし「退行計画」はそうではない。そしてこのわかりにくく書かれたエッセイの中に出現させられた「母」こそが、「問題の母」なのである。だから私たちはこの手の込んだエッセイに描き出された母のイメージにこそ、その後言い続けることになる「悪口の原点」を見ることができる。その辺の経過を、姉の母のエッセイも含めて年譜ふうにして示しておきたい。

一九五六年　三十三歳　母・愛子死去（六十歳）
一九五七年　　　　　鶴見和子「母の思い出」（『婦人之友』四月号）
一九六八年　四十五歳　三月「退行計画」（『展望』三月号）
　　　　　　　　　　十二月「私の母」（『母の友』十二月号）
一九九二年　　　　　鶴見和子「おなじ母のもとで」（『鶴見俊輔集 12』月報）

「退行計画」は一九六八年三月号の『展望』に発表された。エッセイは四つのパーツに別れている。パート1では、自分が「うまれついたところと、ほぼ反対のところへきたことは確かで、今では、鏡のなかにみるように、もとの自分を見ることができる」と書き、その「今の自分を、むかしの自分とのもぬけのからと感じる時の、この説明しにくい虚脱感」のことを書いていた。そんな場所にいる自分が「存在の全体をどのようなものとして思いうかべるかが、わたしの生涯を決定する」と書き「四十五年ほど生きたあいだに、わたしにとっては、時間と空間と存在が、ちがう感じのものになってきた」と書いていた。少し大袈裟に聞こえるこの状況説明は、どこかしら変な感じがしたものだった。四十五歳というのは確かに人生九十年とすれば半分の歳で、そこが人生の「折り返し」の意識をもたらすと言えば言えるのかも知れないが、多くの人はそんな四十五歳の時に、鶴見俊輔が感じるように「うまれついたところと、ほぼ反対のところへきた」「今では、鏡のなかにみるように、もとの自分を見ることができる」などと感じるものだろうかと思ってしまう。そういう意味で考えれば、彼の四十五歳で「人生二つ折り」にして組み立てようとする発想は、特異なものであったと私は思う。そこでこの「退行計画」を少し順を追って見ておくことにしたい。

## 「退行計画」を読み解く――パート1からパート2へ

まずは、パート1である。ここで「人生二つ折り」のイメージが提示される。そして、それまでとは「時間と空間と存在が、ちがう感じのものになってきた」という自覚が語られ、残り半分の人生のイメージを「こわす」とか「うしなう」とか「こぼれおちる」とか、そういう流動化のイメージでとらえ直しされるのである。

そしてパート2に入る。そこに「母」の「負」イメージが満を持して出現してくることになる。書き出しは「ある時、何かを、この人に言いたいと思う」（『鶴見俊輔著作集 5』筑摩書房一九七六、四八四ページ）で始まっている。「この人」とは「母」のことである。ここで書き手は「記憶」をたどるのだが、その「思い出し」が奇妙な展開を見せている。普通に何かや、誰かを思い出すのではなくて、昼間の銭湯に行ったときの、水道の蛇口に掛かっているホースのようなものについて思い出すのである。

「馬蹄形にかかったホースを見ると、きまって、切ない感じが自分の中に呼びさまされる。いつもきまってそうだ。もやもやした、とらえにくいものというのではなく、いつもはっきりと同じ感情なのだ。これはなんだろう」（『鶴見俊輔著作集 5』四八五ページ）。

「風呂屋の蛇口についているホース」を観る時に思い出す感情が、なぜそんな特別な記憶の体験になって現れるのか。その理由は、かつて交換船でアメリカから日本に戻ってきたときの船の上での記憶である。そこにはこう書かれていた。

輸送船の甲板に建てられたにわかづくりの便所を掃除する役がまわって来た時など、急に元気が出てきて、ホースをふりまわした、あのへんな元気は、どこから出て来たか。青空の下で甲板上に糞尿をおしながし、その中を走りまわった時の快活さを、今も、思い出す。(中略)
　自分の汗、吐く息、糞尿と精液を許すことなしに、どうして自分の存在をうけいれることができようか。他人の存在をも、どうしてうけいれることができるか。　(同、四八六ページ)

　ここに「ホース」が出てくる。鶴見は「風呂屋の蛇口についているホース」と、この「交換船の甲板のホース」を結びつける文章を書いているわけではないが、しかしこの二箇所に現れる「ホース」が全く偶然に思い出されているとは思えない。というのも、その後で彼はこう書いているからだ。

「わたしの母は、おそらく、わたしに糞便をきらうようにしつけた。自分の排泄への嫌悪。それがたやすく、自分の存在のうけいれにくさと結びついた」

　ここでやっと「母」が出てくる。それも「糞便をきらうようにしつけた母」として。そして、交換船の甲板では、このホースを振り回して身近にある糞尿を洗い流す作業をしたことが、糞尿を身近に感じさせる体験となって痛快に感じていたというのである。その時の「痛快さ」の感覚が、四十五歳になって昼間の銭湯に行ったときに出会う蛇口にかかったホースを見た時に感じてきたあの、「きまって、切ない感じ」として自分の中に呼びさまされる、というのである。それも「もやもやした、とらえにくいものというのではなく、いつもはっきりと同じ感情なのだ。これは、何だろう」と。問いかけがそこからはじまっている。

普通に考えれば、「糞便をきらうようにしつけた母」というのは、誰にとってもごくごく普通にしつけている母の姿ではないのかと思われる。たいていの母は糞尿を嫌うように子どもにしつけるはずである。しかし鶴見は、そのことから、彼は「自分の排泄への嫌悪。それがたやすく、自分の存在のうけいれにくさと結びつくのである。もし「糞便をきらうようにしつけた」母のことを、「自分の存在のうけいれにくさと結びついた」というようなことを書くのなら、世の母たちはたまったものではないだろう。だから鶴見のこの「思い出し」は「変」なのである。「正当なもの」ではないのだ。にもかかわらず、鶴見の中では、こういうふうに思い出してしまう記憶の何かが確実に存在していたのである。

それが何かである。つまり鶴見にとって、四十五歳になって日々思い出すことになるあの「風呂屋のホース」の持っていた意味は何かということなのである。

おそらくそのホースは、自分を「汚物洗いの人」にした体験＝快感を思い出すというための象徴になっていたものである。「汚物洗いの人になる」ことが「ホース」として想起され、さらにその「ホース」に「自分の男根＝ホース＝精液」を振り回すイメージが重ねられ想起される、という具合いなのだ。そしてこの「ホース」の記述のあとで、その後私たちが何度も目にすることになる母の悪口の記述がようやくというか、おそらく初めて登場するのである。

ここでの書き方の大事なところは、ただ母の思い出を語るという作業とは違う、別な作業をしているところである。なぜそんな持って回った回想を通してしか「母」のことが思い出せなかったのか。おそらくここには、「糞尿＝汚いもの」と「高貴なもの」を対比させる感情が問題になっていて、その感情の対比に「母」が根本的に関わっていたからである。「汚いこと」をしないように、と迫る母。「糞尿」を嫌がる母。「底辺にいることを嫌う母」。それでいて「高貴なもの」に成ろうとすると激しくとがめてきた母。そういう母に従ってきた自分が今までいたのだが、とうとうホースを振り回し、汚物にまみれながら、糞尿を洗い流すことのおもしろさを味わうことができるようになってきた。そういう年齢に達することができた、という思いが、ここに書き込まれているのである。鶴見が生涯にわたってこのエッセイを手放さなかったのには、深い理由があったのだ。

ちなみに言えば、この半年後に書かれることになるエッセイ「私の母」は、「ホースの記憶」などは抜きにして語られるので、いかにもただ「母」を思い出して論じているように見える。だから、「私の母」は、ただの「生身の母」「肉親としての母」の回想をしているようにしか見えない。しかし、四十五歳になって「母の悪口」を語り出すのは、そういう単純な回想からではなかった。

「退行計画」パート2の後半では、母のことは次のように語られている。少し長いが、有名になっている文章なので、確認をする意味でもその箇所を写してみる。

母は、わたしのどんな欲望の中にもわりこんで来て、わたしの欲望とその相手との間にわってはいる。このように自分を独占されることが愛されることだとしたら、愛されることだけは、こりごりだと、今はおぼえていないほど小さい時から確信をもってきた。わたしは、わたしの歴史のはじまりこのかた、愛にかつえたことがない。

一生分、愛された。それは、窒息しそうな経験だった。ある夜、眼がさめて、自分の呼吸が隣の部屋から計られていると思った。そう思うと、たえられなくなって、ふとんをかついで、三階分の階段をおり地下のボイラー室までいって寝た。そこまで降りても、家にいるかぎり、母から自由に眠ることができると思えなかった。

誰にとってもそうかも知れないが、母はわたしにとっては巨人だった。わたしの上におおいかぶさり、わたしを、その腕の外に出られないようにした。

何よりもこたえたのは、こどものころのわたしには、母の正しさが疑えぬことだった。正義の道は、母が独占している。その道を、母の言うとおりに服従して歩いてゆくか。もしわたしが自由を欲するならば、わたしは悪をえらぶ他なかった。つねに、悪をえらぼう、これが、はじめにわたしのなかに生じた魂の方向だった。した悪事が今から見て小さいことだったとしても、それぞれの時期に、わたしにとっては、力いっぱいの努力だった。

母は、彼女自身を好いていたと思えない。わたしは、母のなかに、たえざる自己嫌悪を見て、それをまなんだ。それがわたしにとって不幸感の源泉となった。わたしは、母のなかの正義から逸脱した。それが、わたしにとっては、幸福の源泉となった。

今は母は死んだので、こどものころの地獄のような毎日の格闘がなつかしい。

（『鶴見俊輔著作集　5』四八六ページ）


さーっと読んでしまえば、ここには「実の母」のことが語られているとつい思わされる書き方がなされている。しかしよく読めば、ここには支配者的な母親に、「正義」というか「母の正しさ」を「疑えぬもの」として感じていたことを書いているところが目に付く。もちろん世の心理学者なら、虐待を受ける子どものつらさは、そこに「母の正しさ」を感じ自分に非のあることを感じて、その虐待を受け入れてしまうところにあるんだよ、というかもしれない。鶴見少年の場合もそういう状況であったことは一目瞭然ではないかと。

しかしながら、鶴見俊輔は母がなくなって十年にもなる時点で、そんな「児童虐待」のような母を語り、そこに「母の正義」のあったことを語るのである。いい年をして、今さらそんな少年期の辛かったことを公言して、何になるかと思うのが普通である。しかし彼ははっきりとこう書いていたのである。「わたしは、母のなかの正義から逸脱した。それが、わたしにとっては、幸福の源泉となった。今は母は死んだので、こどものころの地獄のような毎日の格闘がなつかしい」と。ここに、彼の体験が、ただ幼児虐待になっていなかったことが見て取れるはずである。では、鶴見はそこで何を体験していたのかである。

### パート3からパート4へ

そして「退行計画」パート3が来る。そこはこういう書き出しで始まっていた。

はじめに思いちがいがあった。思いちがいは神にまつられた。思いちがいが神だった。
罪の中で自分は生まれ、罪の中で自分は育つと考えるよりも、思いちがいによって自分は生まれたと考えるほうが、今は似つかわしいと思っている。

（中略）

はじめに思いちがいがあったから、自分は生まれた。自分の意識の歴史もまた、最初のページから思いちがいではじまる。自分の思いちがいを世界にこじいれ、どうにも仕方がない時にだけ、すこしずつ、その思いちがいを直す。

（中略）

思いちがいを恐れずに、毎日新しく思いちがいを世界にこじいれてゆく他ない。ひどい思いちがいは、わたしをいたい目にあわせる。そのいたさにたえて、自分の思いちがいにしがみつくか、すてるかは、自由な選択だ。

いたい目にあうごとに、わたしは、自分のえりくびをつかまれて、真理のほうに向けられる。真理は、痛い方角にある。しかし、真理は、方角としてしか、わたしにはあたえられない。思いちがいに思いちがいをついで、その方角に向うのだ。思いちがいのなかで、思いちがいをすてることでその方角を向いて死ぬ以外に、何ができよう。

（同、四八八ページ）

さーっと読み飛ばせば、ここにも強権的で、巨人の母のことが書かれているときっと読者は思うに違いない。しかしここにも見過ごすことのできない奇妙なことが書かれている。それは「思いちがい」というものについての文章である。パート3のはじめに、唐突に出てくるこの文章は、どこを受けて、どこに繋げるように書かれているのかよくわからない不思議なセンテンスである。

その「思い違い」とは何か。くりかえしのべてきたように、それは彼の出自にまつわる「貴種」としての存在の仕方である。「母」は息子が少しでも「貴種性」を自慢しそうになると、立ち上がれなくなるほどにその態度を改めさそうと振る舞ったのである。そういう母の振る舞いを「貴種を折る」という言い方で、すでに呼んできたのだが、この「母」から得た「貴種を折る」ことの体験を、実はこの「退行計画」の中で、改めて方法として自覚しようとしていた節が見られるのである。

そして「退行計画」の最後のパート4が来る。

自分にとって、自分は何か？　小さいころ、小さいながらも自分は一つの固い実体だった。他の何ものともちがう材料でつくられた、孤独の実体。それが、それとちがう質の世界にとりまかれていることが、恐ろしかった。（中略）自分はたわみ、いつかは、こわれる。そのこわれる時が、こわかった。

皮膚一枚へだてて、わたしの内部にあるものとわたしの外にあるものは、まったくちがう。外の世界のものが、いつ、皮膚の傷から自分の内部におしいってくるかわからない。（中略）わたしの内部にあるものと、わたしの外にあるものは、まったくちがう。だから、わたしの内部をとおして見た外の世界は、誰にも言いようのないまったく別の世界だ。時に、ちょこっと、友だちに言って見るのだが、共感の得られる時はなく、言わなければよかったと思うばかりだ。（中略）

わたしの中にあるものは、巨人伝説だった。それは、偽善のかけらもない義の人とともに一つの家に住むものの苦しさだった。誰もそれを信じてはくれまい。わたしから人に言うべきすじあいのものでもない。わたしが悪いから、辛いのだ。だがわたしにとっては、母は、こわれるまぎわまでわたしを追いつめる巨人だった。しかも、その巨人によってわたしはかろうじて命を保ち、その生存を保証されている。

巨人にたいして、萎《な》えたる人として、自分を感じる習慣が早くからできた。

（同、四八九ページ）

ここで鶴見俊輔は何を書いているのか。カフカのような私小説じみたものを書いているのか。自分が周りと違っていることへの不安。いつか外部が内部に押し入ってくるのではないかという恐れ。そして自分が壊れることの予感。そういう崩壊感覚は、誰にも語ることが出来なかったと鶴見はいう。さらに注意を引くのは「わたしの中にある巨人」伝説である。それが「母」だったと語られるのである。

ここにはいかにも、青年期の実存の不安や強い母を巨人に例えているのが読み取れるかもしれないが、実際に感じ取られていたのは、抽象的な実存の不安といったようなものではなく、すでに述べてきているような「貴種であること」の具体的な不安や恐怖についてだったのである。その不安や恐怖は、自分の社会的な「地位」を自覚するときにいつもついて回っていたのである。

## 「貴種を折る」体験としての母

以上のような内容を持つ「退行計画」であったが、ここで言われていた「退行」は、精神分析でいう「退行」という意味でも無いし、後ろへ退くという、後退という意味でも無いことは理解できたと思う。大事なことは、彼がこのエッセイを書いた歳、つまり四十五歳を人生の半分と考えて「二つ折り」というか「折り返し」をイメージし、それに「退行」という言葉を当てていたというところである。ここで、「半分に折る」というような「折る」というイメージが展開されている。しかし、「折る」といっても、折り紙を「半分に折る」ようなことではない。彼は、パート3で、自分の「思いちがい」のことを語り、パート4では「内部と外部のちがい」や「わたしの中の巨人伝説」のことを語っていた。そこに関係することが「折る」のイメージに関わっていたのである。

そこで問題になっている「折る」は、まさに「貴種を折る」という意味での「折る」だったのである。彼は自分の存在を支えてきた「貴種」について言い知れぬ恐れとおののきを感じて生きてきていた。彼の多くの書き物や研究——たとえば「転向研究」や「限界芸術」など——は、他の誰にもわからない、人知れずおびえ続けてきた「貴種」との対決の思索から生み出されてきたものであった。鶴見は、生まれてから自分の中に「貴種」として持ち上げられる階級的な優位さをしこたま体験しつつ、しかしその優位性を味わい始めると「母の怒り」に触れたり、「母の鉄槌」を食らうことを体験して生きてきていた。だから彼は「貴種」であろうとする瞬間に、同時に「並み」を生きるように自分を「折る」ことをしなければならなかったのである。この「折る」というイメージは、私が勝手に考えているものではなく、鶴見俊輔がプラグマティズムを研究したときに出会う中心のイメージ「折衷主義」の「折衷」にも関係するイメージである。

そういう意味では、この「退行計画」で描かれた「わたし」は、まるでフランス革命でギロチンの露と消える前の貴族のような心情で描かれていると読むべきであろう。内部と外部の落差や、いずれ外部が内部に攻め込んでくるかのようなイメージは、貴族の館に乗り込んでくるパリの民衆のイメージを彷彿させるからである。彼は別なところで、こうも語っていた。

私は上層出身です。日本人全体の上位一パーセントの暮らしをして、薄々、まずいなとは感じてたんだ。(中略)

(アメリカから)帰ってきたとき、ちょうど満二十歳になっていた。道に立って叩き殺されるかもしれない。この恐ろしさは歴史的恐ろしさだ、ファシズムには革命的側面がある、これはかならず革命に転化して戦争が終わる、と思ったんですよ。(中略)

私の家は麻布にあったんですが、いずれ民衆が入ってきて全部つぶされると思っていました。私にとっていくらか大事なのはノート類だけだから、それを一つのリュックサックにつめて守りたい……。

(『期待と回想』二二九ページ)

大事なことは、人生後半の鶴見俊輔が、この「少年期の母」=「回想の母」の「悪口」をいうことで、自分の「貴種を折る」体験を風化させないようにしてきたというところにある。そこに「未来の母」=「期待の母」の誕生があったということなのである。「生身の母」と「未来の母」、この「二人の母」が実は「退行計画」に描かれていたのに、後の人はそこに「母の悪口」をいう鶴見俊輔しか読み取ってはこなかったと私は思っている。

## 「貴種」とは何か

残る問題は「貴種」とは何かである。たとえば、オリンピックで一位を目指す選手たちを各国は、それぞれに熱狂的に応援する。国家の誇りのようなものが、この「一位」に表されるように感じる。他の国より自国が優れていると感じることのうれしさ。それは他の国が自分たちの国を下に見たり、低く見なそうとすることへの反発である。いつの時代からか、世界の民族や国家は、自分たちを下級の国や下級の民族に見られることのないように、自分たちの国を高く立ち上げてきた。当然のことである。日本で言えば、中国が絶対的支配者であった「倭」の時代には、生口（奴隷）を貢ぎ物として送っていた。しかし、中国に隷属する国という関係ではなく、自国を優位に自立させるために「天皇」という貴種をつくり、中国と対等な関係を生み出そうとしてきた経過がある。こうして生まれた「貴種としての天皇」は、その後の「日本」で大きく機能し、日本を対外的にも劣化させない効果を生み続けてきた。そういう意味では「貴種」へ向かう指向が出てくるのは、自らを劣者と見なされまいとするために、個人から、国家や民族までを含めて、共通して向かわざるを得ない指向性であったと私は思う。

鶴見自身は、自らの出自の貴種性にどれだけ支えられ救われてきたかを身にしみて知っていた。しかしその指向性を折ることの意味も、よくわかっていた。貴種のままでは民衆が家になだれ込んでくることを。しかし「貴種を折る」ということが、単に貴種の「否定」になるだけではいけないことも鶴見はよくわかっていた。「貴種」は、貴族や特権階級を意味するだけではない。「貴種」は、人びとの上昇指向性の極致であり、民族や国家が、他国に隷属しない自立の極致でもあったからだ。「理念としての貴種」と「階級としての貴種」は、違っている。

鶴見がマルクス主義に感化されなかったのは、マルクス主義の生む「貴種」の仕組み（スターリン崇拝や毛沢東崇拝）が受け入れられなかったからである。マルクス主義には「階級としての貴種」を生む仕掛けがあった。マルクス主義がそうなるのは、背景にヘーゲルの発展段階の論理があって、世界の動きが発展段階と見なされると、「頂点」に「貴種」が論理的に存在させられたからである。

姉の和子は、アメリカでいち早くマルクス主義に感化されてゆくのだが、それは和子が、「母」から「貴種を折る」ための折檻、思考訓練を受けなかったからである。彼女は「貴種」に対して甘い考えを持ち続けてゆくことになるが、俊輔の方は、早くから「貴種」に対する危険性を察知する感覚は研ぎ澄ましていたのである。だから彼はヘーゲルの弁証法ではなく、プラグマティズムを身に合ったものとして選ぶことになる。彼の選んだプラグマティズムは、おそらく人びとが思い描くプラグマティズムと違う「相互主義」にあったことは、すでに見てきたとおりである。だから鶴見は、「貴種を折る」ということを実践させてくれる学問として、プラグマティズムを相互主義として体験していたのである。

ここで改めて、「貴種を折る」というのは、「貴種の否定」ではないことを強調しておきたい。「貴種」へ向かう指向性は、個人も、共同体も持っていることは否定できないからである。そして、「貴種」を生む仕組みを持った理論（ヘーゲルのような理論）が形成されれば、いくら貴種を否定しても、その内部から貴種を生むことが起こり得ることも見てきたとおりである。だから、王族支配を否定し、プロレタリアを擁立するといっていても、そこにスターリン崇拝や毛沢東崇拝の別の種類の貴種を生むことが起こる。

鶴見が「母の折檻」になにがしかの「正義」を感じていたのは、そこに「貴種を折る」という意味での「折り」のイメージに重要な意味のあることを察知していたからである。ここでの「折り」とは折って捨てるものではなく（そんなことをしても復活するのだから）、自分の中にたえず「折り込む」ことを考えることである。「貴種」は、いつの時代でも、国家から個人まで含めて、求められる指向性であるのだから、否定されてすむものではなく、形成されては「折り込み」されるものとして生かされなくてはならないものなのである。そこのところを鶴見がどう考えていたのかを私たちは知らなくてはならない。そのために、私は鶴見俊輔の言葉の中で最も鶴見らしいと感じてきた言葉を取り上げてみたい。それは次の一行である。

天皇がもってきたふしぎな公平さ、これはある程度認めなきゃいけないいんじゃないかな。

（『期待と回想』三〇四ページ）

天皇という突出した貴種に、「公平」という横並びのものを認めるという、そんな矛盾するものを認めるという発想。これは「貴種」に苦しんできた鶴見俊輔でしか言えない言葉であり、その実現の困難さに自失させられるような言葉である。鶴見がここで考えているのは、貴種を貴種として突出させたり、階級化したりするのではなく、またそれを全面的に否定し捨て去るのではなく、それをあえて横並びの中に「折り込む」というイメージである。

貴種を否定しないで折り込むという発想。そのイメージの実現を鶴見は天皇に見ているのである。私たちが実際に鶴見に近いイメージで天皇を見たのは、二〇一一年三月の東北大震災の時であったと思う。被災地を見舞った天皇が、体育館で「膝を折って」人びとと話をしている姿をテレビで見たときである。天皇が自ら「折る」姿を見せている！　古老の人びとは「天皇が膝を折って話をされている！」ときっとびっくりしていたのではないだろうか。鶴見はそういうものとして、「天皇」が存在する姿を早くから見ていたのではないかと私は思う。

日本人にとって、この「天皇」という「貴種」をどう受けとめるのかは、大きな問題であり、鶴見にとっても巨大な問題であった。彼が多くの左翼の知識人のように、簡単に天皇制の廃止や天皇の否定に向かわなかったのは、自らの内部の「貴種」を否定できなかったことと関係しているのだが、それだけではなく、人びとの持つ「貴種」への指向性を大事なものと考えるところがあったからである。すでに見てきたように、「天皇」というあり方は、強大な中国を相手に、倭国から日本という独立国を生む原動力として立ち上げてきたものであり、そうした貴種性に支えられてきた日本のあり方も、「日本」を考えるためには無視できないところであり、そこを考えるためには鶴見俊輔は生涯を費やして悩み続け、思考し続けたのである。そういう「貴種を折り込む」という視点に、私は鶴見を継承するための大事な起点があるのではないかと思っている。

# 第十三章　「うつ」に苦しむ鶴見俊輔

## 「私には三つの『うつ病』の時期があった」と語られる問題

鶴見俊輔は対談などで、しばしば自分には「三つの『うつ』の時期があった」と語っていた。このことはくり返して語られてきているので、私たちはなんとなく鶴見俊輔には三つのうつ病の時期があったのだと思ってきて、その中身をたずねることは失礼になると遠慮されることもあり、ほとんどなされてこなかった。なので「三つの『うつ病』の時期があった」という話は彼の自己申告のままであり、額面通りに受け取るしかないところがある。とりあえず、彼自身が『鶴見俊輔著作集　5』（筑摩書房　一九七六）の最後に「略年譜」に、自分が「うつ」と認める時期を記しているので、書き写してみる。

一九三七年　十五歳　府立第五中学校二年終了後、休学、のちに退学。鬱病。
一九四八年　二十六歳　十一月、京都大学嘱託となる。この頃心臓神経症に悩む。
一九五一年　二十九歳　五月から鬱病にかかり約一年（京都大学を）休職。
一九六〇年　三十八歳　五月、東京工業大学を辞職。十一月、横山貞子と結婚。このあと鬱病で一年引きこもる。

すでに「伝記」的なことは触れてきているので、ここでは鶴見の自己申告通り、彼に「うつ」の時代があったと仮定すれば、そうした「病理」と彼の思索には何か関係があったのかどうか、そのことを見ておきたいと思う。

## 中井久夫『看護のための精神医学第二版』から「うつ」を調べる

そういう理解を進めるにあたってのよりどころを私は中井久夫の『看護のための精神医学第二版』（医学書院　二〇〇四）に求めておきたいと思う。というのも、鶴見俊輔は中井久夫には深い信頼を置いていて、彼との長い対談も残されているからだ（『道の手帖　鶴見俊輔』河出書房新社二〇〇八、所収の「中井久夫×鶴見俊輔　あいまいさでつかむ思想」）。中井久夫の方は『看護のための精神医学第二版』の中の「躁うつ病圏の病気」という章で「鬱病」についてわかりやすくまとめて書いているので、そこを参考にさせてもらうことにする。そこでの中井久夫の理解を要約して示すと次のようになる。番号は村瀬が付けたものである。

①躁うつ病は、「躁状態」と「うつ状態」と「中間期」の三つの時期からできている。過活動と気分の高まりを特徴とする時期が躁状態である。活動低下と気分が沈む時期がうつ状態である。中間期は、人間好きな少しやぼったい社交的な人であったり、律儀できちょうめんな人であったりする。

②躁うつ病のキーワードは「後悔」である。うつ状態のときは「取り返しがつかない」（木村敏）と悔やみ（土居健郎）。躁状態のときは、「なんとか取り返し、埋め合わせ、つぐないをつけよう」とがんばる。

③躁の時期は「抑制解除」が特徴である。おしゃべりとなり、よく動く。対人のルールを気安くのりこえ、えらい人のところへなれなれしく話しにいったり、他人どうしが話しこんでいるところに割り込んだりするが「にくめない人」という印象を与える。

④話を過去にもってゆくと話がまとまり、気分が落ちつくことが少なくない。（中略）躁病の人のこころの目はほんとうは過去に向いているのではないかと思うことがある。

⑤これにたいして躁うつ病のうつ状態は、まず「抑制」が特徴である。行動はのろくなり、口数も少なくなる。「口が重い」「重苦しい動き」という印象である。ふだんなら平気な相手と会うのもおっくうになり、人がえらくみえる。ひどいときは、はっている毛虫を見ても「いっしょうけんめい働いている。オレよりえらい」と感心する。ふだんできる活動ができなくなるが、とくに決断がつかなくなる。

⑥同じことをくり返し（反復）、話を周辺から切りだしてなかなか本論に入らない（迂遠）場面が多い。（中略）うつ病の人のまわりくどさは、共通のお皿を全部ことばにしようとするためかもしれない。ある事件のことを話すのに、それに関係した人、それも周辺的な人と自分との関係から話しだす。（中略）「助走期間が長いのだな」と思って聞くのがよい。まれには重要な情報が入っていることもあるが、たいていは前置きであり、こうしないと話のエンジンが始動しないのである。

⑦うつ状態では、「疲れやすい」というより「はじめから疲れている」というほうが当たっている。「転導性」も低下していて、同じことをくり返しくり返し考えている。この考えを「断片的にぽつぽつ洩らす」という感じで人に語る。たとえば「オレはもう生きてゆけない」「死ぬしかない」である。このように「行きづまり感」「自殺念慮」は必発であるといってよい。（中略）「エライ」人は、うつのさなかでも「顔をつくること」ができて、笑顔をたやさないことが多い。「スマイリング・デプレッション（笑いながらのふさぎ）」である。だから、昨日談笑していた人が今日どうして飛び下り自殺をしたのかと、まわりがいぶかることになる。
⑧躁病の「誇大妄想」はけっきょく「自分は社会的にえらいんだ」ということである。うつ病の悩みも、「会社に迷惑ばかりかけている」「人々に申し訳ない」（罪業妄想）ということであって、人や社会への負い目感であり、「人が自分をどう見ているか」に関係する。（中略）うつ病の人は仕事や作品を評価されたい気持ちがどこかにある。
⑨かつては、うつ病になりやすい人には一つの性格の型があった。努力型、責任感が強い、きちょうめん、律儀といわれる人たちである。秩序を好み、良心的で、目標を達成するまで努力を怠らない。目標を果たしても、不全感が残りやすい。頼まれれば断ることができず、しょいこんでしまう。自分のことより他人のことが先になりがちである。これは、わが国では好ましいとされる性格であった。このような性格の持ち主として、他の人たちから信頼をえており、それにふさわしい地位についている。
⑩和を重んじるのは、対人関係における矛盾に直面したくないためである。これは躁病の人も同じである。対立する部局を調停するよりも、自分が余分の仕事を引き受けて対立をやめさせ

ようとする。このような性格傾向は生まれつきというよりも、教育や家庭環境によって十代の中ごろ、生涯の進路を決めるころからはっきりしてくる。

以上の説明の中に、鶴見俊輔を「説明」できる「症状」を読み取る人はかなりいるかもしれない。例えば、おしゃべりで人なつっこく、世話焼きで、たえず笑っているような表情を絶やさないとか、おしゃべりが高じると話がどこまでも広がってゆくが、「過去」のことを話すと落ち着くとか、躁になると「自分はえらいんだ」と思い、さらにそれを思いすぎるところが出てくるのだが、うつになると、「決断」が出来なくなり、「虫の方がえらい」と感じるような自己否定が出てきて、自殺願望が出てくるとか……。鶴見俊輔に「ぴったり当てはまる」ではないかと。もしそうなら、鶴見俊輔の心の現象はすべて「精神医学の視点」で読み解けるというような感じもしてくる。しかしそのように考えてしまうのは危険である。人の心の流れには、ある種の傾向や類型が認められ、それが予想できたり、推理できたりすることはありえるが、そういうことがわかるためには「病む人の人生」に寄り添ってきた精神科医たちの苦労や歴史があるわけで、それを飛ばして、その結果手に入れられた「診断」だけを尺度にして人の心がよくわかるなどと考えるのは勘違いだと思う。診断の尺度は、心の傾向がわかるだけで、その人の人生の実質がわかる訳ではないからだ。

そのことを踏まえて、中井久夫の「うつの説明」を読む必要があるだろう。そうすると、鶴見俊輔の「心の傾向」は、すでにのべたように、普段（精神医学の説明ではいわゆる「中間期」ということになるのだろうか）は、人なつっこく、世話焼きで、笑う表情を絶やさないが、ひとたび「躁」に成るときには、極度に「自分はえらい」と思い、「うつ」になるときには、極端に「自分はダメだ」と思う。そして、普段の話で、「未来」に向かうと止めどもないおしゃべりになって収拾が付かなくなるが、「過去」の話をすれば落ち着く、というようなところが「当たっている」ように見えることになる。

## 「躁」のときに

こういう「うつ」の「心の傾向」をもつ人に触れた人が、一様に感じるものがある。例えば重松清との対談『ぼくはこう生きている、きみはどうか』（潮出版　二〇〇九）の後の感想として、重松が次のように書きとめている姿などがそういうふうに見えてくる。

会議室で机を挟んで向き合った鶴見さんは、やはり博覧強記のひとで、並はずれた記憶力の持ち主だった。だが、それ以上に、表情が豊かなひとだった。クリクリッとした目が、じつによく動く。話に熱が入れば机に身を乗り出して、怖いぐらいの迫力でつたない聞き手をじっと見据える。一方、僕がなにかを話しだすと、その目は少年のような好奇心でキラキラと輝く。かと思えば、はじけるような笑い声とともに、まなざし一転、優しいおじいちゃんのそれになる……。

至福の体験だった。あまりに幸せに酔いすぎて、聞き手としては感嘆まじりの相槌を打つのが精一杯という体たらくだったが、言葉だけでなく、そのしぐさや表情、息づかいまで含めての「鶴見俊輔」を味わっていただければ、と願っている。

（はじめに）

二〇〇七年六月二十六日に始まった講義も、これで一区切り二月半ばの京都らしからぬ暖かな陽気のもと、クリームソーダを注文した鶴見さんは、アイスクリームが溶けてしまうのもかまわず、いつものように不出来な聞き手を相手に淀みなく話していく。話に熱が入ると鶴見さんはテーブルに身を乗り出し、じっと僕の顔を見つめる。その眼光の鋭さと深さに何度もたじろぎながら、しかし、話題がゆるんだときの少年のような笑い顔にまたすうっと引き寄せられ……その繰り返しで五回にわたる対話はつづけられたのだ。

（第五章　対談を終えて）

おそらく、鶴見俊輔と対談やインタビューをした人たちがに共通して感じるような印象がここに語られているのではないかと私は思う。すでに「躁」の人の「傾向」として見てきた、「人なつっこく、世話焼きで、笑う表情を絶やさない」鶴見俊輔と、「普段の話では『未来』に向かうと止めどもないおしゃべりになって収拾が付かなくなる」鶴見俊輔の姿がここに見て取れるからである。そしてちょっと「芝居がかった立ち振る舞い」も印象に残る。

## 「うつ」のときに

一方で「うつ」になったときの鶴見俊輔は違っている。それを見た人はいないので（というか、その時には人に見られるようなところには出られないはずなので）、自分で語っているのを紹介するしかない。

一九五〇年の秋のことだった。私は千本劇場で取っていたノート（漫才の研究ノートのこと＝村瀬注）を披露したんです。しかし、しばらくして鬱病になってしまった。こんなことやっていて、いつでも笑われている感じがしてきた。自分は京都大学の助教授だというが、まわりから笑われている感じ。ある家に生まれたからこういう肩書きになった。自分の能力を過信したって、この肩書きは遺伝によるハプニングにすぎない。どんどん屈辱が深まり、自分で射った矢がすべて私に返って、もう自分の名前を書くのが嫌になってねぇ。そこで漫才の研究が終わったんです。

（『期待と回想』「7　伝記の持つ意味」三九四ページ）

ここで鶴見は簡単に自分のことを「うつ病」だと言っているので、それを読む人は額面通りに「鶴見さんはこの時うつ病だったのだ」と思うかも知れないが、しかしここで語られていることは相当辛い出来事なのである。つまり、小学校もろくに出ていない自分が、京都大学の教員になっていることで、周りからいろいろ「悪口」をいわれ、「笑われて」いるのではないかと思い始めているからである。その原因は「ある家に生まれたからこういう肩書きになった」という思いである。「ある家」というのは「貴種としての家柄」のことである。そしてそれは、虚偽だと言い切れなかった。自分の本の出版や『思想の科学』の立ち上げ等々で、父・鶴見祐輔の支えがあったことは見てきたとおりである。そして亡くなっているにしても後藤新平の孫だという「うわさ」も流れてはいたであろう。だから自分は本当の評価をへて京大にいるのではなく、親の七光りでここに居られているのだ、と思われていないかという疑念。そういう思いが募ると、その親の七光りの元になる「鶴見」という字を書くこと自体ができなくなってゆく。

ここでも彼を苦しめているのは「貴種との相克」なのである。その「貴種」への負い目が自責の念を生み、自分を全面否定することに追い込む。その自己否定が「うつ」という形を取らせてゆき、その様子を見た医師は「うつ病ですね」と診断することになる。

診断としたらこういう「傾向」が見られるということなのであるが、そこに見られる「負い目」「人々に申し訳ない」感じというのは、鶴見の出自である「貴種」であること、「貴種」であったことへの「負い目」だったのである。しかし「うつ」と診断した当時の精神科医には、そこまでのことはきっとわからなかったと思う。彼の生い立ちを深くたどらないと、わからないところだからだ。だから先ほど、精神医学の診断だけでその人のことがわかったように思うのは危険だと指摘していたのである。診断でわかるのはおおまかな「傾向」であり、それ以上のことはその人に深く関わってゆかないと見えてこないのである。

以上のことを考え合わせると、鶴見俊輔が自分で言うように「うつ」の時期があり、また心の傾向として「うつになりやすい心性を生きていた」ことはわかると思う。しかしだからといって、鶴見俊輔はうつ病患者だったのだというふうに見なしたり、言ったりするのは違っていると私は思う。そんな診断名で人を判断するのは、人を誤解させるだけだからである。というのも、鶴見俊輔がもし、出自の「貴種」と葛藤しなければ、つまり親の七光りの二世議員や二世タレントのように生きていたなら、「うつ病」にはかからなかったはずだからである。「うつ」になるのはその葛藤があってのことであって、その結果だけをとらえる「診断名」でその人を見るのは、その人の最も大事な所を見誤まる危険性があると思うべきである。

ちなみに中井久夫の指摘する④や⑥の「説明」も鶴見俊輔との関係で考えると興味深いところがある。つまり「過去の話をすると落ち着く」という心性である。この指摘は、鶴見が対談やインタビューで、かならず「ひどい母」「悪ガキ時代」の話を持ち出してから、始めるところに見て取れる。「過去の話」は、話の中身よりか、そういう「過去の話」があったことを聞き手が面白そうに聞いてくれること、そのことを求めて語られる「儀式」という感じがする。そういう意味で、この前振りの、枕詞的に持ち出され語られる「ひどい母」「悪ガキ時代」は、鶴見俊輔のいう「お守り的な使用」として使われている感じがある。だからそのお守り的な記述・回想を、そのままストレートに「自伝」とみなすのは、違うのではないかと私は思う。

鶴見にとってこの「ひどい母」「悪ガキ時代」を枕詞にするというのは、ただ昔の思い出を語るというような作業をしているわけではない。この枕詞は、彼の人生を聞き手に認めさせる大きな「前提」になっている。聞き手が自分の語る人生を「肯定し評価してくれる」かどうかは、この「枕詞」の話を面白がって聞いてくれるかどうかにかけていたところがあったからだ。

ちなみに中井久夫と鶴見俊輔との対談（『道の手帖　鶴見俊輔』〈河出書房新社　二〇〇八〉の中の「中井久夫×鶴見俊輔　あいまいさでつかむ思想」）ではどうなっているかを紹介しておきたい。対談の出だしは案の定「私のおふくろというのは……」という話から始まっている。しかし、中井久夫は、彼の「病歴」を意識しているのか、その話に必要以上に反応したり、聞き出しをしたりしていない。中井久夫の反応は簡素そのもので「ああ、なるほど」とか「うーん」とか「ああ、そうでしたか」とか「ふーむ」とか「ほお」とか、合いの手を入れるだけである。過剰に聞き出そうとするようなそぶりは見せない。見事である。それ以上の反応を見せると、鶴見俊輔はますます過剰に反応してくるであろうことを予期していたみたいである。といっても、中井久夫が相づちをうつだけでも、対談の最初は鶴見俊輔は意気揚々と「不良少年」だった頃の自分やおふくろや父親のことを延々としゃべっているのであったが。

## 「うつ」の克服と日常性の取り戻し

うつの克服の経過は、次のように鶴見自身が語っていた。

**鶴見**　（自分の）名前が書けなくなった時に、私は裁判所に訴え、苗字も名前も変えようかと思ったほどでした。そして、辞表をもって桑原さんのところに行ったんですよ。二九歳のときです。すると桑原さんが「君は病気だ。学校に来ないで、ただ月給を取ってろ」と言うんです。それで私は学校を休んで精神病院に入ったんです。新宿の晴和病院です。
　その晴和病院の医者が、友人の井村恒郎。（中略）

**中井**　ほお。

**鶴見**　結論はね、「私はあなたは精神分裂じゃないと思う。鬱病の治療をするけどよろしいか?」と。その治療法が持続睡眠だったんです。

**中井**　ああ、あの頃はそうですね。

**鶴見**　今は危険だからやらないですよね。

**中井**　はい。当時も覚めたときにどう迎えるかですよね。

**鶴見**　入院が一九五一年の一二月。正月をはさんで一九五二年の一月に私は退院しました。その時、井村さんはこう言ったんですよ。「もう一回、鬱が出るかもしれません。でも次は軽いですよ」。

信頼する医者の暗示っていうのは効くんですよ。実際、三八歳の時、二回目が出たんですよ。だけど対処法は分かっていました。自殺しなければ必ず治る。自殺したいという欲望との闘いなんですよ。

その時は、私が鶯谷のあたりに六畳間を見つけて、歩いて行ける先にもう一つ部屋を見つけて、そこに細君にいてもらって、まったく別交渉にして、細君が時々私の様子を見に来るという生活を送ってたんです。（中略）

晴和病院にいた時は治るまで一月と十日くらいかかりましたが、この時は、自分でルールを考えているからなかなか小康を得なかった。

（「中井久夫×鶴見俊輔　あいまいさでつかむ思想」『道の手帖　鶴見俊輔』五ページ）

一九五一年当時の精神医療がどういうものなのか、さっぱり見当がつかないのだが、十二月に知人・井村恒郎のいる晴和病院に入院し「持続睡眠」という治療療法を受けたといっている。でもその治療法が「今は危険だからやらない」ものだと鶴見は言っているが、持続して睡眠を取るという意味での「持続睡眠」というのなら、そんなに「危険」と言われるような治療法ではなかったのではないかと素人の私は思う。むしろ、そういう「睡眠」をしっかり取れたので、回復が早かったのではないか。だから、入院が一九五一年の十二月で、正月をはさんで一九五二年の一月に退院したというので、一ヶ月ほどの入院治療であった。そして実際には一年の休職をしていた。

私などは森山公夫の躁うつ論に早くからなじんできていたので、彼が治療の三段階として示すものが最も自然だと思われてきた。その三段階とは「眠り、遊び、仕事」であり、彼はこの「眠り」が最も大事なものだと説いていた。「よい眠りが恢復をもたらす」と。「第一段階—「眠りと休養期」。躁うつ病治療の基本は、まずよく眠り、いったん落ち着くことである」（『躁と鬱』筑摩選書 二〇一四、二二三ページ）

なぜ「眠り」が大事なのか。鶴見俊輔の求めてきた思想の基本に「日常性の発見」があったことは何度も指摘してきたところであり、その「日常性」とは、周期性や交替性や交互性として現れる「波」のようなものだと指摘してきた。そして、その周期性、交替性、交互性は、昼と夜、夏と冬、満月と新月、目覚めと眠り、満腹と空腹、息を吸うことと吐くこと、食取と排泄……、などなどとして続くものだと指摘してきた。結局当時の鶴見俊輔の暮らしぶりには、この「交互性としての日常性」が失われていたのである。覚醒ばかりが過剰になり、深く眠ることができなくなり、そのうち目覚めと眠りの交替そのものがうまく出来なくなっていたのである。そこを乗り越えるのにまず「眠り」からと知人の井村恒郎から進められたのは、真っ当なことだったと思える。それで退院も早く出来た。その上、仕事に復帰するのをあせらずに一年の休職を許されたのであるから、恢復は確実に進められたのであろうと思われる。

しかし三十八歳の時に、次の「うつ」がでてきた。一九六〇年日米安保条約の強行採決に抗議して、東京工大を辞職した年であり、結婚もした年であった。まさに、政治的には激動の時期であり、平穏な日常性が生きられるような時期ではなかった。しかしだからといって、こういう動乱の時期に、みんながみんな鶴見のように「うつ」になるのかというと、そうではなかったのであるから、やはり鶴見の生きかたにそういう「うつ」を引き起こす要因があったと考えるべきである。「日常性」を失わせる要因が。

ちなみにこの三つ目と言われる「うつ」の発生した状況について、別なところでは次のようなことを述べていた。

**鶴見**　京大のあと一九五四年に東京工大に移ったんだけれど、安保に抗議するために東京工大を辞めたから、昼間は勤務もないし、もう何者でもない状態でかけずりまわっていた。やるだけのことはやったんだ。それで、これなら結婚ぐらいできるじゃないかと思って結婚したんだよね。それまで結婚は危ないなと思って、延ばしていたんだ。ところができると思ったのが、これが錯覚だったんだ。

**上野**　なるほど。

**鶴見**　安保闘争の方が、鬱病にとってははるかに易しいことだったんだよ。結婚は難しい。東京工大の助教授を辞めるってことは、むしろ精神衛生的にいいわけだ。だけど結婚というのは、もう長い間にわたって保ってきた自分のコンディションを組み換えることであって、ダメージだよね。

**上野**　自我の根幹を揺るがしますよ。すると、結婚が引き金だったと。

**鶴見** それが原因なんだ。神戸に「キングスアームズ」っていう、ローストビーフの店があったんだ。そこに結婚した彼女を連れていって、食事して出てきた。そうしたら、あそこは水夫がよくお客にくる店なんだけれど、そのそばに五十歳ぐらいの娼婦、老いたる娼婦が立っていたんだよね。そのときに何か、ガタガタっとこう、膝が落ちるような気がしたんだよ。立っている足元から、じゅうたんが取られるような感じなんだ。

**上野** それは何なんですか。

**鶴見** つまり、「俺はこういう人と一緒になるべきだったんだ。老いたる娼婦と結婚することが自分に許されたことなんだ」ということ。

**小熊** それは少年時代のカフェの女性とか、ジャワ時代の女性の姿が重なって……。

**鶴見** だからもう、「そういう自分がいま籍なんか入れて、女性と結婚している。これは恥ずかしいことだ」と。それは、鬱病が起こっているからそうなるんだ。足元が崩れてくる。それから一年半、ひきこもりなんだ。だいたい鬱病はねえ、私にとって有利なことを、自分が引き受けたことによって起こるんです。

(『戦争が遺したもの』新曜社 二〇〇四、二三四ページ)

この「説明」が当時の状況をそのまま反映したものなのか、「後付けの説明」なのかよくわからない。というのも「うつ」になった原因をはっきりと「結婚」に求めていて、インタビュアーの上野千鶴子も結婚の大変さに相づちを打っていた。しかし状況は、「安保反対デモ」「東京工大助教授辞職」という大きな地殻変動の中にあり、この二つの出来事から引き起こされた挫折や喪失感は、鶴見が言っているように「精神衛生的にいい」ということにはなっていなかったはずである。特に大学辞職は生活基盤を奪われるわけで、そういう状況下で結婚をすることの「無理」が感じられていたのではないか。それが「罪悪感」や「喪失感」と結びき、自らを結婚するに値しない人間のように感じさせていたのではないか。そういう自己否定感が「うつ」の状況へと彼を誘っていったのではないか。そんな自己否定される自分にふさわしいものとして「老いたる娼婦」が連想されていたのではないか、と私には思えるからである。

しかし、こうした状況下で結婚された当時の奥さんは、本当によく鶴見俊輔を見守り、支えていかれたと思う。鶴見自身はそのことについては何度も感謝をしていた。こうした「罪悪感」「自己否定」「自殺願望」とつながる「うつ」への道筋は、心身の「周期性」「交替性」を失い、自分を一方通行的な価値観へ追い込むところから生まれるのである。関心が一極集中してしまい、その熱中や熱心さのあまり、状況が切り替えられない。「反転」ができないのである。こういう「反転のできない傾向」はその後も続くのであるが、彼の生涯の課題であった「日常性の獲得」は、まさにこの「反転を生きるこつ」を実践することであった。それは実践されていったがために、つぎの「うつ」は発生しなかったのであろう。ちなみに、こういう熱中や反転のできにくさの傾向は、次のような発言にもよく現れている。

一年半くらいたってからだったかな、突然、京都から和田洋一が来て同志社に来ないかと誘ってくれた。それで私は京都に行ったんです。初めのうちは非常に不安定でしたね。時間がコントロールできないんです。大学教授を長くやっていると、一時間半で自然と講義をやめるんですけど、私は二時間を超えても平気で話をしていました。体内時計が作用しないんです。

（「中井久夫×鶴見俊輔　あいまいさでつかむ思想」『道の手帖　鶴見俊輔』六ページ）

しかし、その後は「うつ」は発生していない。「一日たりとも自殺を考えない日はない」などといいながら、彼は九十三歳の人生を全うしたのである。ものすごいことではないか、と私は思う。

# 第十四章　最後の「問い」へ――三・一一、原発事故を受けて

## 原子爆弾の投下のこと

鶴見俊輔に少し異様な一文がある。

原爆を落とされた日本が、私の中に残っている日本である。世界に先がけて原爆を二つ落とされた日本を、私は憎むことができない。

（「私の好きな日本と日本人」『象の消えた動物園』二〇一一、一五一ページ）

この一文は『文藝春秋　臨時増刊号「私が愛する日本」』二〇〇六年八月号に寄稿されたもので、彼が八十四歳の時の文である。普通に読めば、「世界に先がけて原爆を二つ落とされた日本を、私は愛《いつく》しむ」というふうになるのではないかと、私なら思う。が、文章は「日本を、私は憎むことができない」となっていた。しかしこの文章はいくら読んでも奇妙である。そもそも「世界に先がけて原爆を二つ落とされた日本を、私は憎む」という文章が成り立たないのであるから、

「私は憎むことができない」という文章もあり得ないと思うからだ。なぜこのような文章が書かれることになったのか。

おそらく本当は、鶴見俊輔はこう書きたかったのではないか。「世界に先がけて原爆を二つ落としたアメリカを、私は憎むことができない」と。これなら私にもわかる。しかしこう書いても、文章は異様になる。「世界に先がけて原爆を二つ落としたアメリカ」を、「私は憎めない」などということもあり得ないように思えるからだ。となると、いったい「問題」はどこにあることになるのだろうか。

実はこの「私の好きな日本と日本人」という文章と非常によく似た文章が、もう一度現れるときがある。それは二〇一一年三月十一日に起こった東日本大震災の後で緊急に出版された『思想としての3・11』（河出書房新社　二〇一二）に収められた「日本人はなにを学ぶべきか」という文章である。二つの文章は共に、アメリカの「原爆投下」のことを中心に語られていたからである。しかし後者の文章には、今までにあまり書かれたことがないようなことが書かれていた。それは次のような文章である。

> 太平洋でのこの原爆実験を入れると、日本人は三度、世界に先がけて、原子爆弾の被害に遭っている。日本人の上に落とされたこれらの原子爆弾に対して、私たちは応答しないで過ぎてきた。その空白の時間に、今回の地震、津波、原子炉破壊が起こった。
>
> （『思想としての3・11』三二ページ）

鶴見俊輔について書いてきて、この一文に触れたとき、おそらくこの数行に彼の深い「悔い」の思いが凝縮されて語られているという思いを強くしたものである。というのも、東日本大震災について、こういう臨時の特集企画が作られたとき、アメリカが日本に落とした原子爆弾のことを持ち出す書き手はいなかったからだ。多くの書き手は「原子力」や「放射能」には触れても、六十年も前の「原子爆弾の投下」の話などを持ち出すようなことはしなかった。そんなことをしても「筋が違っている」と感じ取られるだけだからだ。確かにそうである。日本への「原爆投下」の出来事と、福島の「原発事故」を直接に結びつける「意味」が見いだせないからだ。しかし鶴見は結びつけようとした。どういうふうに結びつけようとしたのかというと、「日本人の上に落とされたこれらの原子爆弾に対して、私たちは応答しないで過ぎてきた」という言い方を通してである。

先ほど引用した「私の好きな日本と日本人」と文面はとてもよく似ているのだが、違うところは、「これらの原子爆弾に対して、私たちは応答しないで過ぎてきた」という一文を入れているところである。この「私たち」というのは、「鶴見俊輔」のことなのか、「日本人みんな」のことなのかはっきりしないが、私は鶴見俊輔自身と、彼と一緒にやってきた知人たちのことを指しているのではないかと思う。その「私たち」は、日本への「原爆投下」に「応答しない」できた、というのである。いや反応してきたぞとか、それについてはいろいろ書いてきたぞ、と反論される「私たち」もいるだろうと思われるが、鶴見は、実質的には「反応しないできた」という言い方でくれると思っていたのである。個々の「応答」はあったかも知れないが、実質的には効果的な「応答」はできていなかったと、総括しているのである。その「応答」できなかった「空白の時間」に「今回の地震、津波、原子炉破壊が起こった」というのである。

そういう総括のしかたに、異論のある人はいるだろうと思うが、この総括はまずは鶴見俊輔が自分に向けて放った批判として受けとめる必要がある。その自己批判の根本にあったのは「アメリカを憎む」といえなかった自分の思想のあり方だったと私は思う。「世界に先がけて原爆を二つ落としたアメリカを、私は憎む」という一文が書けなかった自分への批判である。でも彼は「べ平連」を立ち上げて「アメリカ」に対峙したではないかと言う人がいるかもしれない。しかしこの時、鶴見が批判したのは「ベトナム戦争」であって「アメリカ」への批判ではなかった。その「悔い」をこの一文はしていたのだと私は受けとめているのである。そのことを考えるには、考察を少しさかのぼらなくてはならない。

ちなみに言うと、これに似た思いをすでに語っているときはあった。二〇〇五年に広島で行われた講演会で、大江健三郎の話を聞いて次のような感想を話していた時である。「これまで原爆というものが私のなかにきちんと入っていなかったところがあったのだけれども、ここはやはり、原爆についての自分の語りをはっきりさせなきゃいけないな、と感じたんですね」（『言い残しておくこと』作品社　二〇〇九、二一八ページ）。しかし、漠然とした「感じ」が述べられただけで、それ以上のことがここで触れられているわけではなかった。この本には、鶴見が以前に対談やエッセイで「原爆」について触れている文章が抜粋して集められているが、どれも話のついでに語られているような感じがあって、これから考えようとすることに繋げることは難しい。

## 「転向論」の問題点

戦後すぐに始まる鶴見主導の「転向論」は、当時の状況下や関係者の間では切実だったことはよくわかるが、時代がたって、ある種の遠近法の中で見た時に感じる、この論争の「息苦しさ」を、どう表現したらいいだろうか。当時の状況に身を置けばテーマは切実になる、ということはわかるとしても、どうしても妙な「空しさ」の感じがわいてくる。言葉にはしようがないが、あえていうとしたら、それは「同士討ち」をしている感じと言えばいいか。あの日本にしか起こらなかった異様な敗戦の形――原子爆弾の投下――を体験した後、本来ならその異様な敗戦の形（アメリカの形）をもたらせたものに向かい合わなければいけなかったはずなのに、そんな恐ろしい画策を実行した「アメリカの問題」に向かわずに、日本の国内の戦争協力者の批判に、多くの知識人が向かっていった感じがあるからだ。無防備な一般市民の住む町の上に、どうしたら「原子爆弾の投下」という悪魔的な判断をすることが出来たのか、そこには巨大な「戦争犯罪」「戦争責任」の問題があったにもかかわらず、そちらに関心が向かうのではなく、見えやすい日本人同士の「戦争責任」に向かっていったのである。なぜそんなことになっていったのか。

今だからそんなことが言えるのだ、戦後しばらくは占領軍の下、「原爆の被害」についての報道は検閲され、人々の目に触れないようにされる、という事実があった。だから、当時は日本人同士の「転向」を問題にするのが、精一杯だったのだ、と言われるかも知れない。それも事実であろう。「原爆投下」については、さまざまな史料が隠蔽されてきた。日本人が客観的な事実や実態を知ることになるのは、うんと後のことなのだから、知らなくて当たり前だったということはある。だから「時代の遠近法の中で見れば」と断っているのだが、しかしそれにしても、ほとんど女性や子どもを含む一般市民が住む町を、たった二つの爆弾で一瞬にして死滅（広島で十六万人、長崎で七万人を）させるという、人類史上比類の無い残虐な戦争犯罪を日本が受けたにもかかわらず、それを知識人たちが「問題視」できずに（問いはそちらには向けられずに）、日本のアジア侵略への「戦争責任」だけを「転向」という発想で追及していった経過が、今の時点で「遠近法的に」に見れば、不思議に見えざるを得ないのである。その問題を、後からだからそんなことが言えるのだ、という受けとめに解消させたくなければ、どうすればいいのか。この私の問いは、鶴見自身によって、次のようにも言いかえられてきたものでもある。

「転向」という言葉が、一九三〇年代、一九五〇年代にくらべて、はやらなくなったという事実の中に、日本を見る大切な見方がある。転向という事実は、煮詰まっている。それをとらえるのに、別の枠組みが用意される必要がある。

（「国民というかたまりに埋めこまれて」『転向再論』平凡社　二〇〇一、一二一ページ）

ここで言われている「別な枠組み」という言葉を文字通りに受けとめなくてはと私は思う。その「別な枠組み」とは、「転向論」、つまり日本のアジア進出で起こした戦争に、なぜ当時の知識人は反対しなかったのか、と問う論理に対する「別な枠組み」という意味である。それは「転向論」が無効というのではなく、「転向」として事態をとらえる発想が「一九三〇年代、一九五〇年代にくらべて、はやらなくなったという事実の中に、日本を見る大切な見方がある」と鶴見が感じている実質的な中身への問いである。その問いに答えるためには、どうしても「別の枠組み」を考えざるを得なくなってきていたのである。その「別の枠組み」とは何かである。

おそらく大事なことは二つあるように思われる。一つは、ヨーロッパが、大航海以降アジアを隷属的に支配してきた仕組みと、日本がアジアを隷属的に支配した仕組みとが似ている、というところである。だから、日本の戦中の知識人の戦争賛同の姿勢を批判するのなら、ヨーロッパの長きにわたりアジアを支配し続けてきた政策に賛同してきたヨーロッパの知識人も、同じ理屈で批判されなくてはならないのではないかという問いである。

もう一つは、このヨーロッパや日本の取ってきた施策と、実はアメリカの取ってきた政策が似ているのではないかという問いである。もしそうだとしたら、日本で起こった「転向論」は、ヨーロッパの知識人に向けられるだけではなく、アメリカにも向けられてしかるべきではなかったのかという問いである。しかし、日本では「ヨーロッパ」も「アメリカ」も、「民主主義的ないい国」として批判の対象にはなってこなかった。鶴見の感じていた「別な枠組み」というのは、こうした事情に関わるものであったのではないか、と私は感じている。

ヨーロッパから生まれた近代技術文明は、ヨーロッパとアメリカと日本の三つ子を産んでいたにもかかわらず、日本人には特に「アメリカ」は別格に見えていたのである。そこが問題だったのではないか。ヨーロッパの近代文明から生まれた国家機構は、富の蓄積（国土拡張）と、技術の蓄積（技術拡張）と、闇の労働（労働力の拡張）の三角関係で成り立ってきた。そのどれもが、ヨーロッパ、アメリカ、日本にはあった。

しかし戦後間もなくの鶴見俊輔には、日本は悲惨に見えても、「アメリカはいい国」のイメージを覆す材料がなく、いくら何でも、無防備な一般市民を一瞬にして死滅させるような、そんなひどいことを「アメリカ」がするわけがない、と感じていた節がある。もしあったとしたら、そういうことをされても仕方がないようなことを、日本がさんざんしてきたからかもしれず、そんなアメリカを批判する前に、ひどいことをした日本の軍事体制を批判する方が先ではないか、と思うところがあったのではないか。

鶴見を含め戦後の知識人の頭の中には、この「アメリカいい国」のイメージは確かにあったと思う。そしてそのイメージは、映画や雑誌を通して日本の一般大衆の中にも広がっていた。「いい国アメリカ」を批判する糸口が見つからないのである。鶴見には、そういう戦後の空気は、もっとはっきりと実感されていたはずである。鶴見にとっての「アメリカ」は、当時の日本人が映画や雑誌を通して頭の中で思い描くだけのアメリカではなく、すでに見てきたように、実際に思春期をそこで過ごし、肌身で「自由と平等」を実体験してきた「アメリカ」だったからだ。そのアメリカの印象は、軍隊の「差別」が支配する日本よりはるかにいい国であった。戦後のGHQ（日本占領の連合国軍最高司令官総司令部）もひどいとは思えなかった。彼はこう書いていたからだ。

アメリカの日本占領は、アメリカの国民性の高さを裏切らぬものであった。

（「見事な占領の終わりに」『鶴見俊輔著作集 5』八ページ）

おそらく偽りのない実感がここに表明されていたと思う。しかし、もし「アメリカ」に、ここで感じ取られていたような「アメリカの国民性の高さ」が本当にあったなら、「原爆の投下」というような悪魔的な判断がどうしてできたのかということが、つぎに問題になるはずであった。もちろん、これを書いた当時の鶴見俊輔を責めるために、このことを書いているわけではない。

私は、「アメリカ」のしたことが、多くの日本人には、情報操作され、隠されて見えなくさせられていたことは理解できるし、そういう状況下で、日本の知識人がアメリカの原爆投下を「問題視」できなかったということは、よくわかるつもりである。そういう意味で、当時の鶴見俊輔の判断を問題にすることはできないと思う。しかし、情報操作はされていても「原子爆弾」が落とされたことは、鶴見も他の知識人と同じように知っていたわけで、それにもかかわらず、「アメリカの国民性の高さ」を言うというのは、自分の留学体験の実感を踏まえているにしても、「アメリカはいい国」と見なす度合いが、「高すぎる」感じがするのである。それは鶴見俊輔だけにとどまらず、多くの知識人、一般大衆の間に広がっていたアメリカの受けとめ方であったように私は思う。なぜなのか。そこを問うてみたいのである。

ここには「アメリカいい国」と思わせる元になっている「自由と平等の国アメリカ」と「悪魔的なことを平気でするアメリカ」の二つの側面が、GHQの巧みな情報統制、隠蔽工作、世論操作も加わって、うまく見ることができなくさせられていたのだが、私がここで考えたいのは、実はこの二面性は、日本の占領軍GHQの占領政策のせいで見えなくさせられていたというよりか、「アメリカ」という「自由と平等」を旗印に掲げて立ち上げた国家が、その最初から隠蔽してきていた仕組みではなかったか、と思うところがあるからだ。歴史的な知識として教わってきたアメリカの建国の歴史は、確かに黒人奴隷やインディアンの迫害を踏み台にして成り立っていたものである。そんなよく知っているはずのアメリカの歴史になおかつ隠されているものがある？そんなことを私は考えているわけではない。そうではなくて、この私たちが教科書的にもよく知っていることの実態が、実際には本当に見えるように教わってきていなかったのではないか、という疑念を私は抱いているのである。その見えないものの力が「原爆の投下」という醜悪な判断を起こしてきていたのではないかと。

「新世界アメリカ」には、ヨーロッパの「光の成果」だけを受け継いで発展してきたかのように私たちは教えられてきたが、それはそうではなかったのではないか。そのことを端的に表しているのが、「アメリカ独立宣言」の起草者であったトーマス・ジェファーソンが、同時にヴァージニアの黒人奴隷主であったような歴史を知るときである。表向きの「自由と平等」を掲げて成立していったアメリカが、実際には一九六〇年代になっても黒人差別の深い構造を無くせていなかったのだから。それなのになぜ「自由と平等のアメリカ」という側面だけが一人歩きさせられてきたのか。

## 見えないアメリカの貴種

もう一つ、人々に見えるようにさせられてきたのは、アメリカにはヨーロッパが長年維持してきた貴族社会のないところから始まったというイメージである。要するに「身分制度がない」かのようなイメージである。幕末にアメリカを見た福沢諭吉が『学問のすゝめ』の第一行目に「天は人の上に人を造らず人の下に人を造らず」という思いを書き付けたのは、アメリカという国に、日本やヨーロッパがもってきた封建的な身分制度がなくなっているかのようなイメージを感じていたからであろう。しかし、その後、福沢のこの一文の後に「と云へり」という一言が付け加えられていたことが、「問題」になる。つまりこの一文は福沢の言葉ではなく、誰かの言い回しを借りてきたものであることが問題にされるのである。説はいろいろであろうが、その元の文がアメリカの独立宣言の一節によっているのではないかと指摘されてきたことが妥当かと私も思う。となると、その宣言の起草者にトーマス・ジェファーソンのいたことが思い出されるわけで、表向きの「自由と平等」を謳う「光」の独立宣言が、奴隷保有者という「闇」を隠し持ったものによって造られていたことになり、その「闇」が見えないままに、福沢もアメリカをいい国と見なしていたということになる。

　ということは、福沢諭吉の「天は人の上に人を造らず人の下に人を造らずと云へり」という一文と、鶴見俊輔の「アメリカの日本占領は、アメリカの国民性の高さを裏切らぬものであった」という一文は、似たような感性で書かれていたということになるのではないか、と私は思うのである。やはり、アメリカ建国の「闇の成果」の部分は、日本の知識人には明治の頃から死角になっていた、と思うのである。それは、何かしらの「知識」が足りなかったというようなことではなく、もっと違うところに原因があるように私には思われる。

　その「闇の成果」とは何か。それが「アメリカ固有の貴種」を、人々に巧妙に見えなくしつつ実現する、という文明作りではないかと私は思う。もう少し云えば、「見える貴種」ではなく、「見えない貴種」を立てる、という巧妙なアメリカ文明の創出である。振り返れば、ヨーロッパの歴史は、貴族社会と民衆の戦いの歴史でもあった。ヨーロッパには目に見える「貴種＝貴族社会」が歴然とあったからである。だからヨーロッパに社会主義思想が生まれるのは、当然であった。目に見える貴族社会を壊すことで、「身分制度」「階級社会」のない「平等の社会」が生まれると考えた社会主義思想の出現は必然であった。

アメリカの建国は、そうしたヨーロッパの歴史と違って、「目に見える貴族社会」がない北米大陸から始まったものだから、いかにもアメリカには「貴種」が存在しない「自由と平等」の国として始まっていったように見えたのである。しかし、それは表向きのことであった。「自由と平等」の権利は移民の開拓団の「白人」にのみ与えられていたもので、実際には黒人奴隷、インディアン（ネイティブ・アメリカン）迫害を踏まえたひどい人種差別を実施する国として始まっていたのである。それはかつてのギリシア、アテネの民主主義的な政治が、市民権を与えられていたアテネ人だけのもので、アテネの経済活動を支えていた奴隷には適応されていなかった事情によく似ている。

実際のアメリカでは、「自由と平等」が保障されていたのは「白人」の間だけの話であり、その「白人」も、一握りの富の独占を占める大富豪と、残りの少ない富をその他大勢で分ける「白人」層に分かれていて、アメリカの「自由と平等さ」は、こうした後者の人々の感じる「自由と平等」であった。鶴見俊輔が留学の下宿先で体感したのも、こういう後者の白人の人々の平等感覚であったはずである。しかし、現実には、アメリカにも貧困があり、下層階級があり、その上に絶大な富を独占する「見えない貴種」が君臨していた。問題はその貴種が貴種として見えなくさせられているところにあった。

若き留学生の鶴見俊輔が身体で感じていた「自由と平等」のアメリカは、こうしたアメリカの持つ「光の成果」の部分であった。従来の鶴見俊輔論を書いてきた人の中には、なぜ鶴見俊輔がアメリカに住んでいたにもかかわらず、「黒人」のことを主題に持つような文章を書いてこなかったのかという疑問を持つ人もいたかと思う。アメリカを論じるのに、「黒人奴隷の歴史」や「黒人差別の構造」を無視するわけにはゆかないはずなのに、そういう考察が鶴見俊輔には欠落しているのではないか、と。そういう疑問がもっともだとは思えないが、鶴見が「自由と平等の国」としての側面を持つアメリカだけを高く評価していたことは、何度も指摘してきたところである。

実はこの評価が「原爆を落とすアメリカ」を鶴見に直視させてこなかった大きな原因ではないかと私は思っているのである。そして、それは鶴見に限らず多くの日本人に見られた傾向ではなかったのかという思いである。それは「アメリカの民主主義」の「闇の成果」を見ようとしてこなかったツケではないのかという思いである。

## アメリカの「闇」へ

鶴見俊輔が東日本大震災の後に書いた文章の中核の部分を、少し丁寧にもう一度引用しておく。

一九四五年八月、日本は、連合軍に降伏し、その直前に米国は、すでに戦力を失った日本に原子爆弾を二個落とした。高空からの写真撮影で、米国は、日本にすでに連合艦隊がないこと、兵器工場が破壊され、兵器補充の道はないことを知っていた（リデル・ハート著『第二次世界大戦』による）。米国大統領直属の幕僚リーハイ元帥は、原爆投下の必要はないと言って、投下に反対した。しかし、ルーズベルトの急死後、大統領になったトルーマンは、それまで秘密にされていたマンハッタン計画の詳細を知らされておらず、原爆投下が歴史上どういう意味をもつかを考えてみる余地はなかった。（中略）人間の歴史の新しい段階に、米国は踏み入ったのである。（中略）太平洋でのこの原爆実験を入れると、日本人は三度、世界に先がけて、原子爆弾の被害に遭っている。

日本人の上に落とされたこれらの原子爆弾に対して、私たちは応答しないで過ぎてきた。その空白の時間に、今回の地震、津波、原子炉破壊が起こった。

（『思想としての3・11』三二ページ）

歴史的なことを振り返れば、鶴見がここで書いていることは多くの人によって指摘され論じられてきたことだ。「原爆」は落とさなくても、日本に「降伏」させることは「可能」であった。にもかかわらず、投下された、という説である。もちろん、原爆を落とされたから日本は現実的な降伏の決断をしたのだという研究者もいるだろう。真相はわからないと言えば、わからないのであろうが、もし百歩譲って、原爆を落とさなければ日本が降伏しなかったと考えても、ではなぜ二つも原爆を落とさなければならなかったのかの説明がつかない。もし「降伏」させることが目的であるなら、一つの原爆で十分だったはずである。しかし、続けて二つ落としたということは、そもそも「降伏」とは関係の無いところで、巨額の研究費を投じて実験・開発してきた原爆を、実際に使用してその効果の全貌を知りたいという意図があったことは間違いないのである。それも、いくらナチスといえど、「同じ白人」の住むドイツに原爆を落とすことはできない。しかし黄色人種の日本ならかまわない、という判断である。ここには「戦争終結」の意図とは重ねられているけれど、世界に先がけて、実戦可能な武器として開発できた原子爆弾を、何が何でも、実際に使用して性能を確かめたいという、これ以上無いような悪魔的な思いのあったところを、私たちは見ないわけにはゆかない。

では誰が、どこで、どのようにして原爆投下の決断をしたのか、ということになると、これはこれでさまざまな研究がなされてきた。鶴見俊輔が先ほどの文章で書いていたようなこともあったかもしれない。しかしこの原爆投下の計画を、誰が知っていて誰が知らなかったというような詮索をしても、実りは少ないかも知れない。膨大な国費を掛けて開発されてきた原子爆弾のことを、当時のアメリカの首脳部の誰が知っていて誰が知らないというような話は通用しないと思うからだ。首脳部なら誰もが知っていたのである。そして、その中には原爆を実践に使うことに反対した政治家や軍人ももちろんいた。なぜなら、一般市民を殺戮するこの原子爆弾の使用は、完全に戦争犯罪だったからである。ナチスの捕虜収容所での大量虐殺に匹敵する戦争犯罪といわれるのも、当然である。

しかしそれでも、こうした原爆投下を指示したものが戦争犯罪で裁かれることもなく、その戦争責任が追及されることもなかった。なぜそういうふうになるのか。もちろん、アメリカが戦勝国であったからということもあるが、「アメリカ」という国の持つ本質にも関わっているところがあると私は思う。くり返し指摘してきているように、ヨーロッパの近代文明から生まれた国家機構は、富の蓄積（国土拡張）と技術の蓄積（技術拡張）と闇の労働（労働力の拡張）の三角関係で成り立つ機構であり、富の蓄積があってはじめて原爆の開発・実験も可能になり、その結果得られた技術の革新は、必ず実践に向かうという方向を取らざるを得ないようにして、近代の技術文明は進んできたのである。原爆の開発・実験・実践も起こるべくして起こっていたのである。アメリカに原爆開発の富と技術が無ければ、ドイツがしたかも知れず、ソビエトがしたかも知れず、日本がしたかも知れないという、差に過ぎない。しかし、原爆に関してはアメリカが先を越して、実践することになり、当然、その罪も負わなければならなかったはずなのに、その「罪」は「日本に終戦を決断させるため」というトリックに挟み込まれて、実態が巧妙に隠蔽されていった。そして案の定日本の知識人は、そのアメリカの罪を問うことができてこなかったのである。鶴見俊輔が東日本大震災に向けて書いた一文が、なぜ原子爆弾から論が起こされていたのかというのは、そこに彼の最後の「悔い」と「問い」が向けられていたからである。

## 「見える貴種」から「見えない貴種」へ

アメリカが富の蓄積（国土拡張）と技術の蓄積（技術拡張）と闇の労働（労働力の拡張）の三角関係で成り立つ機構を持っているというとき、その集約された富を動かすものとして、従来の封建時代に現れていた貴種とは違ったタイプの貴種が背後で動いていることに私たちは気がつく必要がある。それが「見えない貴種」である。

私たちは、学校の歴史を勉強するときには、イギリスやスペインには「国王」がいて、日本にも似たような「天皇」の制度があって、それらは今日では政治的な力は無く「立憲君主制」として残されてきていると、教わってきている。そういう説明には、何かしらそういう制度は古くさい封建時代の遺物の温存というようなイメージがつきまとい、そのイメージの対極に、アメリカが対比させられ、この国には、国王も貴族も、封建的な差別構造も撤廃されていて、だから「立憲君主制」などという遺物も必要ない国になっている、という暗黙の認識が含まれていた。そういう「認識」や「説明」は、貴族制を打ち倒して社会主義を実現したソビエトや中国には、なおさら当てはまるとして、そういう社会主義国には「貴種」は無くなったとされてきた。

日本の社会主義者は、そういう意味で貴種のないソビエトに憧れ、日本の民主主義者は貴種のないアメリカにあこがれてきた。しかしソビエトにも中国にも恐ろしい「貴種」が存在してきたことは歴史が示してきたとおりである。とくにスターリンや毛沢東という「貴種」は、労働者のシンボルのようなイメージを持たされてきたので、大衆の多くはそれが「貴種」になっていることを見抜くことができなかった。また、アメリカはアメリカで、巨大な富裕層が自らを「貴種」にさせていることを巧みに隠蔽してきていた。しかしそのアメリカが「貴種」を秘めてきた証明は、長く続けてきた黒人差別や、極限の差別意識の現れとなった「原爆の投下」から見えてくるのである。後に鶴見俊輔たちが反対運動を展開するベトナム戦争で、無慈悲なじゅうたん爆撃や毒性の高い枯れ葉剤を大量散布する枯れ葉作戦など、非人道的な戦争を平気でするところにも現れていたものである。

ここでなぜ「見える貴種」から「見えない貴種」へというようなことを「問題」にしているのかというと、「国王」「君主」のいる国が古くさくて、「国王」や「君主」のいない、アメリカやロシアや中国は、新しいと単純に思うこと自体への批判である。そういう新しさ、新世界を標榜してきた国々にかぎって、無慈悲で恐ろしい対内、対外政策を実施してきたのではないかという批判である。そういう無慈悲で恐ろしい政策がなぜ実行できるのかというと、かつては「見える貴種」の発していた支配と命令の機構が、「見えない貴種」に移行し、まさに見えなくさせられる機構の中で、立案、決定、実行させられるところがあったからである。そこのところがもっと問題視されなくてはと思うからだ。

このことを強く感じたのは、鶴見俊輔がくり返して使ってきた次の文章への違和感からである。「世界に先がけて原子爆弾の被害に遭っている」(『思想としての3・11』)という、言い回しについてである。事実として間違ったことを書いているわけではないのだが、彼は最後まで、こういう言い方をしてきていた。ここでもし、日本人の「被爆」のことをいっているとしたら、それは「事実」として違っているというか、言い方を丁寧に云わなければいけないと思う。というのも、日本は世界に先がけて「被爆」した国ではなかったからだ。

すでに多くの記録が明らかにしてきているように、アメリカが原子爆弾を実用化させるために、十五をこえる州で、巨大な核兵器製造施設を作り、国内の砂漠で地上の核実験を行なってきた。その際に、目的を知らせずにその実験に従事させた労働者、兵士たちを、大量に被爆させてきた。つまり、日本に原爆を投下する前に、すでにアメリカ自身が、アメリカ人の被爆者を大量に出していたのである。さらには戦争後の太平洋の島々での実験を含めると千回近くの核実験を行ない、近隣の住民に放射能の被害を与えてきていた。同様のことは、イギリスがオーストラリアで行なってきた核実験にもあてはまる。そこでの原住民のアボリジニは被爆しているし、フランスのポリネシア領やサハラ砂漠で行なった二百回以上の核実験でも同様だ。旧ソビエトの国内の核実験は七百回を超えるもので、閉鎖されたカザフスタンのセミパラチンスク核実験場の放射能汚染はひどい状態で残されてきたものだった。中国もインドも、パキスタンも、地域の住民や実験に携わった関係者が被爆からまぬがれているわけではなかった。ちなみに一九八六年四月二十六日、ソビエトのチェルノブイリ原子力発電所が爆発した時、その出来事に巻きこまれた人々のおそろしい体験を綴ったスベトラーナ・アレクシェービッチ『チェルノブイリの祈り』（岩波現代文庫二〇一一年）は涙なしには読むことができない作品である。この作品は二〇一五年にノーベル文学賞を受賞した。

問題は、それらの「事実」や「対策」が長い間、国家によって隠蔽されてきて、「被爆」と言えば「原子爆弾」によるもののようにしか見られてこなかったところにある。鶴見俊輔も、この小文を書いた二〇〇六年の時点では、そのことはわかっていたはずなのに、いざというときになると「世界に先がけて」の「被爆国」に焦点を合わせる文章を書くのである。核開発施設での被爆や、砂漠や海上の島々での実験での被爆と、実際の大都市に投下された原子爆弾の被爆とを、比べてもらっては困るという批判はあると思うけれど、しかし「悲惨さの比較」だけではなくて、世界的な規模で「被爆者」が作られてきたことには、もっと注意が向けられるべきなのである。

そのためには、日本だけが「被爆国」であるという思い込みを捨てることである。アメリカは、日本を被爆国にする前に、自国民を大量に被爆させていたのであり、その「理由」を探る努力はもっと深くなされなくてはならないのである。イギリス、フランスはもとより、ソ連や中国にも同じことが当てはまる。とくに、少数民族のいる地域で平然と核実験が行なわれてきたことと、その実験に従事した者たちが、無防備な原住民、労働者、囚人たちであったこと、がほとんど見えてこないのである。日本は「最初の被爆国」というキャッチフレーズにとらわれて、「世界の被爆」を問題にすることが出来てこなかったのであるが、私はこうした事実を巧妙に隠蔽することに長けてきたのが「見えない貴種」をつくってきたアメリカ、ソビエト、中国などであったと思うので、「見えない貴種」の問題を強く指摘しないわけにはゆかないのである。

## 鶴見俊輔から引き継ぐもの

鶴見俊輔から引き継ぐもので最も大事な考え方は「相互主義」である。私はそう思う。彼はそれを「プラグマティズム」と呼んできたが、そんなふうに呼ぶ必要もないと私は思う。この「相互主義」に関わってこないのが「貴種」の領域である。彼が子どもの頃にあこがれつつ苦しんだのが、この「貴種」という領域の存在であった。それは、関わりつつも否定しなければならない領域として存在していた。それゆえに、それに対抗して、「相互性を主義」とする「プラグマティズム」に魅せられていったのである。それは伝記として見てきたとおりである。問題は「貴種」を倒せば良いということにならないところにあった。ソビエトも中国も、「貴種」を倒したと見せかけて「見えない貴種」をつくってきたのであるから、たちが悪く、アメリカも、同様であった。おそらく階層性を生きる生命の仕組みの中で、「貴種」を生む仕組みは無くならないわけで、だからこそ、あたうかぎり「相互性」を生きようとする「貴種」を鶴見俊輔は求めていたのではないかと私は思う。

鶴見は晩年、東日本大震災と原発事故を受けて、いったん「原子爆弾」の話まで戻って考えようとしたのだが、それはきちんと考えてゆくと、アメリカを批判できる、アメリカとの相互性を求める発想の見直しにならなくてはならなかった。そういう意味でのアメリカの批判は、近代の技術文明を継承する国々の批判にもならなくてはならず、一国主義的に進められていた日本の「転向論」を見なおす動機にもなるものであった。もちろん、近代の技術文明の批判と云っても、その恩恵をたっぷりと受けて育ってきた文明を、恩恵を受けてこなかったかのように厚顔に批判するだけでは済まされない。そこに「原子力」の問題もあった。

おそらく鶴見俊輔の相互主義を生かそうとするなら、近代文明の生み出した原子力との相互関係を、ただ闇雲に批判し否定するだけではすまないのである。では世界で起こりつつも隠蔽されてきている原子力の事故をどうしたらいいのかということである。私たちは政治家でもないので、考え方で勝負するしかないのだが、ここでも相互主義を最大限に掲げて、世界の科学者が共同で原発事故に立ち向かえる世界機構をもっと多様に創出させることを提唱することである。世界共同の「原子力開発被害対策機構」のようなものを立ち上げ、文明の問題として各国が「原子力」に立ち向かうように知識人が提唱することであろう。

そもそも「原子力の発見」に対しては、西洋が共同してノーベル賞を与えてきたのであるから、その「原子力」のもたらす惨事には、近代文明が共同して取り組む責任がある。それが果たされずに、むしろ長きにわたって「悲惨な事実」を隠蔽し続けてきたのも、「問題」を一国主義的に、とらえて、「共同責任」が果たされてこなかったからである。これは西洋文明の罪である。もしも「転向論」で多用されていた「戦争責任」というような言葉が有効であるのなら、私たちは「原子力開発の責任」こそ西洋文明全体の責任として負う必要があるのではないか、と思う。

そのためには核兵器廃絶というような、武装レベルの政治的駆け引きばかりが関心事になるだけではなく、世界の研究者が共同で「原子力開発にともなう被害」を克服する研究機関を作り出す必要がある。「原子力の平和利用」などと言っても、実際に「原子力の応用」で作り出されるものには、健康被害から核廃棄物の処理問題まで、人々の暮らしに直結する問題が様々にあるわけで、その中に、稼働している原子力発電所の事故の問題も含まれている。こういう原子力の事故、被害、処理の問題を、一国の責任においてなされるのではなく、近代技術文明を作りだしてきた国々の「共同責任」という視点がもっと深く認識されなくてはと思う。鶴見俊輔の取り組んでいった「戦争責任」の発想が、相互主義の発想と組み合わされ、未来に生かされるためには、そうした全世界レベルの「原子力開発被害対策機構」のようなものが提案される必要があるというのは、そのためである。そういう機構の目指すものは、鶴見の願う「日常の思想」と「原子力開発」の共存の可能性である。「日常性」と「原子力」の相互性、相互主義は、今後千年の科学技術をもってしてもあり得ない、ということも可能であるが、私は鶴見の相互主義の未来には賭けたいと思う。彼は、二〇一五年七月二十日永眠した。九十三歳であった。

# 自著・参考文献一覧

## 1　鶴見俊輔自著

『鶴見俊輔著作集』全5巻　筑摩書房　一九七五〜七六年
『鶴見俊輔集』全12巻　筑摩書房　一九九一年
『鶴見俊輔集・続』全5巻　筑摩書房　二〇〇一年
『鶴見俊輔座談』全10巻　晶文社　一九九六年
『鶴見俊輔書評集成』1〜3　みすず書房　二〇〇七年
『鶴見俊輔語録』1〜2　皓星社　二〇一一年
『鶴見俊輔コレクション』1〜4　河出文庫　二〇一一〜二〇一三年

## 2　1に含まれない主な単行本

『隣人記』晶文社　一九九八年
『教育再定義への試み』岩波書店　一九九九年　のち岩波現代文庫　二〇一〇年
『夢野久作と埴谷雄高』深夜叢書社　二〇〇一年
『回想の人びと』潮出版社　二〇〇二年　のちちくま文庫　二〇〇六年
『本と私』岩波新書　二〇〇三年

『埴谷雄高』講談社　二〇〇五年
『詩と自由――恋と革命』思潮社（詩の森文庫）二〇〇六年
『悼詩』編集グループＳＵＲＥ　二〇〇八年
『言い残しておくこと』作品社　二〇〇九年
『ちいさな理想』編集グループＳＵＲＥ　二〇一〇年
『思い出袋』岩波新書　二〇一〇年
『もうろく帖』編集グループＳＵＲＥ　二〇一〇年
『かくれ佛教』ダイヤモンド社　二〇一〇年
『象の消えた動物園――同時代批評』編集工房ノア　二〇一一年
『日本人は状況から何をまなぶか』編集グループＳＵＲＥ　二〇一二年
『まなざし』藤原書店　二〇一五年

## 3　対談、座談を含む

『現代日本の思想――その五つの渦』久野収　岩波新書　一九五六年
『戦後日本の思想』久野収・藤田省三　中央公論社　一九五九年　のち勁草書房　一九六六年、講談社文庫　一九七六年、岩波同時代ライブラリー　一九九五年、岩波現代文庫　二〇一〇年
『思想の折り返し点で』久野収　朝日新聞社　一九八〇年　のち朝日選書　一九九六年、岩波現代文庫　二〇一〇年
『時代を読む』河合隼雄　潮出版社　一九九一年
『歴史の話』網野善彦　朝日新聞社　一九九四年　のち朝日選書　二〇〇四年
『神話的時間』熊本子どもの本の研究会　一九九五年
『期待と回想』上下　晶文社　一九九七年　のち『期待と回想――語りおろし伝』朝日文庫　二〇〇八年

『神話とのつながり――一七五篇のメッセージ』西成彦・神沢利子　熊本子どもの本の研究会　一九九七年
『二〇世紀から』加藤周一　潮出版社　二〇〇一年
『転向再論』いいだもも・鈴木正　平凡社　二〇〇一年
『読んだ本はどこへいったか』聞き手＝山中英之　潮出版社　二〇〇二年
『グラウンド・ゼロからの出発――日本人にとってアメリカ人なーに』ダグラス・ラミス　光文社　二〇〇二年
『戦争が遺したもの――鶴見俊輔に戦後世代が聞く』上野千鶴子・小熊英二　新曜社　二〇〇四年
『同時代を生きて』瀬戸内寂聴・ドナルド・キーン　岩波書店　二〇〇四年
『手放せない記憶――私が考える場所』小田実　編集グループＳＵＲＥ　二〇〇四年
『日米交換船』加藤典洋・黒川創　新潮社　二〇〇六年
『たまたま、この世界に生まれて――半世紀後の『アメリカ哲学』講義』編集グループＳＵＲＥ　二〇〇七年
『対論・異色昭和史』上坂冬子　ＰＨＰ新書　二〇〇九年
『不逞老人』きゝて＝黒川創　河出書房新社　二〇〇九年
『ぼくはこう生きている　君はどうか』重松清　潮出版社　二〇一〇年
『日本人は何を捨ててきたのか――思想家鶴見俊輔の肉声』関川夏央　筑摩書房　二〇一一年
『オリジンから考える』小田実　岩波書店　二〇一一年　『鶴見俊輔座談　昭和を語る』晶文社　二〇一五年
『「思想の科学」私史』編集グループＳＵＲＥ　二〇一五年

## 4　主な編著

『現代日本思想体系12　ジャーナリズムの思想』筑摩書房　一九六五年
『戦後日本思想体系４　平和の思想』筑摩書房　一九六八年
『大衆の時代』平凡社　一九六九年
『語りつぐ戦後史』全３巻　思想の科学社　一九六九〜七〇年

『現代日本記録全集14 生活の記録』筑摩書房 一九七〇年
『現代人の思想7 大衆の時代』平凡社 一九七〇年
『現代漫画』全27巻 佐藤忠男・北杜夫と共編 筑摩書房 一九七〇〜七一年
『右であれ左であれ、わが祖国』ジョージ・オーウェル著 平凡社 一九七一年
『近代日本思想体系24 柳宗悦集』筑摩書房 一九七五年
『日本の百年1 御一新の嵐』筑摩書房 一九七七年
『日本の百年9 廃墟の中から』筑摩書房 一九七八年
『日本の百年10 新しい開国』筑摩書房 一九七八年
『老いの発見』全5巻 伊東光晴・河合隼雄・副田義也・日野原重明と共編 岩波書店 一九八六〜八七年
『天皇百話』上下 中川六平と共編 ちくま文庫 一九八九年
『ちくま哲学の森』全9巻 安野光雅・森毅共編 一九八九〜九〇年

## 5 研究・批評

菅孝行『鶴見俊輔論』第三文明社 一九八〇年
海老坂武『雑種文化のアイデンティティ――林達夫、鶴見俊輔を読む』みすず書房 一九八六年
上原隆『「普通の人」の哲学――鶴見俊輔・態度の思想からの冒険』毎日新聞社 一九九〇年
新藤謙『ぼくは悪人――少年鶴見俊輔』東方出版 一九九四年
ローレンス・オルソン『アンビヴァレント・モダーンズ――江藤淳・竹内好・吉本隆明・鶴見俊輔』黒川創・中尾ハジメ・北沢恒彦＝訳 新宿書房 一九九七年
原田達『鶴見俊輔と希望の社会学』世界思想社 二〇〇一年
木村倫幸『鶴見俊輔ノススメ』新泉社 二〇〇五年
『鶴見俊輔――いつも新しい思想家』KAWADE 道の手帖 河出書房新社 二〇〇八年

吉見俊哉『アメリカの越え方——和子・俊輔・良行の抵抗と越境』弘文堂　二〇一二年
加藤典洋・黒川創『考える人・鶴見俊輔』弦書房　二〇一三年
『現代思想　一〇月臨時増刊号　総特集＝鶴見俊輔』青土社　二〇一五年

## 6　その他

河﨑充代『無償の愛——後藤新平、晩年の伴侶　きみ』藤原書店　二〇〇九
『鶴見祐輔著作集』全8巻　日本図書センター　二〇一〇年
『鶴見祐輔人物論選集』ダイヤモンド社　一九六八年
上品和馬『広報外交の先駆者　鶴見祐輔 *1885-1973*』藤原書店　二〇一一年
『〈決定版〉正伝後藤新平』全8巻　藤原書店　二〇〇四〜〇六年
『コレクション鶴見和子曼荼羅』全九巻　藤原書店　一九九七〜九九年

# あとがき

鶴見俊輔はたくさんな回想記を残してきたので、彼の生涯を伝記としてまとめるのはずいぶんたやすいのではないかと思う人がいるかもしれないが、私は違っていた。確かに彼は、たくさんな回想を残してはくれていたが、「それは本当か?」と思うことがいくつもあって、伝記としてその回想をどのように使えば良いのか、迷うことが多かった。「嘘」を語っているという意味ではもちろんない。しかし「事実」ではないと思う回想がしばしば目に付いた。

特に「父」と「母」についての「回想」はそういう性質のものが多いと私は思った。家族や父や母の嫌いな人たちは、鶴見の語る「父母の悪口」は面白く見えるのか、家族病理の見本やサンプルのように取り扱う人もいた。私の論は、彼の「回想」を丁寧に読み、そんな「悪口」の裏に隠された複雑な生い立ちの事情を、新しい視座でひもといていったつもりである。俊輔の母・愛子については、何よりも先に「復権」が求められなくてはと考え、力を注いだ。しかし俊輔に「あいつ」呼ばわりされる父・祐輔については、紙面の枚数のこともあり、復権を果たせていない。心残りである。

戦後、真珠湾攻撃が、日本の一方的な奇襲攻撃ではなく、アメリカの仕掛けた罠に引っかかるようにして実行された軍事行動であることを、アメリカの学者ビーアドがあばいて日本人を驚かせることがおこった。チャールズ・A・ビーアド『ルーズベルトの責任――日米戦争はなぜ始まったか』上下巻（藤原書店　二〇一二）の完訳は、最近であるが、主旨は早くから伝えられてきていた。この重要な本の著者と、最も早くに関わりを持っていたのが俊輔の父・祐輔であった。彼の『鶴見祐輔人物論選集』（ダイヤモンド社　一九六八）には、ビーアドとの長文の交遊録が収録されている。かつての関東大震災の後の東京をどのように復興させるといいのか、当時の市長だった後藤新平はアメリカにいた鶴見祐輔に、打診してビーアドに東京に来てくれるように頼んで、それも実現させていた。鶴見祐輔は、公平に見れば、日本にとっても、留学させてもらった息子・俊輔にとっても、大変重要な役割を果たしてきていたにもかかわらず、俊輔の回想をたどる限りでは、卑怯な転向者、戦争犯罪者のようにしてしか扱われず、一行たりともそういう重要な役割を果たした人物としては紹介されることはなかった。鶴見俊輔しか読まない人は、父・祐輔はそんな人だったのだと思わされてしまうのだが、それは「事実」ではなかった。子どもから見る有能な親は、否定したい存在になるのだろうが、読者は、公平に「事実」を知らなくてはならないと私は思う。その「父」の復権が十分に果たせなかったのが心残りである。

全体として私の鶴見俊輔論は、「貴種」と格闘して生きた人の生き様として描いている。そういう意味では比類の無い人生を生きた人であり、彼の母も父も、その「貴種」を受け継ぎつつ、そのための負荷を負い続けていった人たちである。他の人の人生には見られないこの鶴見一族の苦悩を少しでも描けたらと思った。「貴種」の問題を「天皇」の問題と関わらせて論じたのも、今回の論の特徴である。もし、この「貴種」と「貴種を折る」という未曾有の体験を何と比較することができるかと考えると、吉本隆明が親鸞論で考察した「往相《おうそう》」と「還相《げんそう》」に比較できるのではないかと私は密かに考えている。「貴種性」とは、上り詰めてゆく「往相」の道のりで、問題はその上り詰めた後で下る、「帰りがけの道」を考えることである。それを吉本隆明は「還相」と呼んだ。私が「貴種を折る」と呼んできたのも、その「還相」に対応するところがあるのではないかと。日本の思想史が獲得してきた、「貴種」を突き抜けて生きるための最も良質な思考法の系譜がここにあると今の私は感じている。今後の課題である。

さらに鶴見俊輔の思想は、「プラグマティズム」や「日常性」にあると言われながらも、彼独自の受けとめの中身は、十分に明らかにされてきたようには私には思われなかった。私は、その鶴見の考えようとした思想を「相互主義」に見定めて、できるだけ未来に向けて展開できるように、内実を突き詰めて考えていった。本論では触れることのできなかった「アナキズム」も、クロポトキンの『相互扶助論』を踏まえれば「無政府主義」というよりか「相互扶助主義」と訳されてもおかしくないものだったからだ。さらに鶴見の言う「日常の思想」が、「宇宙の周期性」につながるとした考察は、とても大事な所だと私は考えている。「原子爆弾」と「原発事故」の問題も、食い下がって考えることのできたテーマである。

編集者の小川哲生さんから、伝記のシリーズのプランを聞いたとき、この困難な鶴見俊輔を選んだのは私自身である。もちろん鶴見さんが生きておられたときの企画である。しかし、取り組んでみて、吉本隆明の批評や伝記類の本は山ほどあるのに、鶴見俊輔には、なぜかほんのわずかの批評本しかないのが気になった。鶴見俊輔の読者は、鶴見を論じるというより、彼の書いたわかりやすいエッセイや対談集を、ゆっくり味わって読むだけでいいと思う人が多かったからかもしれない。そこに鶴見さんの「日常性」に寄り添う人たちの思索の特徴があったのかも知れない。しかし、今回私は思いきって、「伝記」にはなりにくい部分にも焦点を合わせて、彼が後の時代に引き継いで欲しがっていたであろうことを見定めて描き出そうと試みた。書き残したことはもちろんたくさんある。自分でもそれはわかっているが、一方で、大事な所は描ききれたという手応えも感じている。草葉の陰で、きっと鶴見さんは、よく書いてくれたと言ってくださるような気もしている。

執筆はしかしとんとんといったわけではなく、小川さんには、忍耐強く待っていただきました。小川さんの「頑張ってください」という励ましや支えがなければ、このような原稿は出来なかったと思っています。ありがとうございました。鶴見さんの一周忌に間に合えばと思っていましたが、実現できてほっとしています。

村瀬　学

二〇一六年二月

**村瀬学**（むらせ・まなぶ）
1949年京都生まれ。同志社大学文学部卒業。現在、同志社女子大学生活科学部特任教授。主な著書に『初期心的現象の世界』『理解のおくれの本質』『子ども体験』（以上、大和書房）、『「いのち」論のはじまり』『「いのち」論のひろげ』（以上、洋泉社）、『なぜ大人になれないのか』（洋泉社・新書y）、『哲学の木』（平凡社）、『なぜ丘をうたう歌謡曲がたくさんつくられてきたのか』（春秋社）、『「あなた」の哲学』（講談社新書）、『自閉症』（ちくま新書）、『「食べる」思想』（洋泉社）、『次の時代のための吉本隆明の読み方』『徹底検証 古事記』『古事記の根源へ』（言視舎）などがある。

編集協力………小川哲生、田中はるか
DTP制作………勝澤節子

〈言視舎 評伝選〉
**鶴見俊輔**

発行日❖2016年5月31日 初版第1刷

著者
**村瀬学**

発行者
**杉山尚次**

発行所
株式会社**言視舎**
東京都千代田区富士見2-2-2 〒102-0071
電話03-3234-5997 FAX 03-3234-5957
http://www.s-pn.jp/

装丁
**菊地信義**

印刷・製本
**中央精版印刷㈱**

ISBN978-4-86565-052-5 C0310